Marketing PARA LEIGOS®

Edição de Bolso

por Alexander Hiam

Autor de *Marketing Kit For Dummies*, 3ª Edição

ALTA BOOKS
EDITORA
Rio de janeiro, 2011

ISBN 978-85-7608-516-4

Impresso no Brasil

Produção Editorial: Starlin Alta Con. Com. Ltda

Gerência de Produção: Anderson Vieira

Supervisão de Produção: Angel Cabeza

Tradução: Larissa Franzin

Revisão Gramatical: Débora Santos, Carla Ayres
Aped - Apoio e Produção Editorial LTDA

Revisão Técnica:
Paulo Roberto Cesário
Especializado em Marketing pela INBRAPE - FECEA

Diagramação:
Abreu's System

Fechamento:
Gustavo de Oliveira Soares

Catalogação na fonte
Sabrina Leal Araujo – CRB 10/1507

H623m Hiam, Alexander.
Marketing para leigos / Alexander Hiam ; [tradução Larissa Franzin].
– Rio de Janeiro, RJ : Alta Books, 2011.
426 p. : il. – (Para leigos)

Inclui índice.
Edição de bolso.
Tradução de: Marketing for Dummies.
ISBN 978-85-7608-516-4
1 1. Marketing - Planejamento. 2. Marketing - Estratégia.
3. Marketing - Propaganda. 4. Vendas - Administração. I. Título.
CDU 658.3
CDD 658.314

ALTA BOOKS
EDITORA

Rua Viúva Cláudio, 291 - Bairro Industrial do Jacaré
CEP: 20970-031 - Rio de Janeiro – Tel: 21 3278-8069/8419 Fax: 21 3277-1253
www.altabooks.com.br – e-mail: altabooks@altabooks.com.br

Sobre o Autor

Alexander Hiam é um consultor, instrutor corporativo e palestrante com 20 anos de experiência em marketing, vendas e comunicações corporativas. Ele é o diretor da Insights for Marketing, empresa que oferece uma vasta gama de serviços em marketing incluindo design, criação de marca e consultoria estratégica para empresas com fins lucrativos e não lucrativos. Ele também atua no desenvolvimento da próxima geração de líderes para o mercado de trabalho por meio de sua empresa de publicidade educacional, Trainer's Spectrum.

Alexander tem MBA em marketing e planejamento estratégico pela Haas School em U.C. Berkeley e Bacharelado pela Harvard. Ele trabalha como gerente de marketing tanto para pequenas empresas de tecnologia avançada como para empresas na Fortune 100, esteve à frente de soluções criativas para companhias industriais e de alto consumo e foi instrutor na escola de comércio da U. Mass Amherst, onde ensinou marketing e publicidade.

Ele também é o coautor do bestseller *The Portable MBA in Marketing* (Wiley), assim como o de inúmeros outros livros e programas de treinamento. Além disso, ele foi consultor de uma grande variedade de empresas, organizações sem fins lucrativos e agências do governo.

Alexander também é o autor de um outro livro, *Marketing Kit For Dummies*, 3ª edição (Wiley), que inclui uma cobertura mais detalhada de muito tópicos práticos envolvidos na criação de ótimas propagandas, malas diretas, web sites, campanhas publicitárias e planos de marketing. No CD que acompanha *Marketing Kit for Dummies*, 3ª edição, você encontra formulários, listas e modelos que podem lhe ser úteis. Além disso, Hiam mantém um vasto web site de pesquisa (`www.insightsformarketing.com` — em inglês) organizado para dar suporte a cada capítulo deste livro. Você também pode encontrar arquivos de suporte aos capítulos em `www.altabooks.com.br`

Sumário Resumido

Sumário

"Os endereços de websites podem ser alterados ou desativados a qualquer momento pelos seus mantenedores, sendo assim, a Alta books não controla ou se responsabiliza por qualquer conteúdo de websites de terceiros."

Introdução

O marketing almeja atrair os consumidores, fazer com que eles comprem e assegurar que fiquem felizes o bastante com suas compras para que acabem sempre retornando. O que poderia ser mais importante?

O marketing é meio ciência e meio arte, e juntar essas duas partes para fazer uma campanha vencedora pode realmente ser um grande desafio. A sua empresa (sem fins lucrativos ou sua agência de serviços) precisa fazer muitas coisas, incluindo:

- Comunicar muito bem e de modo claro o que ela faz;
- Apresentar uma marca persuasiva e positiva;
- Focar seus recursos onde eles serão mais bem aproveitados;
- Fazer com que a sua participação no mercado cresça através da atração e retenção de bons consumidores e clientes.

Ótimas comunicações, estratégias claras e planejamento seguido a risca é o que conduz ao sucesso, juntamente com a criatividade.

Este livro é a edição resumida de ***Marketing para Leigos***. Desde que escrevi a edição original (assim como o acompanhamento para ela, ***Marketing Kit For Dummies***), tirei proveito das experiências e perguntas de milhares de leitores. Agora, neste livro, estou ansioso para compartilhar todas as melhoras presentes nesta edição.

Sobre Este Livro

Escrevi ***Marketing para Leigos*** para lhe ajudar a fazer o trabalho crítico do marketing o melhor possível. Escrevi pensando em muitos tipos de empresários, incluindo os donos de pequenos negócios que vestem a camisa do marketing e vendas, além de muitos outros. Cada um precisa deixar sua abordagem mais atraente, abraçar novas estratégias e meios de comunicação e encontrar maneiras de aumentar o impacto ao mesmo tempo que reduz custos. Esses também são os meus objetivos, enquanto autor.

O marketing pode ser muito divertido – e é, afinal de contas, a área mais criativa da maioria das empresas. Com o decorrer do tempo, no entanto, o marketing passa a ter tudo a ver com os resultados financeiros. Assim, embora tenha me divertido ao escrever este livro e ache que você possa usá-lo, tratei o assunto de maneira muito séria.

Convenções Usadas Neste Livro

Este livro tem algumas convenções específicas as quais você deve conhecer antes de mergulhar de cabeça nas páginas que se seguem:

- **Programa de marketing:** esse termo se refere a qualquer uso organizado e coordenado de vendas, propaganda, publicidade, atendimento ao consumidor, web site, mala direita ou qualquer outro esforço para entrar em contato e influenciar os clientes. Criar um programa de marketing significa evitar atividades aleatórias ou desconectadas.
- **Cliente:** é quem quer que seja que compre o que você vende. O cliente pode ser uma pessoa, uma família, uma empresa, uma agência do governo, uma escola ou até mesmo um eleitor.

- **Produto**: é o que quer que seja que você venda ou ofereça aos clientes, independente de ser uma mercadoria, um serviço, uma ideia ou até mesmo uma pessoa (como no caso de um candidato político ou uma celebridade).
- **Venda**: Trato a venda de pessoa para pessoa com uma das muitas possibilidades sob o guarda-chuva do marketing. Você precisa integrar a venda à gama mais ampla de atividades designadas para lhe ajudar a realizar vendas e satisfazer os clientes.

Por fim, mas não menos importante, também incluí estas convenções como padrão da série Para Leigos:

- **Negrito:** indica as palavras-chave nas listas.
- *Itálico:* destaca as palavras que estou definindo ou explicando.
- `Monofonte`: indica um endereço de web site. (Não coloquei caracteres extras quando uma URL ultrapassa a linha. Se você digitar o que estiver vendo vai parar no lugar certo.)

Tolas Suposições

Parto do princípio de que você é inteligente, o que é ótimo, pois você precisa ser inteligente, cuidadoso e persistente para fazer marketing da melhor forma. Mas, embora eu acredite que você é inteligente, aposto que não tem todo o conhecimento técnico que possa precisar para fazer um ótimo marketing e, por isso, explico todas as técnicas da maneira mais clara possível.

Eu também parto do princípio de que você esteja querendo tentar novas ideias a fim de melhorar as vendas e fazer com que sua organização cresça. Afinal de contas, o marketing requer uma mente aberta e a vontade de experimentar e tentar novas ideias e técnicas.

É claro que também assumi que você está interessado e que é capaz de mudar de imaginativo e criativo em um momento para se tornar analítico e rigoroso em outro, pois para ter sucesso no marketing são necessárias as duas abordagens. Se você conseguir reunir uma equipe com pessoas variadas, algumas orientadas pelos números, outras com espírito de artista, poderá abranger mais facilmente todas as bases do marketing. Mas se você tem um pequeno negócio, talvez, tudo o que tenha seja você mesmo e, portanto, precisará vestir uma camisa de cada vez.

Como Este Livro Está Organizado

Marketing para Leigos está organizado em seis partes específicas. Consulte a Tabela de Conteúdos para mais informações sobre os tópicos dos capítulos dentro de cada parte.

Para ter acesso ao conteúdo extra deste livro, como a ***folha de cola*** que contém várias dicas úteis relacionadas ao tema, acesse o site `www.altabooks.com.br`. Na caixa "Localizar", digite o nome do livro. Depois, clique no ícone da lupa para realizar a pesquisa. Escolha o livro para acessar a sua página de cadastro. Localize o hiperlink ***Download*** e clique sobre o mesmo.

Parte I: Projetando um Grande Programa de Marketing

Os estrategistas militares sabem que as grandes batalhas devem ser vencidas, primeiramente, na tenda do general, com planos cuidadosamente considerados, mapas precisos, antes que o general lidere alguma tropa ao campo de batalha.

Defendo, com cuidado, uma abordagem de análise e planejamento como se você fosse um general na véspera da batalha. No Capítulo 1, eu lhe mostro como ter certeza se você tem um ***programa de marketing*** eficiente e eficaz (ou seja, um conjunto coordenado de atividades de marketing). No Capítulo 2, mostro a você como basear seu programa em estratégias fortes e agressivas que aumentam suas chances de vendas e sucesso. E no Capítulo 3, vou lhe ajudar a escrever suas estratégias e táticas em um plano de ação que você pode ter certeza de que realmente irá funcionar.

Parte II: Alavancando Suas Habilidades de Marketing

Um bom marketing requer uma ampla variedade de habilidades especiais. Se você ainda não tem todas elas, esta parte irá sanar qualquer lacuna e lhe ajudará a tirar proveito de ferramentas e técnicas especializadas.

O Capítulo 4 fala de como saber o que você precisa para, então, desenvolver estratégias melhores e planejar anúncios melhores, além de outros elementos de seu programa de marketing. O Capítulo 5 compartilha sobre a habilidade de marketing mais preciosa e a mais difícil de ser capturada: a imaginação do marketing. Quando conseguimos reunir um pouco dessa mágica e a usamos em nosso programa de marketing, boas coisas acontecem. O Capítulo 6 aborda as maneiras de se comunicar com os clientes de forma eficaz. Boas ideias mais uma comunicação objetiva e interessante resultam em um marketing melhor.

Parte III: Anunciando por Diversão e Lucratividade

A propaganda é a pedra angular tradicional do marketing. Nesta parte, eu lhe mostrarei como criar anúncios, catálogos e panfletos persuasivos e eficientes – o meio de marketing mais tradicional. Nos dias de hoje, todos também podem ter acesso à televisão e ao rádio, independente do orçamento, se souberem como usar a mídia de forma econômica. No entanto, talvez você também possa querer usar a forma mais simples – e a mais poderosa – de anunciar: as placas, desde as placas afixadas em prédios, veículos e portas até os cartazes em aeroportos e os outdoors nas estradas.

Parte IV: Encontrando Alternativas Poderosas para Anunciar

A Internet é a nova bala de prata para quem quer anunciar e esta parte irá lhe mostrar como aumentar esse impacto positivo. Mas é óbvio que você não deve se esquecer das interações do mundo real. Felizmente, os eventos especiais lhe fornecem uma alternativa ou suplemento poderoso às campanhas de publicidade e podem lhe trazer vendas de alta qualidade. As formas diretas de marketing também são uma ótima alternativa e também serão discutidas nesta parte.

Parte V: Vendendo Bons Produtos para Qualquer Pessoa a Qualquer Hora e em Qualquer Lugar

O programa de marketing clássico possui cinco componentes (os Cinco Ps), mas muito do que os publicitários fazem (e sobre o que as partes anteriores irão falar) recaem sobre o quarto P: promoção. Nesta parte, mergulharemos mais a fundo nos outros Ps: produto: design e marca, preço: preço e descontos para incentivar as vendas, posicionamento: o uso agressivo de estratégias de distribuição para colocar seu produto na frente do consumidor no momento e no local onde as chances de que eles o comprem sejam maiores e, por fim, a venda e atendimento ao cliente. Quero chamar sua atenção para o produto e me assegurar que o seu seja naturalmente brilhante o suficiente para despontar e chamar os clientes para você.

Parte VI: A Parte dos Dez

Como aumentar as vendas sem gastar muito dinheiro? O que fazer para sobreviver a uma reviravolta em seu mercado ou na economia como um todo? Existem táticas de guerrilha no marketing que poderíamos usar? A Parte dos Dez é ótima para responder esse tipo de pergunta. Recomendo que você consulte essa parte sempre que precisar de um insight ou de ideias, pois ela resume muito da filosofia e das estratégias essenciais das boas práticas de marketing.

Ícones Usados Neste Livro

Procure por estes símbolos para encontrar informações valiosas ao longo de todo o texto:

MUNDO REAL — Todo o marketing é marketing do mundo real, mas esse ícone significa que você pode encontrar um exemplo real de alguma coisa que deu certo (ou não) no mundo real para outro anunciante.

LEMBRE-SE — Quando eu quiser chamar sua atenção para uma informação essencial ou crítica necessária para que você obtenha sucesso, eu a marcarei com esse ícone.

DICA — Esse ícone assinala um conselho específico que você pode testar em seu programa de marketing. E, já que às vezes, você precisa da perspectiva correta sobre um problema para alcançar o sucesso, esse ícone destaca sugestões de como executar a tarefa em suas mãos da maneira mais fácil possível.

CUIDADO — Você facilmente pode cair em armadilhas do marketing, pois existem muitas minas apenas esperando que você pise sobre elas. Por isso, marque todas com esse símbolo.

Por Onde Começar

Se você for ler apenas um livro sobre negócios esse ano, por favor, leia o Capítulo 1 deste livro. Preparei esse capítulo para ser uma maneira de auditar seu marketing e aprimorar ou fortalecer as coisas que você faz para conseguir vendas lucrativas. As outras partes do livro estão repletas de boas dicas e técnicas e tudo isso também merece atenção. Mas independente de qualquer coisa, ao ler o primeiro capítulo, tenha uma caneta e uma lista de ações à mão.

Talvez você tenha urgência em alguma das áreas mais específicas abrangidas por este livro. Se arrumar seu web site está no topo da sua lista de coisas a serem feitas, vá, primeiro, ao Capítulo 10. Caso você precise aumentar a eficiência de seu time de vendas, tente o Capítulo 17. Trabalhando em uma carta para os clientes? Os Capítulos 6 e 13 que falam sobre comunicações de marketing e mala-direta realmente podem lhe ajudar. Seja o que for que você estiver fazendo, tenho um palpite que você irá encontrar um ou dois capítulos neste livro que lhe ajudarão. Então, chega de conversa! Vamos começar, pois nunca é cedo (nem tarde) demais para fazer um bom marketing.

Parte I

Projetando um Grande Programa de Marketing

A 5ª Onda Por Rich Tennant

"Acho que temos que nos perguntar o quanto de sinergia de marketing queremos ter entre nossas linhas de bolos e de venenos para ratos".

Nesta Parte. . .

É verdade, para alcançar o sucesso é necessário ter um planejamento cuidadoso e estratégias criativas – mas também é necessário ter um programa de marketing sólido e focado (as atividades coordenadas que produzem o crescimento de vendas lucrativas e constroem a reputação de sua marca). Crescimento e sucesso são os objetivos básicos de qualquer programa de marketing e um programa de marketing bem projetado resulta em um fluxo de pedidos confiável e garante que os gastos com o marketing irão dar retorno.

Depois de ter se concentrado nos componentes de seu programa de marketing e de ter encontrado as fórmulas que geram vendas e lucros para o seu negócio, então, você pode voltar sua atenção ao futuro. Como traduzir o nível de sucesso alcançado este ano em um sucesso ainda maior no futuro? O segredo para o crescimento futuro é ter uma boa estratégia e um plano sobre como cumprir tal estratégia. Você precisará escrever cuidadosamente um plano e um orçamento para garantir que suas atividades de marketing sejam produtivas, eficazes, economicamente viáveis e controladas.

Esta parte lhe oferece os insights necessários para que você construa suas ferramentas fundamentais de marketing: seu programa, sua estratégia e seu plano.

Capítulo 1

Aperfeiçoando Seu Programa de Marketing

Neste Capítulo

- Entendendo seus clientes para obter o sucesso;
- Encontrando a sua fórmula de marketing vencedor;
- Nivelando seu programa de marketing com foco e controle;
- Descobrindo o que esperar de seu programa;
- Aumentando o apelo de seu produto, serviço ou negócio.

O *marketing* se compõe de todas as atividades que contribuem para a construção de relações lucrativas com os clientes a fim de que seu negócio prospere. O objetivo imediato do marketing é o de fazer vendas. O objetivo a longo prazo é se tornar cada vez mais útil e valioso a um grande número de clientes a fim de garantir seu sucesso no futuro.

O seu programa de marketing é a mistura certa de produtos ou serviços, preço, promoção, marca, vendas e distribuição que produzirá vendas imediatas e também lhe ajudará a crescer ao longo dos anos.

Conhecendo Seu Cliente

Para fazer com que seu programa de marketing seja mais lucrativo e direcionado ao crescimento, pense em como alcançar e persuadir o maior número possível de clientes alvo. Quando você entender o que seus clientes pensam e o que querem, você poderá encontrar melhores formas de fazer mais vendas. As próximas seções lhe ajudarão a conhecer melhor seus clientes.

Fazendo as perguntas certas

Para melhor conhecer seus clientes e descobrir o que eles estão pensando, você deve se comunicar com eles. Mas antes de sair atrás de seus clientes e lhes perguntar o que eles querem, você, primeiramente, deve se fazer uma importante pergunta: por que as pessoas comprariam o que tenho a oferecer? É preciso buscar benefícios que os clientes valorizem. Por exemplo, seu produto pode oferecer benefícios como conveniência, praticidade, apelo à marca, design atraente ou preço mais baixo do que a concorrência. A mistura certa de benefícios é o que pode tornar seu produto especialmente atrativo ao grupo de consumidores que valorizem esses benefícios.

Sejam quais forem as razões específicas, se você não conseguir listar pelo menos algumas razões lógicas para responder ao porquê as pessoas deveriam comprar de você, então, você precisa fazer algumas mudanças.

Em marketing, a imagem não é tudo, mas ela é tudo quando falamos do impacto emocional que você deve causar. Portanto, preste muita atenção à sua imagem quando estiver procurando maneiras de aumentar suas vendas. Para realmente conhecer seus clientes, você também precisa explorar as respostas para essas duas perguntas:

- **O que os clientes pensam sobre meu produto?** Eles o entendem? Eles acham que suas características e benefícios são superiores aos da concorrência e conseguem satisfazer suas necessidades? Eles acham que meu produto tem um bom valor dados seus benefícios e custos? Meu produto é fácil de ser comprado quando e onde meus clientes precisam dele?
- **Como os clientes se sentem em relação ao meu produto?** Meu produto faz com que eles se sintam bem? Eles gostam da personalidade do produto? Eles gostam da maneira como o produto os faz sentir com relação a si mesmos? Eles confiam em mim?

DICA

Para responder a essas questões, encontre algo em que você possa escrever e desenhe um ***t*** grande para fazer duas colunas. Intitule a coluna da esquerda como "O que os clientes sabem a respeito..." e coloque o nome de sua marca, empresa ou produto no lugar das reticências. Intitule a coluna da direita como "Como os clientes se sentem com relação à..." e escreva o máximo que você puder usando seu próprio conhecimento antes de interrogar os outros para lhe dar mais ideias. Continue trabalhando nessa tabela até que você tenha certeza de ter uma lista exaustiva tanto dos fatos e pensamentos lógicos quanto dos sentimentos e emoções que os clientes tenham.

O objetivo é ver se suas listas do que os clientes sabem e sentem com relação a seu produto coincide com as deles.

Preenchendo a lacuna de reconhecimento

Será que os clientes em potencial sabem que você existe? Se não, isso significa que você precisa expandir suas comunicações de marketing e aparecer para eles de alguma forma para reduzir ou eliminar a ***lacuna*** *de* ***reconhecimento***, que representa a porcentagem de pessoas em seu mercado alvo que não têm consciência de suas ofertas e benefícios.

Existem algumas opções para aumentar o impacto de suas comunicações de marketing e reduzir a lacuna de reconhecimento:

- **Você pode investir mais tempo.** Por exemplo, se os clientes não têm muito conhecimento sobre seu produto, mais vendas por telefone podem lhe ajudar a preencher essa lacuna de reconhecimento.

- **Você pode gastar mais dinheiro.** Mais anúncios ajudam a preencher a lacuna do reconhecimento, mas é claro que você vai gastar mais.

- **Você pode se comunicar melhor.** Um programa de marketing forte e focado aliado a comunicações claras, consistentes e frequentes ajuda a preencher a lacuna do reconhecimento com informações e imagens positivas da marca, o que, então, acaba permitindo que o nível de compra e interesse pela marca aumente significativamente.

- **Você pode se tornar mais popular.** Às vezes, é possível criar um bochicho a respeito de seu produto. Se as pessoas realmente acharem que ele é bom ou interessante, podem acabar lhe fazendo uma propaganda boca a boca e também pela internet (que, em alguns casos, é conhecida como *marketing viral*).

Focando seu público-alvo

Caso você ainda não tenha um perfil objetivo de seu público-alvo, faça-o agora – caso contrário seu programa de marketing irá afundar no mar das opções menos eficazes possíveis.

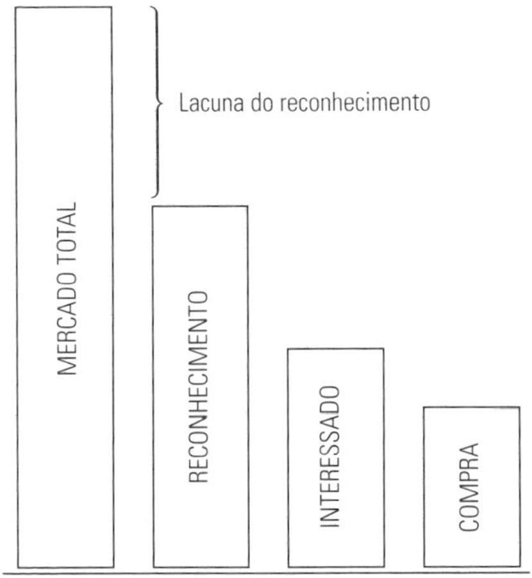

Figura 1-1: Como fazer o gráfico e analisar sua lacuna de reconhecimento.

DICA

Para construir o perfil de seu público-alvo, faça um cartaz com todos os fatos sobre ele: idade, empregador, escolaridade, renda, ou qualquer outra coisa que lhe ajude a focar sua atenção nessa pessoa. Também liste as motivações de seu público-alvo: o que ele ou ela deseja para sua vida e como você poderia ajudá-lo ou ajudá-la a realizar esses sonhos. Por fim, corte e cole de uma a três fotos de revistas para representar a face ou as faces de seu público-alvo. Essa será a pessoa a quem seu programa de marketing deverá estar voltado.

DICA

Você ainda pode aumentar o foco sobre seu público-alvo quando decidir se ele ou ela prefere uma abordagem de marketing mais racional e de caráter informativo; uma abordagem emocional e baseada na personalidade ou, ainda, uma mistura das duas.

Identificando e enfatizando com seus pontos fortes

Uma das melhores medidas que você deve tomar é a de identificar seus principais pontos fortes e usá-los de modo que você possa agregar mais foco e ímpeto a seu programa de marketing. O segredo é sempre pensar no que você faz de melhor para seu cliente (não se prenda às falhas) e assegurar-se de que você esteja tirando proveito de seus pontos fortes em tudo o que fizer. O que deve ser feito nesse caso é tirar proveito desse ponto forte através da criação de um programa de fidelidade para os clientes, pedindo e premiando as indicações, além de incluir testemunhos em seus materiais de propaganda e em seu web site. Usar seus pontos fortes dessa maneira pode lhe ajudar a superar seus pontos fracos relacionados a preços mais altos e a uma marca menos reconhecida.

DICA

Foque seus pontos fortes de maneira clara e sucinta, definindo quais são suas vantagens e pontos fortes. Pegue um pedaço de papel e uma caneta e comece uma frase como esta: "Meu produto (ou serviço) é especial porque ...". Pense sobre o que faz a sua firma ou produto ser especial e porque seus clientes se atraíram por você. Depois, certifique-se de falar sobre seus pontos fortes ou mostrá-los visualmente sempre que se comunicar com os clientes.

Descobrindo o melhor caminho para encontrar clientes

Outro aspecto a ser considerado com relação ao foco dado aos clientes é decidir se você quer enfatizar a atração de novos clientes ou a retenção e o crescimento dos clientes já existentes. Seu programa de marketing deve ser dominado por uma das duas abordagens ou, talvez, você tenha que equilibrar as duas. Portanto, saber qual dos objetivos é o mais importante irá ajudá-lo a melhorar o foco de seu marketing.

MUNDO REAL

Periodicamente, eu entrevisto os administradores de empresas bem sucedidas para lhes perguntar a respeito de suas práticas de marketing. A primeira e mais reveladora pergunta que faço é "Qual é sua melhor forma de atrair clientes?". Veja aqui algumas das respostas mais comuns – coisas que os profissionais de marketing geralmente dizem ser a maneira mais eficiente de conseguir clientes:

- **Indicações:** seus clientes talvez queiram ajudá-lo a vender seus produtos.
- **Feiras de negócios e encontros de associação profissional:** fazer contatos e aparecer no local profissional certo pode ser uma forma poderosa de construir seu negócio.
- **Vendas por telefone:** os vendedores vendem produtos. Assim, faça mais ligações você mesmo ou encontre uma maneira de colocar vendedores ou representantes de vendas comprometidos para trabalhar para você.
- **Anúncios:** os anúncios vendem o produto, mas somente se você os fizer de maneira consistente e frequente.
- **Demonstração de produtos, cupons promocionais ou distribuição de amostras grátis:** Se seu produto for impressionante, deixe que ele se venda sozinho.
- **Posicionamento e aparência dos prédios/lojas:** a localização ainda é uma das melhores e mais simples fórmulas para o sucesso do marketing.

Como mostra a lista acima, cada negócio tem sua própria fórmula para atrair clientes.

DICA

Para encontrar a forma mais eficiente de atrair clientes, você deve se fazer esta importante pergunta: "Qual é a minha melhor forma de atrair clientes e como posso focar meu programa de marketing para tirar maior proveito dela?

Quando você responder a essa questão, estará dando mais um importante passo em direção a um programa de marketing altamente focado que influenciará seus recursos o máximo possível. Seu programa de marketing provavelmente poderá se dividir em quatro categorias de atividades:

- Impacto principal;
- Útil, impacto secundário;
- Impacto de menor importância;

- Prejuízo, impacto muito baixo.

Se você reorganizar o orçamento do ano passado usando essas categorias, talvez descubra que seus gastos não se concentram próximo ao topo da lista. Se esse for o caso, então você pode tentar elevar seu foco e gastos. Corte a categoria inferior, onde seus esforços e gastos com marketing não estão valendo à pena. Reduza a categoria de gasto seguinte e mude seus gastos para uma ou duas atividades de maior impacto.

A Figura 1-2 mostra como um programa de marketing pode ser visualizado a partir de uma pirâmide construída com suas atividades de marketing. De preferência, seu programa deve se enquadrar a este modelo visual, com distinções claras entre as atividades primárias, secundárias e terciárias para que você saiba onde concentrar seus recursos a fim de conseguir melhores resultados.

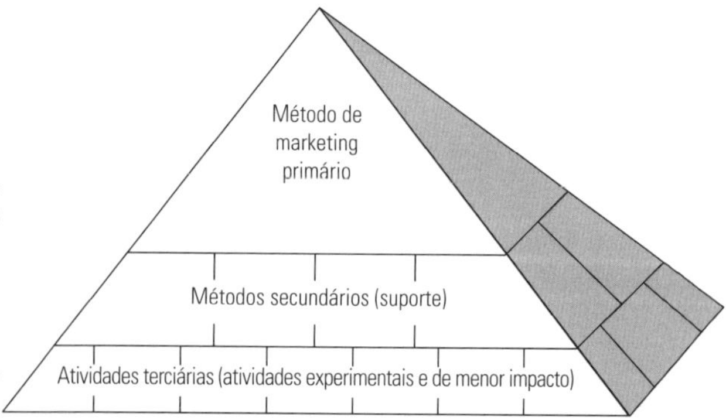

Figura 1-2: O programa de marketing ideal se parece com essa pirâmide.

Definindo Seu Programa de Marketing

Você deve encontrar maneiras de ouvir seus clientes e entender as percepções deles com relação a sua empresa e ofertas, pois seus clientes (e não você) precisam definir seu programa de marketing.

O programa de marketing deve se basear em uma ***estratégia de marketing***, que é a ideia conduzindo seu sucesso (caso você ainda não tenha uma, consulte o Capítulo 2). O programa de marketing são todas as atividades coordenadas que juntas formam as táticas para implantar essa estratégia. Para deixar mais claros tanto a estratégia quanto o programa de marketing, escreva-os em um ***plano de marketing*** (veja o Capítulo 3).

Encontrando seus pontos de influência

Cada interação do cliente, exposição ou contato é um *ponto de influência* onde o bom marketing pode ajudar a construir o interesse e a fidelidade do cliente.

Caso você já tenha um orçamento ou um plano de marketing, ele provavelmente não reflete a perspectiva desse cliente de maneira precisa.

Da mesma forma, algumas das pessoas que vendem seu produto também podem não estar em seu plano ou até mesmo na lista de pagamento de sua empresa. Todas essas pessoas podem ser vistas como seus representantes ou até mesmo como o produto, a partir do ponto de vista do cliente. Todos eles estão representando sua empresa e seu produto da maneira correta – com o foco e o profissionalismo que você quer em seu programa de marketing? Eles estão presentes quando e onde são necessários? Eles são pessoas agradáveis? A apresentação e a personalidade deles são compatíveis com a estratégia para seu programa de marketing? Caso as respostas sejam negativas, você tem que encontrar maneiras de melhorar o impacto dessas pessoas sobre o cliente, ainda que você não tenha autoridade formal sobre elas. Deixe suas expectativas claras. Comece falando com eles sobre suas preocupações e também lhes ofereça ajuda na forma de demonstrações ou treinamento, informações sobre os produtos e materiais impressos como catálogos e folhetos informativos que eles possam dar aos clientes.

Analisando seus Cinco Ps

O que realmente importa no marketing são os pontos de contato entre seu cliente e suas comunicações, produtos e pessoas. Essas interações do cliente com você (ou ***pontos de influência***) constituem seu programa de marketing. Para fazer uma lista com seus próprios pontos de influência, use os Cinco Ps do marketing para suas categorias:

Produto

Determine quais aspectos do produto propriamente dito são importantes e influenciam as intenções de compra e a percepção do cliente. Liste todas as características tangíveis mais as intangíveis como a personalidade, a aparência, os sentimentos e a embalagem – esses são os aspectos (tanto as características racionais quanto as impressões emocionais) de seu produto que influenciam a percepção do cliente.

Preço

Liste os aspectos do preço que influenciam a percepção do cliente. Quanto custa ao seu cliente obter e usar o seu produto? O preço de lista é, com frequência, um elemento importante da percepção do cliente com relação ao preço, mas não é o único. Os descontos e as ofertas especiais também pertencem a sua lista dos pontos de influência baseados no preço. E não se esqueça de incluir os custos extras que o cliente possa ter, como o custo de trocar de outro produto para o seu; os custos extras realmente influenciam a percepção do cliente com relação ao quanto seu produto é atraente.

Ponto de venda

Liste os aspectos de posicionamento e distribuição (tanto no tempo quanto no espaço) que possam influenciar a acessibilidade de seu produto. Quando e onde seu produto está disponível aos clientes? O lugar é uma grande influência, pois, na maioria das vezes, os clientes não estão procurando ativamente pelo seu produto. Estar no lugar certo e na hora certa é muito importante para o sucesso no marketing e, geralmente, é muito difícil.

Promoção

Liste todas as formas que você tem para ***promover*** sua oferta através da comunicação com seus clientes e interessados. Você tem um site? Anúncio? Envia malas-diretas? Entrega catálogos? E a visibilidade proporcionada por cartazes em prédios e veículos? Os distribuidores ou outros parceiros comerciais também se comunicam com seus clientes? Se sim, inclua os materiais promocionais e os métodos deles em seu programa de marketing, pois eles também ajudam a dar forma à percepção do cliente. E os outros elementos de rotina da comunicação com o cliente, como as faturas? Elas são a outra parte da impressão que sua comunicação de marketing faz.

Pessoas

O quinto P talvez seja, o mais importante, pois sem as pessoas é impossível ter um programa de marketing. Liste todos os pontos de contato humano que possam ser importantes para o sucesso de seu programa. Se você gerencia um pequeno negócio, essa lista poderá conter poucas pessoas, mas, ainda assim, inclua-a em seu planejamento e pense sobre as maneiras como cada pessoa pode ajudar a fazer uma impressão positiva e encorajar uma venda.

Refinando sua lista de possibilidades

É preciso encontrar maneiras eficientes e eficazes para influenciar positivamente a percepção de seu cliente. Você deve usar elementos de seu programa de marketing para motivar os clientes a comprar e usar seu produto (serviço, firma, seja o que for).

Agora, pergunte a si mesmo: a) o que pode ser subtraído porque não está funcionando de forma eficaz e b) o que pode ser enfatizado ou agregado. Pense a respeito de cada um dos Cinco Ps e tente adicionar mais pontos de influência. Observe os concorrentes ou marqueteiros bem-sucedidos de outras categorias que não a de seu produto para obter novas ideias. Quanto maior for sua lista de possibilidades, maior será sua probabilidade de realmente encontrar coisas boas para incluir em seu programa de marketing. Mas, no final, não se esqueça de focar os pontos de influência que lhe dão os melhores resultados e fazem com que seu programa se encaixe à pirâmide mostrada na Figura 1-2.

Considere o exemplo da GLBargain (`stores.ebay.com/GLBargain`), uma loja de venda de computadores no varejo de Dearborn, Michigan, que experimentou vender produtos no eBay e descobriu uma fórmula de sucesso que levou à mudança do foco do marketing da companhia para o eBay e para a Internet (GLBargain também tem sua própria loja virtual no endereço `www.glabargain.com`) A GLBargain é agora uma grande vendedora no eBay, com mais de 5.000 vendas aos compradores do eBay em todo os Estados Unidos.

Para criar sua própria fórmula de sucesso, pense em uma ou mais formas de alcançar e influenciar seus clientes e interessados em cada um dos Cinco Ps e as some à sua lista de possibilidades para o próximo programa de marketing.

Evitando a armadilha do preço

Não caia na tentação de fazer do preço o principal foco de seu programa de marketing. Muitos marqueteiros enfatizam os descontos e os preços baixos para atrair os clientes. Mas dar ênfase ao preço é uma abordagem perigosa para muitos programas de marketing, pois, dessa forma, você estará comprando seus consumidores ao invés de ganhá-los. Essa é uma maneira muito difícil de ganhar dinheiro. Portanto, a não ser que você realmente tenha uma vantagem de custo sustentável (coisa rara no mundo dos negócios) não deixe que os preços baixos ou os cupons de desconto dominem seu programa de marketing. Faça preços razoáveis, raramente use cupons de descontos e procure outras táticas a serem focadas em seu programa de marketing.

Controlando Seu Programa de Marketing

Seu programa de marketing está demonstrando inconsistências e perdendo oportunidades de passar a mensagem correta e completamente? Se isso estiver acontecendo, você pode aumentar a eficácia de seu programa de marketing através da eliminação desses pontos de inconsistência para evitar que o marketing fique fora de controle.

MUNDO REAL

Para lhe mostrar o quanto é difícil controlar todos os pontos de influência em um programa de marketing, gostaria de contar a história de uma empresa cujo marketing eu avaliei uma vez. American Marine é a fabricante dos iates Grand Banks baseada em Cingapura. Seus produtos são bonitos, resistentes e navegáveis e seus clientes possuem um amor quase fanático e uma imensa lealdade a eles. (Ou seja, o produto se vende sozinho – desde que você encontre pessoas que tenham dinheiro o bastante para comprá-los). Essa empresa exibe seus produtos em catálogos muito bem feitos e coloridos e em folhetos com fotos coloridas, especificações detalhadas e as plantas dos barcos. (A companhia reconhece que os clientes levam em consideração tanto os elementos racionais quanto os emocionais no momento da decisão de compra e, em seus materiais impressos, ela cobre muito bem as duas bases).

Entretanto, os iates Grand Banks são vendidos por intermédio de distribuidores regionais, que ocasionalmente não conseguem manter os mesmos padrões quando adicionam seus próprios materiais impressos aos materiais de marketing do fabricante. Fui contratado para avaliar a apresentação de um distribuidor regional e, para tanto, solicitei informações pela Internet. Como resposta, recebi um envelope simples e de baixa qualidade com uma carta chata sem nenhuma foto ou desenho do produto. Escondidos embaixo dessa carta inexpressiva estavam os catálogos verdadeiramente impressionantes com todas as informações e fotos do produto. O produto, nesse caso, custava mais que um milhão de dólares. Para se realizar uma venda como essa, é necessário colocar mais atenção e colocar mais esforço para se assegurar que tudo que você mostrar a um cliente em potencial seja sofisticado e impressionante.

Minha recomendação foi que tanto o envelope quanto a carta de apresentação deveriam:

- Demonstrar materiais de alta qualidade que representasse a fineza da fabricação artesanal do produto;
- Mostrar o produto, pois, nesse caso, é ele que faz a venda.

Acredito que você encontrará algumas inconsistências em cada um dos Cinco Ps de seu programa (no entanto, não se preocupe; isso é normal!). Se você conseguir fazer com que um de seus elementos de marketing funcione bem e de forma mais consistente com todo o programa e seu foco, você estará melhorando a eficácia de seu marketing. Responda às perguntas na Tabela 1-1 para identificar os elementos de seu mix de marketing que precisam de mais atenção.

Tabela 1-1 Segurando as Rédeas de Seu Programa de Marketing

Foco no Cliente	
Defina seus clientes de maneira clara: Quem são eles? Onde e quando eles querem comprar?	
Eles são clientes novos, clientes já existentes ou um mix equilibrado dos dois?	
Entenda quais elementos emocionais fazem com que os clientes comprem: Que personalidade sua marca deve ter? Como os clientes deveriam se sentir em relação ao seu produto?	

Tabela 1-1 *(Continuação)* **Segurando as Rédeas de Seu Programa de Marketing**

Entenda quais elementos funcionais fazem com que os clientes comprem: Quais características eles desejam e necessitam? Qual informação eles precisam ver a fim de tomar uma decisão?	
Atração do Produto	
O que atrai os clientes para seu produto?	
Que brilho especial faz com que você se destaque no mercado?	
Você reflete seu brilho por todos os seus esforços de marketing?	
Métodos Mais Eficazes	
Qual é a coisa mais eficaz que você pode fazer para atrair clientes?	
Qual a coisa mais eficiente que você pode fazer para reter clientes?	
Quais dos Cinco Ps (produto, preço, posicionamento, promoção, pessoas) é o mais importante para a atração e retenção de clientes?	
Controlando os Pontos de Contato	
Quais são todas as formas que você tem de alcançar e influenciar os clientes?	
Neste exato momento, você está utilizando a melhor dessas formas?	
Você precisa aumentar o foco e consistência de alguns desses pontos de contato com os clientes?	
O que você pode fazer para melhorar seu controle sobre todos os elementos que influenciam a opinião dos clientes sobre seu produto?	
Itens de Ação	
Faça uma lista das coisas que você pode fazer, baseando-se nessa análise para aumentar a eficácia de seu programa de marketing.	

Refinando Suas Expectativas de Marketing

Quando você realiza melhorias em seu programa de marketing, que tipos de resultados pode esperar? Como regra geral, a porcentagem de mudanças em seu programa irá no máximo corresponder à porcentagem de mudanças nas vendas. Consulte estas seções para ajudá-lo a refinar suas expectativas a partir de um plano de marketing.

Projetando melhorias acima das vendas de base

As ***vendas de base*** são as vendas com as quais você pode contar se mantiver o status quo em seu marketing. Se, por exemplo, você tem observado um crescimento contínuo em suas vendas de 3 a 6 por cento por ano (variando um pouco por causa do ciclo econômico), então, você deve fazer uma projeção de crescimento das vendas de 4 por cento para o próximo ano, presumindo que tudo mais permaneça igual. Mas as coisas raramente permanecem iguais, portanto, você deve esperar por novos concorrentes, mudanças de tecnologias, alteração das necessidades dos consumidores etc. Além disso, tenha cuidado para ajustar sua base natural para baixo caso você saiba que algumas dessas ameaças se materializarão no ano seguinte. Se você não mudar seu programa, sua base pode até mesmo ser uma taxa de crescimento negativa, pois os concorrentes e os clientes tendem a mudar mesmo que você não o faça.

CUIDADO

Depois que você tiver uma ideia de qual deve ser sua base para uma projeção de vendas em status quo, pode começar a ajustá-la para cima a fim de refletir quaisquer melhorias que forem introduzidas. Entretanto, seja cuidadoso ao fazer isso, pois algumas das melhorias claramente se ligam a vendas futuras, enquanto outras não.

Preparando-se para os fracassos (bem-sucedidos)

Em marketing, você deve começar aos poucos, com novas ideias e métodos para que possa suportar o fracasso e ganhar conhecimento a partir da experiência; depois, ajuste-se e comece novamente. As fórmulas de sucesso em marketing são desenvolvidas através de uma combinação de planejamento e experimentação, e não apenas a partir do planejamento. Em marketing, você não deve se sentir mal ao cometer um erro, desde que o reconheça e aprenda a lição.

Em se tratando de marketing, sou um otimista pessimista. Minha filosofia é "o que pode dar errado dará errado... e eu ficarei bem!" Tento não ser tão comprometido a um único plano ou investimento. Mantenho meus programas de marketing o mais flexíveis possível.

Flexibilidade, otimismo cauteloso e planejamento de contingência lhe darão o conhecimento de que você conseguirá sobreviver ao pior. Esse conhecimento, em troca, lhe dará a confiança para ser um marqueteiro criativo e inovador e a coragem para fazer seu negócio crescer e aperfeiçoar seu programa de marketing. E você ainda consegue lucrar a partir de seus erros.

Revelando Mais Formas de Aumentar Seu Impacto de Marketing

Existem inúmeras formas de aperfeiçoar seu programa de marketing e aumentar suas vendas e lucros. Essa seção abordará algumas delas, mas não pare por aqui. Continue buscando novas ideias e pondo em prática o maior número de boas ideias possível.

- **Converse com alguns de seus melhores clientes.** Eles têm boas ideias para lhe dar? (No entanto, ignore as ideias que sejam extremamente caras. Nem mesmo os bons clientes se preocupam com seus resultados financeiros).

- **Agradeça seus clientes.** Um simpático "obrigado" e um sorriso, um cartão ou uma mensagem, uma carta bem educada enviada junto com o envelope da fatura – todas essas são boas maneiras de dizer aos clientes que você os aprecia. As pessoas tendem a ir a lugares onde são queridas.

- **Mude seu território de marketing.** Seu foco está ajustado de maneira que o torne visível e eficiente? Caso isso não esteja acontecendo, concentre seu foco em sua região ou tipo de cliente. Mas, caso tenha potencial para se expandir, tente conquistar seu território pouco a pouco.

- **Consiga mais indicações.** Passe um tempo conversando e ajudando as pessoas que possam lhe enviar clientes. E certifique-se de agradecer a todos que lhe enviarem um. Atitudes como essa motivam as indicações.

- **Faça com que seu marketing seja mais atraente (profissional, criativo, educado, objetivo, bem escrito, bem produzido).** Você pode aumentar a eficácia de seus programas de marketing se melhorar a aparência e a sensação causada por suas comunicações e outros componentes.

- **Sorria para atrair e reter negócios.** Garanta que seus colaboradores tenham um comportamento positivo e carinhoso com relação aos clientes. Se eles não o tiverem, certamente estarão fazendo com que você perca oportunidades. Não deixe que seu pessoal trabalhe contra seu programa de marketing. Gaste um tempo para se certificar que eles entendam que podem controlar o sucesso do programa e os ajude através de treinamentos e de um bom gerenciamento para que possam fazer uma abordagem positiva, útil e produtiva em todas as interações com os clientes.

- **Ofereça uma experiência memorável para seu cliente ou consumidor.** Assegure-se de que fazer negócio com você seja uma experiência agradável.

- **Saiba no que você quer ser o melhor e invista em ser o melhor.** Quem vai precisar de você se você for comum ou mediano? O sucesso vem de ser claramente melhor em algo do que outra empresa ou produto. Mesmo se o que lhe faz melhor é algo pequeno, saiba o que é e se certifique de que esteja polindo seu brilho. Ele é o motivo pelo qual você merece vender.

- **Tente fazer a venda cruzada de produtos (ou serviços relacionados) à sua base de clientes.** Aumentar o tamanho médio de uma compra ou pedido é uma ótima maneira de melhorar a eficiência de seu programa de marketing. Mas mantenha a venda cruzada natural e suave. Não venda produtos que não estejam realmente em seu foco ou que não sirvam para o benefício de seu cliente.

- **Questione os clientes que reclamam ou os que lhe abandonaram.** Por que eles estão descontentes? Você pode fazer alguma coisa para retê-los? (Mas ignore os clientes que não se enquadram no perfil de seu público-alvo, pois é impossível agradar a todos).

LEMBRE-SE

Todas as vezes que você vestir a camisa do marketing, procure fazer pelo menos uma pequena melhoria na maneira em que ele está sendo feito em sua empresa e para seus clientes.

Capítulo 2

Fortalecendo Sua Estratégia de Marketing

Neste Capítulo:

- Tirando vantagem do crescimento do mercado e almejando grupos específicos de clientes;
- Competindo para aumentar seu market share;
- Colocando sua marca na cabeça das pessoas;
- Ajustando sua abordagem à medida que o mercado amadurece;
- Escrevendo uma declaração para ajudá-lo a colocar sua estratégia em prática.

Quando dou workshops sobre marketing, descubro que a maioria dos participantes não sabe o que é uma estratégia de marketing. Se a maioria das pessoas não sabe o que é uma estratégia de marketing, que importância ela deve ter? Na verdade, ela tem muita. Uma estratégia de marketing é o caminho para o sucesso. Existem apenas uma dúzia ou mais de caminhos para se obter o sucesso em marketing.

Encontrar e Surfar na Onda do Crescimento

A estratégia de marketing mais simples e confiável que pode ser adaptada ao seu negócio ou produto é a de ir ao encontro do crescimento. Encontre-o e surfe a ***onda do crescimento*** – a oportunidade de vender algo que tenha uma alta demanda – o máximo que conseguir. Fazer isso é importante, pois crescer e prosperar enquanto se está vendendo para um mercado em crescimento é muito mais fácil que quando se está em um mercado estagnado e com pouca demanda.

Por exemplo, os construtores que trabalhavam no Arizona e na Flórida quando a população desses estados cresceu entre 2000 e 2008 estavam em um mercado em crescimento, pois a construção civil bateu seu recorde. Quando a recessão paralisou o mercado imobiliário em 2008, o mercado da construção civil virtualmente parou nesses estados.

As seções a seguir irão ajudá-lo a determinar qual é a taxa de crescimento de seu mercado e a avaliar outros mercados a fim de encontrar um que esteja em crescimento. Com essas informações, você poderá ter certeza de que está focado nas oportunidades de crescimento.

Medindo a taxa de crescimento de seu mercado

Em qualquer ponto no tempo, há uma minoria de mercados que estão crescendo rapidamente. Entretanto, a maioria dos mercados está crescendo a passos lentos e alguns estão afundando. Saber a velocidade em que seu mercado está crescendo é vital, pois isso é chave para o crescimento de suas vendas e lucros. Pare um momento para avaliar a taxa atual de crescimento e o crescimento em potencial de ***seu mercado***. Se ela não for rápida o suficiente, encontre um mercado mais rápido (consulte a seção a seguir para saber como encontrar um mercado em crescimento). Seu mercado deveria estar vivendo um crescimento anual de pelo menos 5 por cento (embora minha preferência seja por taxas de crescimento de 10 por cento ou mais). Qualquer coisa que cresça a menos do que 5 por cento torna o crescimento de seu negócio inviável. A Figura 2-1 ilustra a estratégia do mercado em crescimento.

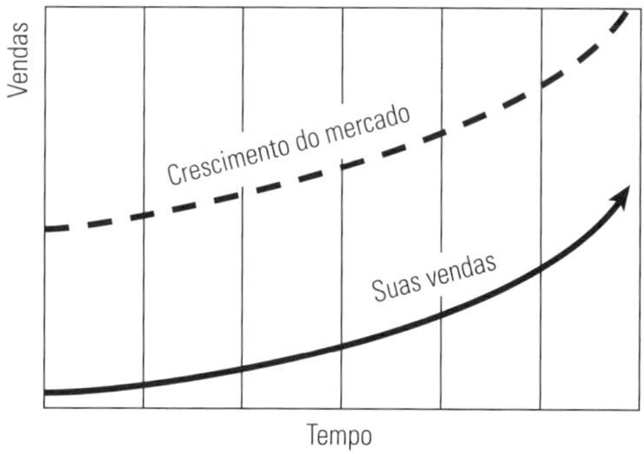

Figura 2-1: Crescendo junto com o mercado.

DICA

Para avaliar o potencial de crescimento de seu mercado, pense em um ou vários indicadores simples da taxa do crescimento total de seu mercado e os use para medir o crescimento do mercado. Esses indicadores incluem a tendência ano a ano das vendas das indústrias, a tendência do número de clientes e a tendência do tipo e do tamanho das compras por cliente. Se você descobrir que o mercado está estagnado e encolhendo, isso significa que é hora de procurar por uma oportunidade de crescimento.

Reagindo a um mercado em decadência e estagnação

Quando se deparar com um mercado em declínio, faça o seguinte para se ajustar à taxa de crescimento:

- Reduza as lojas de varejo e outros investimentos maiores para evitar prejuízos;
- Elimine os produtos com margens baixas para que você possa sobreviver a um mercado lento;
- Procure por outros lugares onde seus produtos possam ser vendidos ou encontre outra linha de produtos que ofereça um potencial de crescimento maior.

Não perca tempo tentando crescer e prosperar em um mercado doente. Se você se mantiver atento às taxas de crescimento do mercado e focar nas vendas para mercados em crescimento, assegurará, simultaneamente, o crescimento de suas vendas e o aumento da possibilidade de operar com lucro. Os mercados em declínio e de lento crescimento são brutalmente competitivos. Para realizar vendas nesses dois casos, geralmente, é necessário baixar os preços, arruinando, assim, suas margens de lucro. É por isso que marqueteiros inteligentes optam pela estratégia de focar os mercados em crescimento. Eles também ficam de olho na taxa de crescimento do mercado em que estão operando para se manterem alertas a qualquer desaquecimento que possa indicar o momento de mudar de novo.

Para identificar o melhor mercado para seu crescimento futuro, pergunte-se onde o crescimento está. Alguns tipos de cliente podem estar crescendo enquanto outros podem estar desaparecendo. Além disso, certos tipos de negócios estão se expandindo (assim como as atividades ligadas à saúde) e, por isso, um empreendedor que siga a abordagem de negócio a negócio consegue crescer através do fornecimento de produtos ou serviços específicos para esses tipos de atividades em crescimento. Além disso, as áreas geográficas variam com relação à saúde e força econômica, portanto, se você estiver pensando em mudar ou expandir para novos mercados, deve procurar cidades ou estados com economias relativamente fortes.

Crescendo Através da Estratégia de Expansão do Mercado

A ***expansão do mercado*** é a estratégia de marketing mais comum. A ideia é começar vendendo para novos grupos de clientes em potencial. Se você encontrar uma forma de atingir mais clientes em potencial que no ano passado, também será capaz de realizar mais vendas (veja os Capítulo 10, 12, 13 e 16 para conhecer essas formas específicas).

LEMBRE-SE

As duas formas mais poderosas de expandir seu mercado (ou negócio) são introduzir mais produtos, o que pode lhe dar acesso a novas bases de clientes, e tirar proveito de um produto que seja especialmente popular, o que lhe garante a venda de outros produtos quando os clientes entrarem para comprar seu bestseller. As seções a seguir destacam como você pode utilizar as duas formas.

Oferecendo mais produtos

Quando pensar em oferecer mais produtos, você tem duas opções:

- Adicionar novos produtos simplesmente através da revenda ou distribuição de produtos que complementem sua linha atual ou que atendam algumas das necessidades de sua atual base de clientes;
- Inovar para criar um ou mais novos produtos que ninguém mais venda.

De qualquer forma, você terá o desafio de informar aos clientes que tem algo novo a oferecer e convencê-los a dar uma olhada. É por isso que a visibilidade e a persistência durante os primeiros meses de sua campanha para abrir um novo mercado são especialmente cruciais. Uma explosão concentrada de comunicações é a chave para a abertura bem sucedida de um novo mercado.

Crie a visibilidade, mostre às pessoas a sua marca ou o seu produto sempre de maneira consistente e profissional a fim de criar visibilidade.

Os riscos e os custos aumentam quando você experimenta novos produtos – definidos como algo que você não está acostumado a fazer ou a vender. Consequentemente, você deveria descontar de suas projeções de venda do primeiro ano algum fator que reflita o grau de risco. Em geral, uma boa regra é a de reduzir as projeções de venda de 20 a 50 por cento, dependendo de seu julgamento com relação ao risco do produto para você e sua equipe. Também pode lhe custar o dobro de tempo e de dinheiro para realizar cada venda a partir do momento em que entrar em um novo mercado, pois seus clientes em potencial não estarão familiarizados com sua marca e, provavelmente, no início, você ainda não terá uma fórmula de marketing bem definida e que esteja de acordo com seu orçamento.

Enfatizando o bestseller

Se você tem um ***bestseller*** em suas mãos – ou seja, um produto que vende mais que os outros, o que significa que ele deveria vender pelo menos três vezes mais que os outros produtos – por que não tirar o máximo proveito dele? Alguns especialistas em marketing procuram por bestsellers para realizar vendas que estejam, pelo menos, dez vezes acima do normal; alguns bestsellers podem ultrapassar em cem ou mais vezes o nível normal de vendas para um produto em sua categoria. Com apenas um bestseller em sua linha, fica muito fácil fazer com que suas rendas e lucros cresçam.

Como criar um produto bestseller? Primeiro, procure por um. Não se contente com produtos que vendam razoavelmente bem. Continue buscando algo que tenha mais potencial e que seja mais atraente. Teste muitas alternativas. Quando você encontrar um que demonstre ímpeto (você saberá quando isso acontecer, pois os números das primeiras vendas irão lhe surpreender devido ao rápido crescimento), rapidamente mude o foco de seu marketing para esse produto. Transforme-o no coração das vendas por telefone e dos anúncios, coloque-o na parte superior de sua página na Internet, fale com a mídia a respeito dele e ofereça benefícios aos clientes que o experimentar. Os bestsellers são encontrados e criados pelos empreendedores que acreditam neles. Seja você um deles!

A tendência do bestseller é a de alavancar as vendas através da atração de clientes. Portanto, não se preocupe com o resto de seus produtos.

Depois de encontrar um bestseller, você irá observar o crescimento de seus lucros. Use uma parte desses lucros para buscar o próximo bestseller. Por quê? Porque haverá um momento em que seu bestseller perderá o ímpeto inicial. Sua melhor aposta é encontrar outro bestseller, o que pode levar um tempo. Assim, tenha-o pronto, aguardando o momento certo. Teste ideias e opções, e seja paciente.

Especializando-se Através de uma Estratégia de Segmentação do Mercado

A ***estratégia de segmentação de mercado*** é uma estratégia na qual você visa e serve a (ou se especializa em) apenas um tipo ou grupo de clientes. O objetivo dessa abordagem é o de se tornar tão especializado a ponto de ser o principal vendedor em seu segmento. A principal forma de desenvolver uma estratégia de segmentação é observar seus clientes atuais e identificar um tipo particular que lhe pareça ser mais lucrativo nesse exato momento. Ou se um subgrupo de seus clientes estiver crescendo mais rápido que os outros, considere a possibilidade de se especializar nesses tipos de clientes para ganhar mais.

LEMBRE-SE

A vantagem de uma estratégia de segmentação é a que ela lhe permite fazer produtos e marketing sob medida para um grupo definido com características específicas e uniformes. Por exemplo, a firma de consultoria que visa a atender apenas as empresas na área da saúde sabe que seus clientes em potencial podem ser encontrados em conferências de empresas na área da saúde e que eles têm preocupações em comum ao redor das quais os serviços de consultoria podem ser focados. Muitas firmas de consultoria menores visam a atender um segmento do mercado ainda mais definido a fim de competir com as consultorias maiores e menos especializadas.

A Figura 2-2 ilustra a maneira em que você pode dividir um determinado mercado.

Vendas de móveis para escritório

Figuras 2-2: A segmentação de um mercado pode lhe ajudar a dominar um determinado nicho.

As próximas seções explicam como saber se a estratégia de segmentação do mercado é a correta para você e como expandir seu negócio por meio do foco em mais de uma base de clientes específicos.

Sabendo se a especialização é um bom negócio

A especialização em um segmento específico do mercado pode lhe dar o impulso necessário para ultrapassar seu concorrente, mas nem sempre pode ser a melhor abordagem para seu negócio. A estratégia de segmentação pode funcionar muito bem para você se:

- Você acredita que seu negócio pode se tornar mais lucrativo através da especialização em um segmento mais definido do que o que você possui no momento;
- Você encara muita concorrência dentro de um mercado mais amplo e parece não estar conseguindo manter sua própria base de clientes lucrativa e estável;
- Essa abordagem tira mais proveito das coisas em que você é realmente bom;
- Você é muito pequeno para ser um dos líderes do mercado em que atua. Talvez, seja possível que você se torne o líder de um segmento específico dentro desse mercado.

Somando um segmento para expandir seu mercado

DICA

Caso você esteja ficando sem clientes e mercado e precise expandir (veja a seção "Crescendo Através da Estratégia de Expansão de Mercado" já mencionada neste capítulo), uma maneira de fazer isso é optar por atingir um novo segmento. Por exemplo, a firma de consultoria especializada em treinamentos para executivos de empresas na área da saúde decide oferecer um serviço semelhante para as instituições sem fins lucrativos. Talvez, sejam necessários um programa e uma abordagem diferentes, pois as duas empresas são diferentes em muitos aspectos e apresentam apenas um ponto em comum (alguns hospitais não possuem fins lucrativos, mas muitas instituições sem fins lucrativos não são hospitais).

Desenvolvendo a Estratégia de Market Share

Quando maior você for, em relação a seu concorrente, maior será seu lucro. Tamanho é documento. Por isso, uma boa ideia é tentar ser relativamente grande. Uma estratégia poderosa é a de tentar aumentar seu market share (fatia do mercado) através do marketing. Em essência, isso significa tirar algumas oportunidades de seus concorrentes. O ***market share*** é, simplesmente, a representação da porcentagem de suas vendas com relação às vendas totais para a categoria de seu produto no mercado em que atua (ou no segmento do mercado onde atua, caso use a estratégia de segmentação).

Para ajudá-lo a compreender como o aumento de seu market share pode favorecer a você e ao seu negócio, as seções a seguir fornecem alguns conceitos básicos sobre essa estratégia e sobre como você pode colocá-la em prática.

Escolhendo uma unidade

Antes que você possa determinar completamente sua fatia do mercado, é preciso saber qual unidade (em que você está medindo as vendas) você vai usar como referência. Dólares, pesos, containeres ou grama são ótimas unidades – desde que você use as mesmas unidades a todo o momento. Apenas escolha o que parece fazer mais sentido para o seu produto e a informação à qual você tem acesso.

Estimando o market share

Para realmente aumentar seu market share, você deve ter uma ideia precisa do tamanho do mercado e de sua fatia atual. Observe este método simples de estimar o tamanho do mercado e o seu market share:

1. **Estime o número de clientes em seu mercado.**

   Por exemplo, adivinhe quantas pessoas em seu país provavelmente compram pasta de dente ou quantas empresas em sua cidade pagam por serviços de consultoria.

2. **Estime quanto, em média, cada cliente gasta em compras por ano.**

   Cada cliente compra seis tubos de pasta de dente? Paga por quinze horas de serviços de consultoria? Para deixar sua estimativa o mais precisa possível, você pode consultar seus registros de vendas ou perguntar para algumas pessoas o que elas fazem.

3. **Multiplique os dois resultados anteriores para chegar ao tamanho total do mercado anual e, em seguida, divida suas vendas unitárias por ele para obter a sua fatia do mercado.**

A estimativa de seu mercado o ajuda a determinar quais os números corretos de seu market share.

Compreendendo onde seu produto se encaixa no mercado

Para se criar uma estratégia de market share, é necessário identificar e definir claramente seu produto e onde ele se encaixa dentro do mercado. Ou seja, você precisa conhecer a ***categoria de seu produto***: o grupo de produtos que competem entre si ao qual seu produto pertence (seja uma mercadoria ou serviço). Conhecer a categoria de seu produto é extremamente importante. Se você não souber onde seu produto se encaixa no mercado, não conseguirá começar a desenvolver uma estratégia que fundamente e aumente seu market share atual.

Para obter um conceito exato da categoria de seu produto, realmente é preciso receber o feedback dos clientes. Ao fazer isso, você irá criar metas que irão guiar seu planejamento, assim como será explicado nas próximas seções.

Pergunte a seus clientes

Seus clientes podem lhe fornecer informações valiosas e lhe ajudar a determinar onde exatamente seu produto se encaixa no mercado. O que interessa é a percepção do cliente: como o cliente vê a categoria. Então, observe seus clientes e peça para que eles descubram quais são suas opções de compras (veja o Capítulo 4 se você quiser realizar um estudo formal). Faça uma ideia de como eles veem as escolhas. Depois, inclua todas as possibilidades ou escolhas próximas em sua definição de mercado.

Trace um plano

Para cumprir as metas de seu market share, você deve traçar um plano que esteja de acordo com elas e observar o que necessita para conseguir a fatia do mercado que deseja. Para os iniciantes, um atacadista precisa de espaço nas prateleiras nas lojas de varejo. Para isso, você deve brigar para conseguir espaços maiores nas prateleiras dos varejistas. E para ganhar o direito a esse espaço, talvez seja necessário fazer algum tipo de publicidade ao consumidor, fornecer bons displays de venda ou pôsteres, melhorar a embalagem de seu produto ou fazer outras coisas para garantir que os consumidores terão grande interesse em comprar seus produtos.

Seu plano precisa girar ao redor da meta de aumentar a fatia de vendas em 1,5 pontos percentuais. Cada ponto dessa fatia vale aproximadamente $40.000 em vendas anuais (um por cento das vendas totais do mercado), assim, um plano que envolva um gasto de, digamos, $25.000 extras para ganhar 1,5 por cento pode render $60.000 se ele funcionar. Mas ele irá funcionar? Para ser cauteloso, você, sendo o empreendedor, deve subtrair dessa projeção de $ 60.000 em vendas adicionais um fator de risco de, digamos, 25 por cento, o que reduzirá seu ganho projetado inicialmente para $45.000.

Depois, considere o tempo. Lembre-se de que o plano não conseguirá atingir o ganho máximo logo no primeiro mês do ano. A projeção de vendas que começa no nível atual de vendas do primeiro mês e sobe em direção ao aumento projetado até, digamos, o sexto mês, pode ser razoável. Dividindo $45.000 por 12, para encontrar o valor mensal do aumento de 1,5 pontos da fatia, obtemos $3.750 extras nas vendas mensais do sexto mês em diante. Os aumentos mais baixos se aplicam aos primeiros meses, quando o programa está apenas começando. No entanto, as despesas com o marketing tendem a se concentrar nos primeiros meses, refletindo a necessidade de investimento adiantado para que você possa aumentar seu market share.

Conhecendo a concorrência

E se o market share de seus concorrentes for maior que o seu? Não os tema; ao invés disso, use-os! Estude seus concorrentes mais próximos e/ou os mais bem-sucedidos para descobrir uma forma de ganhar mais fatias do mercado. Quanto melhor você entender seus concorrentes, mais fácil será tirar clientes deles.

Pergunte a si mesmo o que seus concorrentes fazem bem, como eles tiram suas oportunidades de negócio e quais são as novas iniciativas que eles estão programando para esse ano. Converse com clientes, fornecedores, distribuidores e todos os que tenham um bom conhecimento a respeito das práticas de seus concorrentes e reúna todas as informações que podem ser acessadas em seus sites na Internet. Além disso, junte os materiais promocionais e catálogos da concorrência e busque por qualquer informação sobre como eles atuam no mercado.

Estudando as tendências do mercado e as revisando se for necessário

O market share lhe oferece uma maneira simples de comparar seu progresso ao de seus concorrentes periodicamente. Se sua fatia diminuir, você está perdendo; se sua fatia aumentar, está vencendo. Simples assim. Por isso, a maioria dos programas de marketing se baseia, pelo menos parcialmente, em uma ***meta estratégica para o market share***, que é a porcentagem de vendas que você quer ganhar durante um período específico.

Também é preciso que você estude o mercado e compare seus produtos ano a ano e com relação à concorrência. A autópsia do programa do ano passado deveria sempre se basear na análise do que acompanhou a mudança do market share. Se o programa do período passado dobrou seu market share, considere repeti-lo. Mas, se seu market share continuou o mesmo ou diminuiu, está na hora de algo novo. **Observação:** ganhando market share ou não, pelo menos tenha o foco de seu programa de marketing em mente e tente não perder nenhuma fatia.

Projetando uma Estratégia de Posicionamento

A estratégia de posicionamento usa uma abordagem psicológica para o marketing. Seu objetivo é fazer com que clientes e interessados vejam seu produto sob uma luz favorável e pensem sobre ele antes das ofertas dos concorrentes. A meta de posicionamento articulada para esse tipo de estratégia é a posição que seu produto ocupa na mente do cliente. As seções a seguir estão divididas em como encontrar sua posição e criar sua estratégia de posicionamento.

Sua estratégia de posicionamento pode ser tão simples quanto dizer que o que você quer é que sua marca seja a mais fácil de ser comprada, ou tão complicada quanto dizer que sua marca seja a mais fácil de ser comprada, mais acessível, mais moderna e contemporânea que a da concorrência. Apenas garanta que seus argumentos sejam confiáveis e verdadeiros.

Prevendo sua posição: Um exercício de observação e criatividade

Um bom posicionamento significa que seu produto ocupa a primeira vaga nas mentes dos clientes graças a uma imagem forte e objetiva. As pessoas reconhecem sua marca e imediatamente já sabem a que ela se refere. Se você estiver atuando em um mercado relativamente novo e não tão competitivo, destacar-se nas mentes dos clientes não é algo tão difícil. Mas se já existem muitos outros concorrentes, como nos mercados mais antigos e bem estabelecidos, provavelmente eles já tenham usado a estratégia de posicionamento e assegurado seus lugares nas mentes dos clientes. Por isso, é importante não se prender ao posicionamento que você ***quer*** ter. Ao invés disso, se concentre no posicionamento ***necessário*** para que sua marca cole.

DICA

Para que você consiga descobrir sua posição com relação às outras marcas, comece esboçando um simples gráfico de duas linhas. As duas linhas representarão a extensão, de cima para baixo, das duas dimensões de sua estratégia de posicionamento. Você encontrará essas duas dimensões ao se perguntar – e, de preferência, também perguntar a alguns clientes mais comunicativos – quais são as principais diferenças entre os diferentes produtos. As diferenças podem ser o preço e a qualidade, ou qualquer outra variável possível, dependendo do produto em questão. Mapeie todos os principais concorrentes e busque um espaço onde você possa encaixar sua marca.

Escrevendo uma estratégia de posicionamento: como fazer

Depois de saber claramente o que os clientes mais valorizam (veja a seção anterior, assim como o Capítulo 4), posicione seu produto em relação a esses valores. Por exemplo, se os clientes de bancos dizem que esperam por taxas de juros melhores para seus investimentos, então, o anúncio de um banco pode se concentrar em uma oferta introdutória em investimentos com taxas de rendimento mais altas. Para refinar sua estratégia de posicionamento e garantir que ela seja incorporada a toda sua comunicação de marketing, você precisa escrever uma declaração de posicionamento. Basta seguir dois passos:

1 **Responda às seguintes questões:**

- Que tipo de cliente é seu público-alvo?
- Quais os atributos valorizados pelo cliente?
- O que você faz para esse cliente com relação aos atributos valorizados por ele?

- Como você satisfaz os desejos e as necessidades de seu cliente?
- Por que você faz melhor que a concorrência?

2. **Complete as frases a seguir com suas próprias palavras:**
   - Nosso produto oferece os seguintes benefícios (atributos valorizados pelos clientes):
   - Para os seguintes clientes (descreva seu segmento alvo):
   - Nosso produto é melhor que o da concorrência, pois:
   - Podemos provar que somos os melhores porque (forneça evidências/diferenças).

Veja a seguir algumas abordagens comuns para a estratégia de posicionamento:

- **Você pode se posicionar contra um concorrente.** "Nossas taxas de juros são mais baixas do que o Banco XYZ". (Essa tática é natural para uma categoria de produto madura, à qual a estratégia competitiva se aplica);
- **Você pode enfatizar um benefício exclusivo.** "A única manteiga de amendoim com 0% de gordura trans";
- **Você pode se associar a algo que os consumidores valorizem.** "A pasta de dentes mais recomendada pelos dentistas". (Ao fazer isso, algumas das virtudes desse atributo passam a fazer parte da sua marca).

DICA

Escreva sua estratégia de posicionamento em letras grandes e a coloque acima de sua mesa para garantir que você se mantenha focado em sua execução. Vale à pena distribuir cópias para sua agência de publicidade, distribuidores, publicitários, vendedores e todos aqueles que trabalham em seu programa de marketing.

Considerando Outras Estratégias

Existem outras estratégias vencedoras? Certamente. Na verdade, a estratégia, como tudo no marketing, é limitada apenas por sua imaginação e iniciativa. Se você conseguir pensar em uma abordagem melhor para sua estratégia, vá em frente. As seções a seguir apresentam alguns exemplos de outras estratégias de marketing aprovadas. Talvez, uma delas sirva para você.

Marketing da simplicidade

Com o marketing da simplicidade, você posiciona seu negócio de modo mais simples, fácil de entender e mais fácil de ser usado ou trabalhado que a concorrência.

Alguns clientes estão dispostos a pagar um valor para evitar a complexidade e tornar as decisões de compra mais simples e rápidas. Esse tipo de abordagem pode ser utilizado em seu mercado? Busque por tecnologias ou processos que possam fazer a vida de seus clientes mais simples e fáceis. Por exemplo, tente facilitar um novo pedido feito pelo seu site na Internet através da armazenagem de informações sobre a última compra de seu cliente, pois assim, ele não precisará pesquisar muitas opções até encontrar o item correto.

Estratégias de qualidade

A maioria dos empresários realmente menospreza a qualidade. No entanto, a maioria dos consumidores escolhe as opções que demonstram melhor qualidade. Mas seja cuidadoso para descobrir como seus consumidores entendem a palavra ***qualidade***. Eles podem ter um ponto de vista diferente do seu. Além disso, tome o cuidado de integrar suas mensagens de marketing baseadas em qualidade ao genuíno comprometimento, à qualidade em todos os aspectos do seu negócio.

CUIDADO

Não basta simplesmente dizer que você é melhor que seu concorrente; você realmente tem que ser. Mas se os clientes o veem como superior apenas na dimensão de qualidade, enfatize isso em seu marketing de todos os modos possíveis. E certifique-se de que o preço de seu produto está consistente com a imagem de alta qualidade. Não anuncie preços baixos ou altos descontos, uma vez que preços muito baixos estão associados a produtos de baixa qualidade.

Estratégia da lembrança

A estratégia da lembrança é boa quando você acredita que as pessoas comprarão seus produtos se pensarem neles – mas isso não acontecerá se essas pessoas não forem lembradas. Muita compra de rotina é favorecida por essa estratégia (Pegou o leite?).

O ponto de compra é, com frequência, um modo eficaz de pôr em prática a estratégia de lembrança. O marketing do ponto de compra simplesmente significa fazer o que for necessário para levar o cliente até você no momento e no local da compra. Para os produtos vendidos no varejo, geralmente isso é feito por meio de cartazes ou displays dentro de lojas para lembrar o consumidor a respeito de seu produto.

A Wenger NA promove sua linha de canivetes suíços em joalherias e lojas de presentes através de caixas muito chamativas que ficam em cima dos balcões. Embora o mercado de canivetes de bolso se mantenha maduro há décadas, os displays de ponto de compra fazem com que os consumidores pensem em comprar um canivete para dar de presente – para outras pessoas ou para si mesmos.

Estratégias de distribuição inovadora

Às vezes, a característica mais importante de uma compra é quando e onde as pessoas possam realizá-la. Com as estratégias de distribuição inovadora, é possível roubar as vendas de seus concorrentes por ser mais conveniente ou mais prático que as outras opções.

Por exemplo, você consegue se lembrar da marca da gasolina que você comprou a última vez que parou em um posto na estrada? Provavelmente não, pois isso não importa. Independente da marca oferecida, você a comprou, pois estava precisando e os postos nas estradas oferecem apenas uma ou duas opções. O dono desse posto de gasolina, no entanto, está usando a estratégia da distribuição. Assim como diz um velho ditado, existem três segredos para o sucesso de um comércio: a localização, a localização e a localização.

E as três regras para o sucesso realmente se demonstram verdadeiras para todos os negócios, e não apenas para o comércio. Sempre considere o que você pode fazer para estar mais presente e ser mais prático para seus compradores. A Internet oferece novas oportunidades para uma distribuição inovadora e muitas empresas estão montando lojas virtuais para facilitar as compras à meia-noite diretamente do conforto de sua cama ou do lugar e no horário que lhe for mais agradável. Veja os capítulos 16 e 21 para detalhes de como vencer o jogo do marketing através de uma distribuição eficiente.

Vendendo Produtos Inovadores

Todas as categorias de produtos possuem uma vida limitada. Pelo menos na teoria – e, geralmente, na vida real – novos tipos de produto aparecem para substituir os mais antigos. O resultado é chamado de ciclo de vida do produto, um ciclo de nascimento, crescimento e declínio que nunca acaba e que é abastecido pelo poder de invenção sem fim das empresas concorrentes. As categorias de produtos surgem, espalham-se pelo mercado, e, por fim, entram em declínio à medida que novos substitutos aparecem e começam seus próprios ciclos de vida.

Para visualizar as vantagens de vender um produto que seja a sensação do momento, pergunte a si mesmo se, atualmente, você deveria estar vendendo toca discos, toca fitas, Cd players ou MP3 players. Obviamente, o MP3 player, a mais recente tecnologia para se tocar música (e outros conteúdo digitais), é o produto mais quente entre as opções dadas.

Faça uma estratégia de sempre atualizar sua linha de produtos (ou serviços, caso você não venda mercadorias) para se manter na curva do crescimento. Não deixe que a inovação passe por você. Veja no Capítulo 5, dicas de como criar inovações. Visite `www.insightsformarketing.com (em inglês)` para ajudá-lo a ajustar o marketing de um produto à fase de seu ciclo de vida.

Escrevendo e Revendo Regularmente Sua Estratégia

Qual é sua estratégia de marketing? Ela é a versão pura de uma das estratégias revisadas neste capítulo ou é uma variação (ou até mesmo uma combinação) de mais do que uma delas? Seja o que for, escreva-a de forma objetiva e minuciosa. Coloque-a de forma resumida em apenas uma sentença. (Se preferir, adicione alguns tópicos para explicá-la mais detalhadamente). Depois de colocá-la no papel, não a deixe esquecida dentro de uma gaveta. Mantenha-a perto de você e a reveja regularmente.

DICA

Escreva uma estratégia na forma de uma frase que expresse claramente a direção que você quer para o marketing de seu produto ou de sua empresa. Essa frase deve ser o ponto de partida para seu planejamento.

DICA

Depois que você desenvolver sua estratégia de marketing, certifique-se de que a está seguindo em tudo o que faz. Na verdade, eu recomendo que você faça um planejamento formal para ter a ideia exata de como irá pô-la em prática em todos os aspectos do programa de marketing. (Nunca tema: no capítulo 3, mostrarei como desenvolver um plano da maneira menos dolorida possível). Depois de ter adotado uma estratégia específica, você realmente deve lê-la de tempos em tempos e verificar se a está cumprindo.

Capítulo 3

Elaborando um Plano de Marketing

Neste Capítulo:

- Revisando as regras do planejamento e algumas outras;
- Criando um resumo executivo e refinando seus objetivos estratégicos;
- Analisando a situação para estar a par de todas as perspectivas;
- Definindo seu programa de marketing, incluindo os detalhes;
- Prevendo e controlando os ganhos e os gastos.

Um ***plano de marketing*** é basicamente a descrição, em palavras e números, de como você planeja executar seu programa de marketing. Ter um plano como esse é importante, pois ele o ajuda a identificar, executar e controlar as atividades de marketing que irão lhe render um ano de sucesso. Você deveria ter um plano se:

- **Você possuir uma empresa grande em que a organização, o controle e o orçamento de todas as atividades de marketing ficam difíceis sem uma estrutura formal:** Muitas empresas são complexas demais para que o empresário consiga segurar todas as possíveis variáveis em suas mãos. Um plano ajuda a identificar as melhores práticas, eliminar as que não forem lucrativas e manter tudo dentro do cronograma e do orçamento.

- **Você se deparar com qualquer desafio ou incerteza que pode influenciar suas vendas e lucros:** O processo de planejamento ajuda a pensar no que precisa ser mudado a fim de melhorar os resultados.
- **Você ainda não sabe exatamente qual é a melhor forma de manipular sua marca, preços, comunicações, vendas e outras questões relacionadas ao marketing:** O planejamento ajuda a clarear e controlar todos os elementos de seu plano de marketing.

Outro grande benefício do planejamento é que ele o faz pensar criativamente sobre seu programa de marketing. Conforme você planeja, começa a se questionar sobre velhas conjecturas e práticas e pensar a respeito de novas e melhores formas de expandir sua marca e aumentar suas vendas e lucros.

Revendo os Conteúdos de um Bom Plano

Antes de elaborar um plano de marketing bem sucedido para sua empresa, você precisa saber os detalhes de um plano de marketing. Os planos de marketing variam significativamente em formatos e conteúdos, mas todos possuem seções sobre o seguinte:

- **Sua posição atual:** isso se refere aos seus produtos, clientes, concorrentes e tendências mais amplas no mercado onde atua.
- **Os resultados alcançados no período anterior (caso você tenha uma empresa já estabelecida):** você precisa observar as vendas, seu market share e também os lucros, os índices de satisfação dos clientes ou outros indicadores do comportamento e da percepção do cliente. Você também pode incluir indicadores de retenção de clientes, tamanho e frequência das compras, pois estes, com frequência, ajudam a pensar onde focar seu marketing. Identificar as coisas que os clientes desejam e como adequar seu produto a elas também é uma importante consideração.

- **Lições aprendidas:** uma autópsia do período anterior ajuda a identificar os erros cometidos para evitá-los no futuro, tirar vantagens de insights ou mudanças importantes que possam apresentar ameaças ou oportunidades.
- **Sua estratégia:** esse é o maior foco de seu plano e a forma com a qual você fará sua receita e lucros crescerem. Use poucas sentenças para expressar sua estratégia, assim, todos os que a lerem a entenderão rapidamente e conseguirão se lembrar dela facilmente.
- **Os detalhes de seu programa:** nesta parte, você deve abordar todas as atividades específicas de sua empresa. Agrupe-as por área ou tipo, dando explicações de como essas atividades se encaixam na estratégia da empresa e refletem a situação atual.
- **Os números:** essa parte inclui as projeções de vendas e os custos, mas também pode incluir as projeções para o market share, as vendas para seus maiores clientes e distribuidores, custos e o retorno de todas as ofertas especiais planejadas, as projeções de vendas e comissões por território e qualquer outro detalhe que o ajude a quantificar suas oportunidades e atividades de marketing específicas.
- **Seus planos de experimentação:** caso você possua uma nova empresa ou um novo produto, ou se você estiver experimentando uma nova ou arriscada atividade de marketing, estabeleça um plano (ou piloto) para, primeiro, testar as águas mais rasas. Será preciso determinar quais resultados positivos você deseja antes de avançar águas mais profundas. Afinal de contas, a sabedoria é saber que você não sabe – e o planejamento é saber como descobrir isso.

LEMBRE-SE

No momento em que você analisar e colocar todos esses elementos no papel, irá se sentir investindo em seu plano. Mas tome cuidado! Você não deve ver seu plano como algo intocável. Na verdade, o plano é apenas um ponto de partida. À medida que você o for colocando em prática ao longo do ano, descobrirá que algumas coisas funcionam e outras não. Os bons empreendedores reveem seus planos e os ajustam, conforme seja necessário.

Começando a engatinhar

Quanto menos familiarizado você estiver com a elaboração de um plano, mais flexibilidade e atenção seu plano irá precisar. Assim, faça da flexibilidade seu primeiro objetivo se você estiver criando um plano de marketing pela primeira vez. Considere criar um plano gradual que inclua uma fase piloto com um cronograma e alternativas ou opções em caso de problemas.

Aperfeiçoar seu plano para a flexibilidade significa preservar sua liberdade de escolha, evitando comprometimentos de recursos e gastos em pequenos incrementos para que você possa mudar o plano conforme seja necessário.

Maximizando as eficiências

Se sua empresa está consolidada no mercado e seu plano se baseia em anos de experiência, é possível favorecer, com mais segurança, as economias de escala sobre a flexibilidade. (As *economias de escala* são as economias de recursos obtidas por se fazer coisas em grande escala). Mas sempre deixe um pouco de espaço, pois a realidade nunca reflete seus planos e projeções em 100% das vezes.

Ajuste seu plano de marketing para favorecer as economias de escala se você realmente sentir que pode fazer julgamentos sensatos e antecipados. Os anúncios são mais baratos e mais eficientes se feitos em uma grande escala, pois, assim, você consegue maiores descontos tanto na elaboração quanto na compra do espaço. Se você souber que o investimento em uma mídia provavelmente produza vendas ou garanta a liderança do mercado, vá em frente e compre os espaços em grandes escalas para obter bons preços.

Entendendo as Regras de um Planejamento

As seções a seguir mostram as maneiras mais comuns de se ter um prejuízo (para que você possa evitá-las), mais duas estratégias eficazes para o uso consciente de seu dinheiro.

Não ignore os detalhes

Um bom plano de marketing se constrói a partir dos detalhes, tais como cliente por cliente, item por item, projeções de vendas território por território. Generalizar um mercado inteiro é difícil e perigoso. A probabilidade de que suas projeções de vendas e custos estejam corretas aumenta se você as dividir em unidades menores (como vendas por territórios individuais ou pedidos de clientes), fazer estimativas para cada uma dessas unidades e, então, somá-las para obter o total.

Não imite a concorrência

Você pode ficar tentado a fazer exatamente o que os seus maiores concorrentes estão fazendo, mas não caia nessa armadilha. Você precisa de ideias novas para tornar sua marca e seu plano únicos. **Lembre-se:** a imitação não é uma estratégia vencedora a longo prazo.

Encontre suas próprias fórmulas para o sucesso

Comece pelos sucessos que você teve no passado. Por exemplo, se, este ano, você publicou um anúncio que obteve uma boa resposta, dobre ou triplique esse tipo de anúncio no plano do próximo ano.

Não se sinta preso ao plano e ao orçamento do período passado

Enquanto estiver elaborando seu plano de marketing, não deixe que os resultados do passado lhe atrapalhem a fazer o que você quer. Repita ou melhore os elementos que melhoraram o desempenho dos planos passados e corte os elementos que não trouxeram retornos altos. Todos os planos incluem algumas atividades e gastos que não são necessários e podem ser cortados (ou retrabalhados) para o próximo ano.

Não faça gastos desnecessários

Sempre analise qualquer gasto e veja bem os números antes de assinar um cheque ou um contrato. Muitas das pessoas que lidam com a execução de seu marketing são vendedores. Sendo assim, a meta dessas pessoas é a de fazer você comprar o espaço delas, usar seus serviços de impressão e designar ou gastar dinheiro em web sites muito sofisticados.

CUIDADO

Certamente, em alguns momentos, você irá precisar de uma boa agência, quando você quiser elaborar e executar uma grande campanha publicitária. Mas se você estiver pensando em pouco menos que mil anúncios, provavelmente não poderá pagar pelos caríssimos serviços de uma agência. Um designer gráfico local que já tenha criado bons anúncios para sua empresa é a alternativa mais viável.

Divida seu plano em subplanos

Se seu negócio consiste em uma atividade exclusiva, pode elaborar um plano único. Mas se além de vender serviços (como consultoria ou consertos) você também vender produtos? Talvez você se dê conta de que precisará trabalhar em um plano para a venda de produtos (talvez esse plano vise encontrar novos clientes) e em outro plano para convencer os compradores de seu produto a também usar os seus serviços.

LEMBRE-SE

Se seu plano parecer complicado demais, simplesmente o divida e o conquiste! Depois, junte tudo novamente para chegar à sua projeção e orçamento totais. Por exemplo, se você tem 50 produtos em cinco categorias diferentes, escrever seu plano ficará muito mais fácil se você apresentar 50 projeções de vendas para cada produto e cinco planos promocionais para cada categoria. (Pode parecer mais trabalhoso, mas esse método é na verdade muito mais simples).

DICA

Todo o tipo de atividade comercial em seu plano tem um nível de divisão natural e mais adequado. Encontre o nível correto e seu plano será muito mais fácil e simples de ser realizado. A seguir, veja alguns métodos para ajudá-lo a dividir seu plano:

- Analise, planeje e faça o orçamento das atividades de venda por território e região de venda (ou por clientes mais importantes, caso seus clientes sejam grandes empresas).

- Projete suas receitas e promoções para cada produto e por empresa (se você vender para mais que uma).

- Planeje suas propagandas e outras formas de promoção para cada linha de produto ou outra categoria de produto que seja mais abrangente, uma vez que as promoções geralmente possuem um efeito generalizado a todos os produtos da mesma categoria.

- Planeje e faça o orçamento para a publicidade de sua empresa como um todo. Apenas faça o orçamento e planeje a publicidade para um produto se você o estiver introduzindo ou modificando de alguma forma que possa atrair a atenção da mídia (é claro que as exceções existem para todas as regras. Se você tem um único bestseller que seja o carro chefe de sua empresa, você precisa de um plano de publicidade específico para ele.

- Planeje e faça o orçamento para catálogos, sites na internet e outros materiais informativos. Tenha certeza de que você continua focado em suas escolhas: apegue-se a um catálogo por tópico. Catálogos ou sites com vários propósitos nunca funcionam bem.

Redigindo um Resumo Executivo Eficiente

O resumo executivo cuidadosamente redigido é um componente essencial de todo o plano de marketing. O ***resumo executivo*** é um plano escrito em uma página e que descreve as informações essenciais sobre o ano planejado para sua empresa com programas e atividades, usando duzentas ou menos palavras bem escolhidas. Se você se vir perdido ou desorientado no duro jogo das vendas e do marketing, esse resumo objetivo de uma página pode trazê-lo de volta à sua estratégia correta.

DICA

Esboce um resumo executivo logo no início do processo de planejamento para que ele guie seus pensamentos e planejamentos. Depois, revise-o (ou, se necessário, reescreva-o completamente) depois de terminar todas as outras seções de seu plano, pois o resumo (como o próprio nome diz) precisa sintetizar tudo. Ao resumir os principais pontos de seu plano, deixe claro se o plano é:

- **Orientado à eficiência:** o foco na eficiência significa que você irá aperfeiçoar as fórmulas bem sucedidas e aumentar o volume de negócios. Por exemplo, seu resumo pode começar com metas altas de vendas e, então, revisar as várias melhorias ocorridas no ano passado e que podem ajudá-lo a atingir metas mais altas.

- **Orientado à eficácia:** refere-se ao foco no teste e no desenvolvimento de uma ou mais formas de fazer marketing. Por exemplo, digamos que seu plano identifica uma boa oportunidade ou um grande problema e uma nova estratégia de reação. Se você precisar fazer maiores alterações em seu programa de marketing, então, o plano servirá como uma ferramenta para que você possa encontrar novos métodos de marketing mais eficazes. Ele deverá incluir uma variedade mais ampla de atividades de marketing, juntamente com formas de testá-las para ver quais funcionam melhor.

No final de seu resumo executivo, descreva os resultados finais: quais serão as projeções de suas receitas (por produto, ou linha de produto, a não ser que você tenha muitas projeções para serem listadas em apenas uma página) e quais serão os custos. Além disso, mostre como esses números se diferenciam dos números do ano passado. Faça o máximo para manter o resumo todo em apenas uma página.

DICA

Se você tiver muitos produtos, pode listá-los por suas linhas/categorias. Mas a melhor opção é criar mais que um plano, pois é provavel que você ainda não tenha pensado em nenhum plano que não possa ser resumido em apenas uma página.

Preparando uma Análise da Situação

A análise da situação é uma ferramenta que permite ao empreendedor garantir que suas táticas de marketing estejam tirando proveito das oportunidades e resolvendo os problemas. Ou seja, ela fornece o contexto necessário para que você siga em frente com seu plano. A *análise da situação* lhe ajuda a definir o contexto para seu plano de marketing através da observação de tendências, das preferências dos clientes, dos pontos fortes e fracos dos concorrentes e tudo o que possa influenciar as vendas.

Para preparar uma análise da situação, você deverá considerar os desafios e as tendências que podem influenciar seu programa de marketing — esteja preparado para os ciclos econômicos e reveja o estado atual de seus concorrentes. Depois de identificar essas ameaças e oportunidades, é preciso pensar muito em como reagir a elas. Suas estratégias de marketing são basicamente a sua resposta aos seus pontos fortes, pontos fracos, oportunidades e ameaças, assim, sua análise da situação se encaixará naturalmente em suas estratégias e planos.

O que incluir em sua análise

Uma boa (e muito tradicional) maneira de organizar uma análise de situação é escrevendo algo para cada uma destas quatro categorias:

- **Pontos fortes:** identifique os pontos fortes de seus produtos, da sua marca e de seu programa de marketing para que assim você tenha em que fundamentar seu plano.
- **Pontos fracos:** localize as áreas nas quais seus produtos, sua marca e seus programas de marketing estejam relativamente fracos. Seu plano deve propor mudanças que corrijam ou eliminem esses pontos fracos.
- **Oportunidades:** sua análise de situação precisa buscar oportunidades, como um novo mercado em crescimento do qual você possa fazer parte (veja o Capítulo 2 para saber como encontrar mercados em crescimento) ou uma nova forma de alcançar clientes em potencial (veja a Parte IV para conhecer uma variedade de formas).
- **Ameaças:** uma ameaça é uma tendência ou mudança externa que possa reduzir suas vendas ou lucros, ou dificultar o cumprimento de suas metas de crescimento. Seu plano precisa reagir de maneira eficaz às ameaças, portanto, identifique as principais da forma mais precisa e honesta possível.

A Tabela 3-1 mostra alguns dos desafios e algumas das oportunidades mais comuns.

Tabela 3-1 Ameaças versus Oportunidades Mais Comuns no Mercado

Ameaças Mais Comuns	*Oportunidades Mais Comuns*
Novos concorrentes	Novos produtos
Problemas ou tendências econômicas	Novas formas de promover ou vender
Envelhecimento ou perda da base de clientes	Novos tipos de clientes a serem buscados

Identifique as tendências que possam lhe causar danos e planeje uma reação a elas; do mesmo modo, observe as tendências que possam lhe ajudar e planeje formas de aproveitá-las ao máximo. Consulte a taxa de crescimento econômico da população para a qual você vende seus produtos (as cidades nas quais você opera, caso seja um operador regional, por exemplo). Também verifique a taxa de crescimento de seu grupo demográfico alvo: o número de pessoas na faixa etária de seu público-alvo está aumentando ou diminuindo? Então, observe as tendências tecnológicas e sociais: a tecnologia que você usa está ficando obsoleta ou está cada vez mais popular? Quais estilos de vida ou tendências da moda podem influenciar os hábitos de compra de seus clientes?

Esteja preparado para os ciclos econômicos

Fique de olho nos indicadores econômicos mais usados e regularmente monitore os números. Se você observar um declínio por mais de dois meses consecutivos, procure por sinais de queda nas vendas em sua própria empresa e se prepare para agir.

A Conference Board (`www.conference-board.org`) (em inglês), uma empresa sem fins lucrativos sediada em Nova Iorque, publica os indicadores econômicos mais usados e que previram de maneira satisfatória as últimas seis recessões. No entanto, eles também previram cinco recessões que não ocorreram. Sendo assim, se você der um passo atrás sempre que os economistas publicarem previsões negativas, seus planos de marketing serão conservadores e retraídos demais.

DICA

Quando suas vendas estiverem fracas e as previsões para a economia não forem as melhores, espere pelo pior e recue até que a tempestade passe. Para fazer isso, eu sugiro que você:

- **Evite grandes comprometimentos com o marketing.** Os contratos publicitários caros e a longo prazo, a locação de lojas e os grandes inventários são perigosos em tempos ruins. Por exemplo, não compre um ano inteiro de anúncios caros.
- **Fique de olho em seu mix de custos fixos e variáveis.** Os *custos fixos* são os que não variam de acordo com as vendas. Por exemplo, se você possui um contrato de leasing por um escritório ou armazém, terá que pagá-lo estejam suas vendas em alta ou não. Os *custos variáveis* são os que podem variar, como o custo das mercadorias vendidas e das comissões. O plano de marketing com muitos custos variáveis é relativamente à prova de recessão, pois os custos diminuirão proporcionalmente às vendas.

DICA

Você saberá que a economia está crescendo quando os indicadores econômicos mais usados se mantiverem favoráveis por vários meses e, além disso, você também observará o crescimento de suas vendas. Assim que o crescimento econômico apontar, aumente seus anúncios o mais rápido possível para assim impulsionar agressivamente suas vendas.

Análise da concorrência

Reunir informações sobre seus concorrentes por meio de uma tabela analítica pode lhe ajudar a esboçar uma análise de situação mais completa. A ***tabela de análise da concorrência*** resume as principais semelhanças e diferenças entre você e seus competidores.

Os tipos de informação que podem ser coletadas sobre seus concorrentes variam significativamente, por isso, não posso lhe dar uma fórmula pronta, apenas sugestões. Certamente, você conseguirá reunir e analisar amostras das comunicações de marketing de seus concorrentes e, provavelmente, poderá encontrar algumas informações sobre como eles distribuem e vendem, onde eles estão (ou não estão) localizados, quem são seus maiores e/ou mais leais clientes e, até quem sabe, descobrir o quanto eles vendem.

Em geral, uma tabela de análise da concorrência deve conter colunas nomeadas como Concorrente #1, Concorrente #2, Concorrente #3 e assim por diante para as seguintes linhas:

- **Empresa:** descreva como o mercado a vê e quais são seus produtos chaves.
- **Pessoas chaves:** quem são os gerentes e quantos empregados eles têm no total?
- **Financeiro:** quem é o responsável e como está sua *posição de caixa* (eles têm poder aquisitivo ou estão lutando para pagar as contas?). Como foram suas vendas nos últimos dois anos?
- **Vendas, distribuição e preço:** descreva o canal de venda primário, a estrutura de preços/descontos e a estimativa do market share de seus concorrentes.
- **Análise do produto/serviço:** quais são os pontos fortes e os pontos fracos dos produtos e serviços da concorrência?
- **Avaliação em escala do produto/serviço:** leve em consideração alguns assuntos relevantes, como a aceitação de mercado, a qualidade das embalagens, os anúncios entre outros. Dê notas de 1 a 5 (sendo 5 a nota mais alta) para cada característica que você avaliar. Depois, some as notas para cada concorrente e veja qual característica parece ser a mais forte.

- **Comparação entre sua classificação e a de seus concorrentes:** se você também se desse notas com relação aos atributos acima, como se compararia aos seus concorrentes?

MUNDO REAL

O software ***Marketing Builder*** da JIAN tem um modelo para uma tabela de análise da concorrência. Ajudei a JIAN a desenvolver o programa e da última vez que vi, ele custava $90 dólares. Talvez você devesse comprar um, caso tenha pressa em escrever um plano mais detalhado.

Explicando sua estratégia de marketing

Sua análise da situação identifica suas fraquezas e ameaças, mas também identifica seus pontos fortes e oportunidades. Você precisa pegar essas descobertas, esclarecê-las e fundamentar sua estratégia de marketing ao redor delas para aumentar suas chances de sucesso. (Consulte o Capítulo 2 para escolher uma estratégia de marketing).

DICA

Se você quer que seu negócio cresça e prospere, conheça sua estratégia de marketing como a palma de sua mão. Dessa forma, você poderá explicar sua estratégia, que resulta em objetivos específicos embrulhados em táticas que serviram para colocá-la em prática. Assim, corrija e esclareça esta seção do seu plano até que ela realmente explique, de maneira bem clara e objetiva, sua estratégia de marketing.

Esclarecendo e Quantificando Seus Objetivos

Os ***objetivos de marketing*** são metas quantificadas e mensuráveis, como "aumentar a participação no mercado de 5 para 6 por cento" e "deslocar 25 por cento ou mais de nossos clientes de catálogo para os pedidos pela Internet".

LEMBRE-SE

As estratégias de marketing escolhidas sugerem objetivos específicos. Por exemplo, se sua estratégia envolve a abertura de novos territórios visando ao crescimento das vendas, você precisará estabelecer uma meta específica para as vendas naquele território. Esse número se tornará, então, seu objetivo.

Os objetivos são uma parte tão importante para o resto de seu plano que você nunca poderá parar de pensar a seu respeito. Apesar de toda a sua importância, eles não precisam de muitas palavras.

DICA

Se você escrever objetivos claros e persuasivos, nunca ficará confuso sobre o que escrever nas outras seções de seu plano de marketing – quando estiver em dúvida, poderá recorrer a esses números e se lembrar do que está tentando realizar e o porquê. Esses pontos são o que norteiam o plano.

MUNDO REAL

Objetivos claros em ação: Cães fazendo ioga

Veja uma história de como objetivos bem focados ajudaram no sucesso de um produto: um plano de marketing para lançar uma linha de petiscos fortificantes para cães acima do peso e sedentários se estabeleceu no divertido conceito de mostrar cães fazendo ioga para se exercitarem. Usando a marca Zen Puppy Holistic Dog Treat, a empresa escolheu um logo com um cão sobre uma pata, fazendo uma posição de ioga para comunicar o benefício exclusivo do petisco, que faz com que seu cão seja mais ativo e saudável.

O principal objetivo do plano inicial foi o de construir o reconhecimento e o interesse pela nova marca e pelos seus benefícios exclusivos. Depois de conseguirem isso, os planos mudaram em direção à construção da distribuição em lojas do varejo e da expansão da linha do produto com novos petiscos que deixam os cães mais bonitos e inteligentes. Toda a campanha de marketing também se baseou no objetivo de atrair os donos de cães mais jovens e antenados.

Pense a respeito das limitações de seus recursos

Não deixe que suas ambições sejam maiores que os recursos disponíveis para executá-las. Se atualmente você é o décimo entre os dez maiores concorrentes do mercado, não escreva um plano para se tornar o primeiro até o fim do ano.

Sempre se certifique de que seus objetivos sejam razoáveis. Uma pessoa sensata diria que seus objetivos parecem possíveis de serem realizados com pouco esforço? (Se você não tiver certeza, encontre pessoas sensatas e pergunte a elas). Além disso, veja se você tem recursos suficientes para cumprir os objetivos dentro do prazo estabelecido.

Não espere fazer grandes mudanças no comportamento do cliente

Através de um programa de marketing, você consegue mover as pessoas e as empresas apenas até certo ponto. Se você planeja fazer com que os empresários deixem seus funcionários livres todas as sextas-feiras para que eles possam participar dos workshops que sua empresa patrocina, bem, espero que você tenha um plano de fuga. Esses tipos de ajustes são necessários, pois, caso contrário, seu programa de marketing não funcionará.

O mesmo acontece com o mercado consumidor. Você não pode simplesmente mudar de uma hora para outra algumas atitudes do público. Para isso, são necessárias novas evidências e muitas comunicações de marketing. Em seu plano, primeiro certifique-se de que suas estratégias se baseiam em pontos fortes e oportunidades. Depois, estabeleça objetivos realistas que podem se adequar a seu prazo, dinheiro e talento. Lembre-se: você deve querer que seu plano seja 100% realizável.
As vendas são, obviamente, o objetivo final de todos os planos de marketing, sendo assim, também inclua um objetivo realista para quanto você pretende vender. As pessoas geralmente definem as vendas em termos de receita de vendas, mas essa definição não é muito útil para a parte estratégica de seu plano. É melhor tentar encontrar uma forma de medir como está seu desempenho para alcançar seu público-alvo.

Suas estratégias cumprem seus objetivos através das táticas (os Cinco Ps) de seu plano de marketing. (Veja o Capítulo 1 para um explicação sobre os Cinco Ps). É o plano propriamente dito que explica como as táticas cumpriram os objetivos através do programa de marketing.

Resumindo Seu Programa de Marketing

O programa de marketing (é definido detalhadamente no Capítulo 1) é a combinação das atividades de marketing usadas para fazer com que um público-alvo compre um produto, uma linha de produtos ou serviços específicos. De modo geral, você descobrirá que é muito útil incluir táticas para todos os Cinco Ps do marketing: produto, preço, posicionamento, promoção e pessoas (consulte na Figura 3-1 um exemplo).

Exemplo de estratégia
Criar uma nova marca de petiscos para animais de estimação e vendê-la para donos jovens e ativos.

Exemplos de Objetivos:
Criar uma marca que seja atraente aos consumidores mais jovens e antenados.
Construir o reconhecimento e o interesse por meio da internet, publicidade, cobertura de eventos e boca a boca.
Conseguir que pelo menos 10.000 lares testem amostras do produto.
Construir uma rede de distribuição por meio da internet, mercados e pet shops.

Exemplos de táticas
Produto: Desenvolver um produto que deixe os cães mais saudáveis e ativos. Criar uma marca que seja atraente aos donos mais jovens e antenados.
Preços: O preço é ligeiramente mais alto que os dos produtos da concorrência para mostrar que é um produto especial e também para gerar fundos para uma campanha de marketing agressiva.
Posicionamento: O cliente poderá comprar o produto pela internet ou em pet shops. Expandir para os mercados assim que o volume permitir.
Promoção: Criar uma marca e um logo fácil de ser identificado. Usar eventos, redes de relacionamento social no Facebook, anúncios em revistas cujos leitores tenham as características demográficas adequadas e displays em lojas para comunicar a mensagem e a imagem especiais do produto.

Figura 3-1: Veja o fluxo dos objetivos e das táticas em sua estratégia de marketing.

Sugiro que você priorize, selecionando algumas atividades de marketing primárias (como anúncios na Internet, mala-direta e displays em feiras de negócios) que dominarão seu programa para o período que se segue. Essa abordagem concentra seus recursos a fim de obter o maior impacto possível.

Se você tentar usar mais que três atividades principais a um alto grau, talvez, poderá sentir dificuldades para mantê-las causando grandes impactos, pois estará competindo com muitas outras empresas. A Internet, as ondas de rádio e as caixas de correio estão abarrotadas de anúncios e ofertas, e, em todos os lugares, pôsteres e outdoors podem ser vistos tentando chamar a atenção. Para até mesmo conseguir uma chance de causar um impacto em qualquer meio, é preciso concentrar seus recursos de tal maneira que você possa comprar bastante visibilidade.

À medida que você pensar sobre as táticas de seu plano, busque os detalhes de como executar seu plano e, para isso, faça a pesquisa que for necessária. Talvez, você esteja considerando a possibilidade de usar anúncios em revistas especializadas em negócios para mostrar aos varejistas sua nova linha de produtos e as opções de displays dentro das lojas que você está disponibilizando para eles. Ótima ideia, mas agora você precisa ser mais específico e escolher algumas revistas.

Faça a mesma análise para cada item em sua lista dos componentes do programa. Trabalhe os detalhes até que você tenha um custo inicial para o que quer fazer com cada componente. Some esses custos e veja se o resultado final parece realista. Depois de um tempo, você conseguirá um orçamento que pareça compatível às receitas e que também faça sentido a partir de uma perspectiva prática.

Uma planilha ajuda muito nesse processo de análise. Basta construir fórmulas que somem os custos para alcançar os subtotais e a soma total; depois, subtraia da soma total as vendas projetadas para obter os resultados finais para seu programa.

Panorama do Programa para Compradores de Lojas do Varejo

Componentes do Programa	Custos do Marketing Direto ($)
Pontos primários de influência	
- Vendas por telefone	$450.700
- Telemarketing	276.000
- Anúncios em revistas	1.255.000
- Desenvolvimento de nova linha de produtos	171.500
	Subtotal: $2.153.200
Pontos de influência secundários	
- Quantidade de descontos	$70.000
- Displays em pontos de compra	125.000
- Novo site na internet com catálogo online	12.600
- Catálogo impresso	52.000
Publicidade	18.700
- Stand em feira de negócios anual	22.250
- Recriação das embalagens	9.275
	Subtotal: $309.825
Vendas Projetadas a partir Deste Programa	$23.250.000
Menos o Total dos Custos do Programa	-2.463.025
Venda líquida a partir Deste Programa de Marketing	**$20.786.975**

Figura 3-2: Planilha de um programa de orçamento.

O orçamento dos componentes secundários desta empresa não é tão grande quanto o orçamento dos componentes primários (que usa 87% do orçamento total). Mas os componentes secundários também são importantes. Espera-se que o novo site lide com a maioria das perguntas feitas pelos clientes e atue como um catálogo virtual, permitindo que a empresa corte gastos com os catálogos impressos e as malas-diretas.

DICA

Se seu programa de marketing abrange vários grupos de clientes, você precisará incluir várias planilhas (assim com a da Figura 3-2), pois cada grupo poderá precisar de um programa de marketing diferente. Por exemplo, a empresa cujo programa de marketing você viu na Figura 3-2 vende para lojas de presentes – esse é o propósito daquele programa. Mas a empresa também tem negócios com algumas papelarias. E, ainda que seja o mesmo vendedor a ligar para os dois grupos de clientes, cada grupo possui produtos e promoções diferentes.

Explorando os Detalhes de Seu Programa

Um bom plano não é nada sem os detalhes e um bom plano de marketing não é diferente. Depois de resumir seu programa de marketing (o que abordamos na seção anterior), você precisa explicar os detalhes de como seu plano irá usar cada componente descrito no programa. Deixe uma seção para cada componente, o que significa que a porção de detalhes de seu plano será bem extensa (use quantas páginas forem necessárias para descrever todos os fatos).

No mínimo, essa parte do plano deve conter seções que abordem os Cinco Ps – produto, preço, posicionamento (ou distribuição), promoção (como se comunicar e persuadir os clientes) e as pessoas (vendedores, as equipes de atendimento ao cliente, distribuidores e etc).

DICA

Não se frustre com detalhes sobre os componentes do programa de seu plano de marketing que não podem ser alterados. Às vezes, a pessoa que escreve o plano de marketing não pode mudar a política de preços, encomendar uma nova linha de produtos ou ditar uma alteração na estratégia de distribuição. Você é convidado a explorar suas fronteiras e, até mesmo, tentar esticá-las, mas precisa admitir que elas existem, se quiser que seu plano seja viável. Se você puder apenas controlar a promoção, então a porção de detalhes de seu plano deve se concentrar nas formas pelas quais você irá promover o produto (neste caso, não se importe com os outros Ps).

Gerenciando Seu Programa de Marketing

O principal objetivo da seção de gerenciamento de seu plano de marketing é o de simplesmente garantir que as pessoas estejam nos lugares certos na hora certa para dar conta do trabalho que precisa ser feito. Esta seção resume as principais atividades que você e sua equipe de marketing devem realizar a fim de colocar seu programa de marketing em prática.

Às vezes, a seção de gerenciamento fica mais sofisticada se forem discutidas questões de gestão que envolvam o aumento da produtividade da força de vendas ou a necessidade da descentralização da função de marketing. Caso você tenha vendedores ou distribuidores, elabore um plano para organizá-los, motivá-los, rastreá-los e controlá-los. Além disso, também desenvolva um plano para que eles o usem na geração, alocação e rastreamento das vendas.

DICA

Primeiro, fale sobre suas ideias com todas as pessoas em questão e, depois, receba seu feedback. Não surpreenda seus vendedores ou distribuidores com novos sistemas e métodos. Se você fizer isso, eles provavelmente irão resistir às mudanças, fazendo com que as vendas diminuam. Portanto, fale e ouça, use a persuasão e proponha, aumente o sentimento de envolvimento deles no processo de planejamento. Essas pessoas executarão os planos de venda de maneira satisfatória apenas se entenderem e acreditarem nesses planos.

Projetando Gastos e Ganhos

Neste estágio da elaboração de seu plano de marketing, você precisará vestir a camisa do gerenciamento financeiro e de projetos. (Talvez nenhuma das duas camisas lhe caia bem, mas tente usá-las por um ou dois dias). Você precisa dessas camisas para:

- Estimar as vendas futuras, em unidades e dólares, para cada produto em seu plano;
- Justificar essas estimativas e, se elas forem difíceis de serem justificadas, crie versões de casos piores;
- Crie um cronograma mostrando quando seu programa exigirá gastos e realizará as atividades programadas. (Ao fazer isso, você terá auxílio para a seção anterior e também ficará preparado para a árdua tarefa de elaborar um orçamento mensal);
- Redija um orçamento mensal que liste todos os gastos estimados para seus programas para cada mês do ano que se segue e divida as vendas por produtos ou por territórios mês a mês.

DICA

Se você faz parte de uma pequena empresa ou de uma que está começando, recomendo que você faça projeções ***em regime de caixa***. Ou seja, coloque o pagamento de seu fornecedor de catálogos no mês em que ele quer o dinheiro, e não aloque o custo por 12 meses. Também se baseie no prazo dado para o recebimento por suas vendas. Se o prazo dado é de 30 dias, mostre o dinheiro entrando em dezembro pelas vendas realizadas em novembro e não contabilize nenhuma venda realizada em dezembro no plano deste ano.

Se suas projeções sem regime de caixa mostrarem prejuízo em algum mês, ajuste o plano para eliminá-lo (ou empreste dinheiro para cobrir o buraco). Em alguns casos, uma análise cuidadosa do fluxo de caixa de um plano leva a mudanças na estratégia adjacente.

DICA

Existem várias técnicas úteis para a projeção de vendas, como as previsões por acúmulo, as previsões por indicadores, as previsões por múltiplos cenários e as previsões por períodos. Escolha a técnica mais adequada a sua empresa de acordo com as seções a seguir.

Previsões por acúmulo

As ***previsões por acúmulo*** são as que partem do específico para o geral, ou de baixo para cima. Se você tem representantes de vendas, peça a eles que projetem as vendas para o próximo período de acordo com seus territórios e justifiquem suas projeções baseados nas mudanças antecipadas da situação. Depois, combine todas as projeções para obter o total.

Se você tem poucos clientes que lhe possibilitem fazer uma previsão de comprar por cliente, projete suas vendas desta forma. Você deve trabalhar com estimativas razoáveis da quantidade de vendas esperadas de cada loja que tem seu produto ou de cada catálogo enviado. Seja qual for a unidade básica de seu programa, comece com uma estimativa para cada elemento e, depois, some-as.

Previsões por indicadores

As previsões por indicadores ligam suas projeções aos indicadores econômicos que devem variar com as vendas. Por exemplo, se você está na área da construção civil, sabe que as vendas do período passado para sua empresa se correlacionaram ao crescimento do PIB (produto interno bruto). Assim, você pode ajustar suas previsões de venda para cima ou para baixo, dependendo do crescimento esperado pelos especialistas para o próximo ano.

Previsões por múltiplos cenários

Se, quando criança, você gostava das histórias que começam sempre com se..., você irá amar as previsões por múltiplos cenários. Elas começam com uma previsão linear na qual você assume que suas vendas cresceram na mesma porcentagem que cresceram no ano passado. Depois, você cria histórias começando por se... e projeta seu impacto sobre seu plano para criar uma variedade de projeções alternativas.

Você pode testar os cenários a seguir, caso eles sejam relevantes para sua situação:

- E se um concorrente introduzir um novo avanço tecnológico?
- E se sua empresa comprar um concorrente?
- E se o Congresso criar novas regras/ou abolir algumas regras para seu tipo de empresa?
- E se um grande concorrente quebrar?
- E se sua empresa passar por problemas financeiros e tiver que demitir algumas pessoas de sua equipe de vendas ou marketing?
- E se sua empresa dobrar os gastos com publicidade?

Para cada cenário, pense em como a demanda de clientes pode mudar. Considere também como seu programa de marketing necessitaria mudar a fim de melhor se adequar à situação. A partir daí, faça uma previsão de vendas adequada.

CUIDADO

O problema com a análise por múltiplos cenários é que... bem, ela lhe dá múltiplos cenários. Seu chefe (caso tenha um) vai querer apenas uma única previsão de venda descrita em uma linha no início do orçamento de marketing. Uma maneira de transformar todas essas opções em um número ou em uma série de números é a de escolher a opção que se pareça mais provável para sua real situação. Porém, essa opção não é interessante se você não tiver certeza de qual cenário, se é que existe algum, irá se tornar uma realidade. Assim, outro método é o de levar em consideração todas as opções, mesmo as que pareçam menos possíveis, calcular a probabilidade de ocorrência de cada uma, multiplicá-las por suas probabilidades e, por fim, fazer a média entre elas para chegar a um único número.

Previsões por período

Para usar o método das ***previsões por período***, trabalhe por semana ou por mês, estimando o tamanho das vendas em cada período e, então, some-as para obter uma estimativa para o ano inteiro. Essa abordagem é muito útil quando seu programa (ou o mercado) não é constante durante todo o ano.

DICA

As pequenas empresas e qualquer outra empresa que tenha um fluxo de caixa apertado precisa usar esse método, pois ele fornece uma boa ideia de como estará o fluxo de caixa semanal ou mensalmente. Um número para as vendas anuais não lhe dá informações suficientes sobre quando o dinheiro entra para você saber se vai estar com o caixa apertado em períodos específicos durante o ano.

Usando modelos e ferramentas de planejamento

Consultar os planos modelos pode lhe ajudar à medida que você estiver elaborando seu plano de marketing. Infelizmente, a maioria das empresas não libera seus planos – elas os veem como segredos comerciais. Felizmente, alguns autores resumiram planos ou partes deles para que você possa encontrar alguns bons materiais com os quais possa trabalhar.

Os textos a seguir lhe mostram esboços alternativos para planos, e também incluem orçamentos e previsões de receitas em muitos formatos – um deles deverá atender às suas necessidades:

- The Vest-Pocket Marketer de Alex Hiam, publicado por Prentice Hall, que atualmente não está mais sendo publicado, mas possui cópias usadas que podem ser encontradas na internet.
- Marketing Kit for Dummies, 3ª edição da Wiley, que inclui modelos recentemente atualizados e muito minuciosos.

- How to really create a Successful marketing Plan de David Gumpert, publicado pela *Inc* magazine.
- The Marketing Plan de Cohen, publicado pela Wiley.

Você provavelmente conseguirá encomendar qualquer um desses livros na livraria de sua preferência, mas também pode visitar `www.insightsformarketing.com` para consultar essas e outras fontes relevantes, incluindo um software de planejamento. Além disso, até o momento em que este livro foi escrito, o site `www.mplans.com` (mantido pela Palo Alto Software) estava oferecendo dezenas de exemplos de planos de marketing para vários tipos de empresas. Os planos são bastante curtos e simples para serem realmente usados, mas, pelo menos, servem como pontos de partida para seu processo de planejamento.

Criando Seus Controles

A seção de controles é a última e a mais curta das seções de seu plano – mas, de muitas formas, é a mais importante, pois lhe permite rastrear seu desempenho. Identifique alguns desempenhos e os coloque de forma clara em seu plano. Por exemplo:

- Todos os territórios de vendas devem usar os novos catálogos e roteiros de vendas até 1º de junho.
- As receitas devem crescer para $75.000 por mês até o final dos primeiros quatro meses se as campanhas promocionais funcionarem de acordo com o planejado.

Essas declarações dão a você (e a seus funcionários ou investidores) formas fáceis de monitorar seu desempenho à medida que for colocando seu plano em prática. Sem elas, ninguém teria controle sobre o plano; ninguém saberia dizer se o plano está funcionando bem ou não.

Uma pesquisa de mercado conduzida pela empresa The Aelera Corporation concluiu que apenas 61% dos programas de marketing são realmente eficazes, ou seja, apenas um pouco mais do que a metade. Essas estimativas não são boas, portanto, use muitos controles e rastreie suas atividades de marketing semanalmente, se for possível.

Parte II

Alavancando Suas Habilidades de Marketing

A 5ª Onda Por Rich Tennant

"Cuidado com o feiticeiro que está tomando uma Coca-cola atrás do Toyota."

Nesta Parte. . .

Albert Einstein uma vez disse que a imaginação é mais importante do que o conhecimento. Mas, ainda assim, o conhecimento pode ser útil. Na Parte II, eu lhe ajudo a fincar seus esforços de marketing nos dois. Compartilho formas de aumentar o conhecimento sobre seus clientes, concorrentes e seu mercado. Além disso, também lhe ajudo a voltar sua imaginação para ideias e ações lucrativas.

Várias habilidades rodeiam tudo o que você faz em marketing. Um bom marketing requer habilidades de análise e, por isso, nesta parte, eu lhe mostro como fazer uma boa pesquisa sobre o mercado em que atua. É claro que um ótimo marketing também requer criatividade e imaginação, portanto, escrevi um capítulo inteiro para lhe ajudar a mergulhar fundo nesse ativo gratuito e fácil de ser aumentado. Um pouco de imaginação pode elevar o retorno de uma campanha de marketing ou publicitária por 10, então, por favor, entre de cabeça no poder de sua imaginação!

A terceira habilidade essencial para o marketing é a comunicação, a chave do sucesso para quase todos os aspectos do marketing. Nesta parte do livro, eu o ajudo a traduzir os insights de sua pesquisa e de sua criatividade em comunicações realmente poderosas, independente da mídia escolhida. Esteja você fazendo apresentações de vendas ou escrevendo a descrição de um produto para um site na Internet, sua habilidade em comunicação é que vai determinar o nível de sucesso alcançado em seu marketing.

Capítulo 4

Pesquisando Seus Clientes, Concorrentes e o Mercado

Neste Capítulo:

- Identificando o que você precisa saber;
- Tomando decisões importantes e conduzindo algumas pesquisas primárias;
- Empregando técnicas de pesquisa baratas e eficazes;
- Tirando proveito das fontes gratuitas de informação.

O que faz suas ofertas serem melhores que as de seu concorrente? Essa pergunta, e outras como essa, podem lhe ajudar a esclarecer sua estratégia, fazer previsões de vendas mais precisas e decidir o que deve ser enfatizado (visual ou verbalmente) em seu programa de marketing (anúncios, apresentações de vendas, debates com a mídia, sites na Internet, entre outros). Uma pequena pesquisa pode servir como atalho para que você encontre uma forma de melhorar a eficácia de seu marketing.

Eu lhe mostro como adotar uma abordagem inquisitória ao compartilhar maneiras simples e eficientes de aprender sobre seus clientes e concorrentes. Sendo um empresário, você precisa fazer perguntas e buscar as respostas úteis, algo que pode ser feito dentro de qualquer orçamento.

Sabendo Quando e Por Que Fazer uma Pesquisa

As pesquisas podem lhe dizer coisas sobre seus clientes, concorrentes e mercado. Se você conseguir ter uma ideia melhor ou tomar a melhor decisão depois de conduzir uma pesquisa de mercado, então, a pesquisa terá valido à pena. Além disso, às vezes, a pesquisa lhe ajuda a explorar sua identidade e melhorar o modo como você se posiciona no mercado (veja no Capítulo 2 uma explicação sobre o posicionamento como estratégia de marketing). Outro motivo importante para a realização de uma pesquisa é identificar as qualidades ou priorizar as necessidades que seus clientes buscam e/ou valorizam. Além de tudo isso, a pesquisa ainda pode lhe dizer se uma estratégia de comunicação (o modo como um anúncio, o site na Internet ou a mala-direta fala com seu cliente) está ou não sendo atraente e objetiva. As seções a seguir destacam os motivos mais comuns para que você conduza uma pesquisa de mercado.

Pesquisando para encontrar ideias melhores

A informação pode estimular a imaginação, sugerir estratégias novas ou ajudá-lo a reconhecer grandes oportunidades de negócio. Fique de olho aberto para fatos que sejam interessantes, surpreendentes ou inspiradores.

DICA

Aproveite o crescimento das redes sociais no mundo virtual para conversar com as pessoas sobre seu produto e o como elas o veem. Se você faz parte do MySpace (`www.myspace.com`), Facebook (`www.facebook.com`), Twitter (`www.twitter.com`), de qualquer um dos muitos blogs espalhados pela web ou de qualquer outra comunidade online, pergunte as opiniões, sugestões e ideias de seus amigos e amigos virtuais.

Quando você for perguntar por opiniões ou informações em sites ou em comunidades virtuais, seja honesto e fale quem você realmente é e o verdadeiro motivo de estar pedindo conselhos. Se você disser que tem que fazer o marketing de seu produto e quer saber o que as pessoas acham sobre seu novo anúncio, a maioria lhe dará suas opiniões gratuitamente.

Entretanto, não caia na armadilha de passar o tempo todo na Internet. Encontre um modo de também conversar com as pessoas cara a cara. Leve um caderno de ideias com você e tente anotar algumas contribuições todos os dias.

Pesquisando para tomar as melhores decisões

Tem alguma situação em que você queira mais informações antes de tomar uma decisão? Então, passe um momento definindo-a claramente e liste as opções que você acredita serem viáveis. Escolher o design de um anúncio vencedor, fazer previsões de vendas mais precisas ou descobrir quais novos serviços seus clientes podem estar querendo são os tipos de situação em que um pouco de pesquisa pode lhe ajudar a tomar importantes decisões. A Tabela 4-1 mostra como podem ser suas anotações.

Pesquisando para compreender o amor e o ódio

As reações dos clientes em relação a seus produtos ou serviços determinam seu sucesso e o destino de seus produtos. A pesquisa pode ajudar a entender – e controlar – as reações de seus consumidores. Foque os pontos de vista mais extremos que os clientes possam ter – tanto os positivos quanto os negativos. Se você reunir as notas dadas pelos clientes a todas as características de seu produto, perceberá que muitas dessas notas serão comuns. Suponha que um banco esteja oferecendo cheque, investimentos e contas para empresas. E daí? Todos os bancos fazem isso. Porém, algumas das características desse banco podem ser excepcionalmente boas ou ruins.

Tabela 4-1 Analisando a Informação Necessária para uma Decisão

Decisão	*Necessidade de Informação*	*Possíveis fontes*	*Descobertas*
Escolha entre anúncios em revistas da área e e-mails para listas compradas	Quantos clientes em potencial os anúncios em revistas podem atingir?	Os vendedores dos anúncios podem nos dizer	Três principais revistas especializadas na área abrangem 90 por cento do mercado, mas metade disso não fica em nossa região geográfica. Vale ou não à pena?
	Qual é a comparação dos custos por clientes alcançados através desses dois métodos diferentes?	Basta conseguir o custo de cada método e o número de pessoas atingidas, dividir o custo pelo número de pessoas e comparar.	O e-mail é um terço do preço de nosso mercado.
	É possível descobrir a taxa média de resposta tanto para os anúncios quanto para os e-mails?	Ninguém está disposto a nos dizer ou eles não sabem. Tente ligar para um amigo de uma grande agência publicitária, talvez ele tenha feito um estudo ou algo parecido.	O amigo lhe diz que as taxas de resposta variam muito e ele acredita que o mais importante é a relevância do anúncio para o cliente e não o meio usado.

Tabela 4-1 Analisando a Informação Necessária para uma Decisão

Alguns de seus concorrentes já foram bem-sucedidos ao trocar os anúncios impressos pelos e-mails?	Provavelmente os distribuidores podem nos dizer isso. Ligue para vários e pergunte.	Não, mas algumas empresas em mercados semelhantes o fizeram e foram bem sucedidas.
Conclusões?		
Parece que gastaremos menos e seremos mais assertivos se elaborarmos e-mails especiais e os enviarmos para clientes em potencial residentes em nossa região. Não devemos comprar os anúncios nas revistas agora; podemos experimentar os e-mails. Mas precisamos nos certificar de que os e-mails que enviarmos sejam relevantes e pareçam importantes, ou as pessoas os deletaram sem lê-los antes.		

DICA

Se você reunir as notas dadas pelos clientes, poderá traçar um gráfico de todas as características de seu produto, começando das negativas, passando pelas neutras e chegando às positivas. Muitas características ficarão no meio da curva, não permitindo que você se diferencie de seu concorrente. Algumas ficarão à esquerda, ou seja, notavelmente negativas – e você deverá consertá-las rapidamente! Outras, no entanto, ficarão à direita, como notavelmente positivas. Você precisará promovê-las, expandi-las e não se esquecer de se vangloriar delas, sem modéstia, em todas as suas comunicações de marketing.

Faça algumas pesquisas para entender sua própria ***curva de excelência*** (é como eu a chamo), pedindo que seus clientes o classifiquem em uma lista de descritores para seu negócio/produto/serviço. A escala varia de 1 a 10 (para conseguir uma boa difusão) e é rotulada da seguinte forma:

1	*2*	*3*	*4*	*5*	*6*	*7*	*8*	*9*	*10*
Muito ruim		Ruim		Médio		Bom		Muito bom	

As qualidades mais bem votadas em sua enquete representam as características que os clientes admiram em você. As notas mais baixas representam o que você precisa melhorar. Às vezes, você se verá com uma lista razoavelmente longa de coisas (qualidades do produto) para as quais não recebeu boas notas. Para esclarecer quais são as mais importantes, você pode pedir aos clientes que classifiquem a importância de cada item listado. Assim, você poderá focar seus esforços nas qualidades mais importantes. (Veja mais para frente a seção "Conduzindo Pesquisas Primárias" para conhecer as técnicas de pesquisas de mercado).

Às vezes, os clientes discordam sobre o que é mais ou menos importante (alguns clientes podem colocar a agilidade e a conveniência acima do preço, enquanto outros preferem a qualidade a qualquer preço, por exemplo). Quando você notar uma brecha entre clientes que claramente possuem prioridades diferentes uns dos outros, então você tem uma oportunidade de segmentar o mercado, servindo a um grupo específico de clientes e as suas prioridades mais altas (veja o Capítulo 2 para obter mais informações sobre as estratégias de segmentação).

LEMBRE-SE

Ao elaborar suas comunicações de marketing, você, definitivamente, precisa focar na elevação de suas qualidades mais votadas. Fale delas e invista ainda mais nelas para aumentar sua atratividade.

MUNDO REAL

Adotando um espírito inquisitivo

O espírito inquisitivo está no centro de uma boa pesquisa de mercado. E é gratuito – você não precisa ter o orçamento da Procter & Gamble para aproveitá-lo! Pergunte a si mesmo porque os clientes fazem o que eles fazem, o que causou uma mudança em seu mercado ou onde foi que você acabou perdendo clientes. Quase todas as perguntas funcionam como pontos de partida. O primeiro – e mais importante – passo em qualquer pesquisa é fazer uma pergunta penetrante.

Vejam um exemplo interessante: a Whiskas, uma marca de alimento para gatos (pertencente à Mars, Inc. e sediada na Inglaterra). Nos anos 90, a Whiskas se viu espremida entre um número cada vez maior de marcas baratas e um conjunto emergente de marcas premium. A Whiskas estava perdendo espaço no mercado na Grã Bretanha, nos Estados Unidos e em outros mercados nacionais depois de ter sido uma marca dominante no mundo todo. Além disso, os concorrentes apelaram para a conveniência através de embalagens de porção única. Para reagir, a Whiskas precisou falar com os donos de gatos e reajustar a linha de seu produto e de suas mensagens de marketing para o mercado em mudança.

Para iniciar, a Whiskas inseriu uma embalagem voltada à praticidade para evitar a perda do segmento que valoriza a comodidade acima de outras qualidades. Em seguida, ela contratou agências de publicidade para criar mensagens persuasivas que fizessem com que suas vendas voltassem a crescer. Por meio de pesquisas, descobriu-se que as duas principais qualidades da marca eram que os donos queriam dar a seus animais um alimento do qual gostassem, que fosse saudável e que garantisse uma longa expectativa de vida. Na década passada, os anúncios e as embalagens da Whiskas focavam constantemente os benefícios de gatos felizes e de vida longa que preferiam comer Whiskas e isso trouxe a marca de volta a todos os principais mercados através da repetição dessas mensagens.

Definindo Suas Decisões de Marketing Antes de Começar a Pesquisa

Até que você saiba quais decisões devem ser tomadas, a pesquisa de mercado tem pouco efeito. Uma pesquisa de mercado que dê resultados começa com uma análise cuidadosa dessas decisões. Por exemplo, digamos que você é o responsável por um software com dois anos de uso por pequenas empresas para o desenvolvimento de seus planos de marketing. Como um gerente de produto, quais as decisões que você deveria estar tomando? As decisões a seguir são as mais prováveis:

- Deveríamos lançar uma atualização ou manter a venda da versão atual?
- Nosso programa de marketing atual é eficiente o bastante ou deveríamos redefini-lo?
- O produto está posicionado corretamente ou deveríamos mudar sua imagem?

LEMBRE-SE

Antes de fazer qualquer pesquisa, é preciso pensar muito sobre suas decisões mais importantes. Em geral, você precisa:

- Decidir quais opções reais você possui para cada decisão.
- Avaliar seu nível de insegurança e de risco para cada decisão.

Quando você passa por esse processo de reflexão, às vezes, conclui que, na verdade, não precisa de uma pesquisa. Por exemplo, talvez seu chefe já tenha decidido investir na atualização do produto de software que você gerencia, portanto, pesquisar essa decisão não parece ter sentido. Certo ou errado, você não conseguirá mudar aquela decisão.

Porém, algumas questões passam pelo processo de filtragem e se tornam boas candidatas para pesquisa. Para esses pontos de pesquisa, você precisa impor uma série de questões que tenham potencial para reduzir a incerteza em seu processo de tomada de decisão ou para lhe revelar novas e interessantes opções. Considere a pergunta, "O produto está posicionado corretamente ou deveríamos mudar sua imagem?". Para descobrir se o reposicionamento de seu produto faz sentido, você terá que perguntar como as pessoas atualmente veem a qualidade e o desempenho do produto, como elas o veem, quando comparado com os produtos das empresas líderes, e qual é a personalidade do produto. Se você souber as respostas para todas essas perguntas, estará muito bem preparado para tomar uma boa decisão. A Figura 4-1 retrata o processo de pesquisa de mercado na forma de um fluxograma.

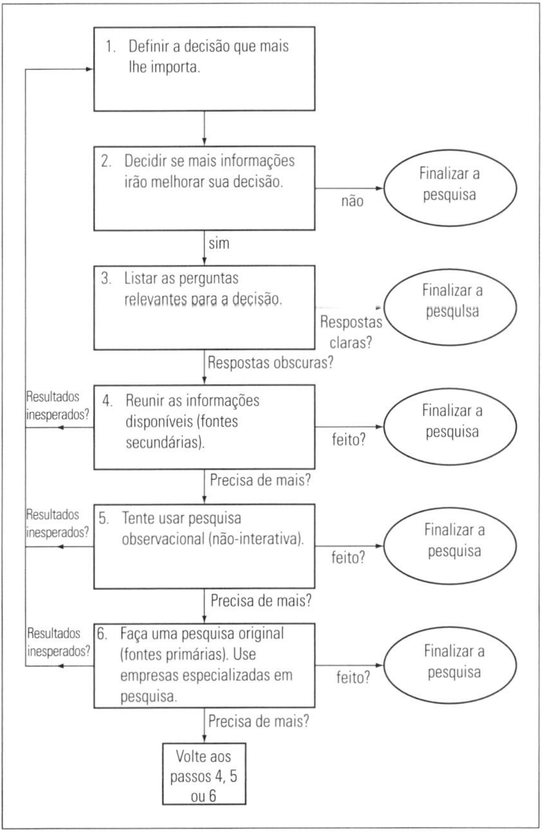

Figura 4-1: Siga esse processo para a realização da pesquisa de mercado a fim de evitar erros comuns.

Conduzindo Pesquisas Primárias

A ***pesquisa primária*** reúne dados retirados diretamente das pessoas, geralmente através da observação de seus comportamentos ou por meio de questionários orais ou escritos. A pesquisa primária é especialmente importante, pois lhe ajuda a descobrir informações valiosas e determinar a satisfação do cliente com seu produto ou serviço. As seções a seguir detalham as formas com as quais você pode conduzir uma pesquisa primária.

Observando seus clientes

Os consumidores estão a sua volta e eles estão pesquisando, comprando e usando produtos. Observá-los e descobrir algo novo e valioso a partir dessa observação não é difícil. E até mesmo os fornecedores de grandes empresas podem encontrar muitas evidências a respeito de seus clientes com apenas um olhar.

Apesar de todas as oportunidades de observar, muitos empresários podem ser acusados pela afirmação de Sherlock Holmes: "Você observou, mais ainda não enxergou". A observação é o método de pesquisa mais menosprezado.

DICA

Encontre uma forma de ***observar*** seu cliente à medida que ele usa um de seus produtos (observe a ênfase em observar; não basta assistir). Seja curioso. Leve com você um bloco de anotações e um lápis e tenha o cuidado de notar as pequenas coisas.

Ao observar seus clientes em ação, você pode ganhar um insight em relação às suas preocupações, como eles se sentem e do que eles gostam. No marketing, agir como um "olheiro" lhe propicia a maneira mais útil e interessante de realizar pesquisas – sem custo algum. E, se você estiver no varejo, seja (ou peça para algum ser) um ***comprador secreto,*** entre na loja e aja como um comprador comum para ver como você será tratado e como se sentirá com o que gostar e não gostar.

Fazendo perguntas a seus clientes

A satisfação do cliente muda a cada nova interação entre o cliente e o produto. Se seu produto deixar os clientes felizes, eles voltarão. Se não, ***adios***. Recrutar novos clientes custa algo entre 4 a 20 minutos a mais do que reter os clientes antigos (dependendo de sua empresa). Sendo assim, você não se pode dar ao luxo de perder clientes – o que significa que você não se pode dar ao luxo de descontentá-los.

LEMBRE-SE

Existe uma variedade de maneiras simples de conseguir o feedback de seus clientes, pois eles interagem com seus empregados ou com sua empresa. Você também pode colocar cartas respostas nos carregamentos, nas embalagens dos produtos ou em qualquer outra comunicação com o cliente. Inclua no máximo perguntas que sejam simples e não induzam o cliente, como "Você está satisfeito com essa compra? Não =1 2 3 4 5 = sim". Além disso, deixe algumas linhas para comentários, caso seus clientes tenham algo a lhe dizer.

DICA

Se você interage com seus clientes pela Internet, não hesite em conseguir seus e-mails. Envie um e-mail depois de cada compra, solicitando ao cliente que ele responda a algumas perguntas rápidas e simples, como "do que você mais gosta em relação ao produto que acabou de adquirir?" ou "algo no processo de compra deu errado ou lhe deixou descontente?".

Manter contato com a opinião do cliente é uma corrida que nunca acaba e é preciso saber sua posição em relação às mudanças das expectativas dos clientes e ao desempenho da concorrência. A melhor forma de fazer isso é fazendo perguntas diretas a seus clientes. As próximas seções oferecem algumas sugestões para fazer essas perguntas, além de algumas perguntas que você poderá usar como modelo.

Fazendo suas perguntas

Os métodos de pesquisa baseados em enquetes são o feijão com arroz da indústria especializada em pesquisas de mercado – por um bom motivo. Normalmente, você consegue alguma coisa de valor simplesmente por perguntar às pessoas o que elas acham. É claro que o método de enquete realmente apresenta algumas desvantagens. Nem sempre os clientes sabem o que pensam ou como se comportam.

DICA

Cuidado com as perguntas ou classificações muito generalizadas. As medidas que se baseiam em pesquisas que pedem aos consumidores para "classificar sua satisfação geral com nossa empresa usando uma escala de 1 a 10" não serão muito úteis. Eu prefiro fazer perguntas mais específicas, como "você acha fácil e prático fazer negócios com nossa empresa?". Depois, rastreie o progresso dessas medidas específicas e repita essa pesquisa depois de fazer as alterações para ver se você conseguiu melhorar a maneira com o cliente lhe vê.

Exemplos de perguntas

O índice de satisfação de seus clientes deve ser alto, tanto com relação às expectativas dos clientes quanto com relação às notas dadas aos concorrentes, antes que esse índice influa muito em suas taxas de retenção de clientes. Faça perguntas assertivas, que lhe ajudem a descobrir se você está acima ou abaixo dos atuais padrões dos clientes. Você pode fazer aos seus clientes perguntas reveladoras com as da lista a seguir:

1. **Qual empresa (ou produto) é a melhor no momento?**

   Providencie uma longa lista com instruções para circular uma e deixe a alternativa ***Outras*** para ser preenchida como escolha final.

2. **Classifique (o seu produto) comparando-o com os concorrentes:**

Muito pior			***Igual***			***Muito melhor***
1	2	3	4	5	6	7

3 Classifique [o seu produto] comparando-o com suas expectativas:

Muito pior ***Igual*** ***Muito melhor***

1 2 3 4 5 6 7

É possível conseguir respostas úteis ao dividir a satisfação do cliente em ***elementos contribuintes,*** os aspectos específicos do serviço que os clientes notam e com os quais se preocupam.

Por exemplo, você pode fazer as seguintes perguntas com relação a uma empresa que entrega encomendas de um dia para o outro:

1. Classifique a Flash Deliveries comparando-a com a velocidade de entrega de seus concorrentes.

Muito pior ***Igual*** ***Muito melhor***

1 2 3 4 5 6 7

2. Classifique a Flash Deliveries comparando-a com a credibilidade de seus concorrentes.

Muito pior ***Igual*** ***Muito melhor***

1 2 3 4 5 6 7

3. Classifique a Flash Deliveries comparando-a com a praticidade de seus concorrentes.

Muito pior ***Igual*** ***Muito melhor***

1 2 3 4 5 6 7

4. Classifique a Flash Deliveries comparando-a com a simpatia de seus concorrentes.

Muito pior ***Igual*** ***Muito melhor***

1 2 3 4 5 6 7

5. Qual a probabilidade de você recomendar a Flash Deliveries para um amigo ou colaborador?

Não recomendaria			*Talvez*			*Recomendaria*
1	2	3	4	5	6	7

A última questão se refere à ***propaganda boca a boca,*** o que mostra a probabilidade de o cliente falar a outros clientes em potencial a respeito de seus serviços e produtos. Se você se sair bem nas questões relacionadas às qualidades valorizadas pelos clientes, eles provavelmente lhe indicarão para outras pessoas, ajudando-o, assim, a construir seu market share.

Fazendo Pesquisas de Baixo Custo

Você não precisa gastar milhares de reais para pesquisar ideias para uma nova campanha publicitária (ou qualquer outra coisa). Ao invés disso, concentre-se em maneiras de conseguir insights ou verificar suas hipóteses usando métodos de pesquisa gratuitos e baratos.

As seções a seguir mostram 12 ideias para ajudá-lo a fazer uma boa pesquisa sem gastar muito tempo, dinheiro e pessoal.

Compare sua abordagem com a de seus competidores

Quando você compara sua abordagem de marketing à de seus concorrentes, fica fácil descobrir o que os clientes preferem. Faça uma lista das coisas que seus concorrentes fazem de modo diferente de você. Algum deles tem o preço mais alto? O outro distribui amostras grátis? Algum deles oferece o reembolso como garantia? Faça uma lista com pelo menos cinco pontos de diferença entre você e seus principais concorrentes, baseando-se em uma análise das práticas de marketing. Agora, peça a dez de seus melhores clientes que revisem essa lista e lhe digam o que eles preferem – a sua forma ou as de seus concorrentes – e pergunte o motivo. Faça um registro. Talvez, você descobrirá que todos os seus clientes irão votar a favor de fazer algo diferente do que você já faz agora.

Crie um perfil para seu cliente

Tire fotos das pessoas que você caracteriza como um típico cliente. Coloque essas fotos em um mural e adicione fatos ou informações que você conseguir reunir a respeito delas. Considere esse mural como seu banco de dados de clientes. Sempre que estiver em dúvida com relação a uma decisão de marketing a ser tomada, sente em frente do mural e o use para lhe ajudar a entrar em sintonia com seus clientes, com as coisas de que eles gostam e não gostam.

Entretenha os clientes para conseguir seu feedback

Ao entreter seus clientes, você se coloca em contato com eles em um ambiente descontraído onde eles se sentem à vontade para compartilhar seus pontos de vista. Organize um evento de apreciação de seu cliente ou convide bons clientes para almoçar ou jantar. Utilize tais ocasiões para pedir sugestões e reações. Tire desses clientes uma ideia para novos produtos ou descubra quais características eles mais gostariam que fossem melhoradas.

Utilize o e-mail para fazer pesquisas com apenas uma pergunta

Se você faz negócios com outras empresas, provavelmente possui os e-mails de muitos de seus clientes. Tente enviar e-mails para 20 clientes ou mais para lhes pedir uma opinião rápida, usando apenas uma pergunta. O resultado? Pesquisa de opinião instantânea!

DICA

Sempre peça o e-mail das pessoas com quem você interage, seja pela Internet ou pessoalmente, visando à criação de uma grande lista de e-mails.

A sua melhor fonte para um rápido feedback a respeito de qualquer questão de marketing é a sua própria lista de e-mails, especialmente se você tem negócios com outras empresas.

Surfando no banco de dados do governo

Muitos países reúnem e postam dados abrangentes sobre indivíduos, lares e empresas, classificados em uma variedade de categorias. Nos Estados Unidos, você consegue descobrir quantas pessoas ganham acima de uma determinada quantia por ano e vivem em uma cidade ou estado específicos – muito útil caso você queira saber qual o tamanho do mercado regional para um produto de luxo. Da mesma forma, você consegue saber quantas empresas operam em seu mercado e como são suas vendas em uma cidade ou estado específicos – muito útil caso você esteja tentando decidir se aquela cidade proporciona um mercado grande o bastante para que sua mudança valha à pena.

DICA

Se você quer usar a Internet para explorar os dados compilados e postados por várias agências do governo americano, visite o site `www.census.gov`, a principal porta de entrada para os dados do U.S Census sobre famílias e empresas.

Uma Outra maneira de explorar os dados do U.S Census Bureau é pelo site `www.factfinder.census.gov`, que possui links na barra de navegação à esquerda.

Estabeleça um relatório de tendências

Estabeleça um relatório de tendências, um documento que lhe dará uma ideia rápida sobre as mudanças nos padrões de compra, um novo movimento ou ameaça da concorrência e quaisquer outras mudanças às quais seu marketing precisará reagir. Para montar um, envie e-mails a vendedores, distribuidores, equipes de atendimento ao cliente, equipes de serviços autorizados ou clientes simpáticos uma vez por mês, pedindo que eles lhe mandem uma lista com qualquer tendência importante que eles estiverem vendo no mercado.

Analise os anúncios e os catálogos da concorrência

Recorte e guarde os materiais de marketing (catálogos, anúncios, páginas na Internet etc.) dos concorrentes e os analise através das ***tabelas de argumentos***. Abra uma planilha (ou desenhe uma tabela em uma folha de papel ou em um mural) e nomeie as colunas dessa tabela, uma para cada concorrente. Nomeie cada linha com uma característica, benefícios ou argumento. Coloque as frases ou palavras chaves de um anúncio na célula apropriada. Inclua até três dos argumentos mais proeminentes e enfatizados por concorrente. Depois de preenchida, essa tabela lhe mostrará, de forma simples, qual território cada competidor domina e como ele faz para dominá-lo. Talvez os argumentos de um possam ser mais eficientes, os de outro possam ser mais úteis e assim por diante.

Compare seus argumentos com os de seus concorrentes. Você impressiona ou os argumentos mais impressionantes e dominantes de seus concorrentes estão lhe ofuscando? Seus argumentos estão lhe diferenciando ou você é apenas mais um empresário sem pontos de diferença claros?

Pesquise seus pontos fortes

Talvez, o elemento mais importante de seu plano ou estratégia de marketing seja o reconhecimento objetivo do que lhe faz ser especialmente bom e atraente aos clientes. Para pesquisar seus pontos fortes, encontre a forma mais simples de fazer a dez bons clientes esta simples, mas poderosa pergunta: "Em sua opinião, qual é a melhor coisa sobre nosso [coloque o nome de seu produto ou serviço]?".

As respostas a essa pergunta geralmente focam em uma ou, no máximo, algumas características ou aspectos de seu negócio. Descobrir como seus clientes identificam seus pontos fortes é uma grande vantagem para sua estratégia de marketing. Depois de saber o que você faz de melhor, você pode focar em maneiras de falar sobre essa melhor qualidade sempre que fizer um anúncio, publicidade ou se comunicar com seu mercado de qualquer outra forma. Além disso, você ainda pode concentrar seus gastos e melhorias em suas qualidades mais apreciadas pelos clientes.

Sonde os registros de seus clientes

Muitos empresários deixam de explorar toda a informação valiosa que seus próprios bancos de dados podem lhes fornecer. Estude seus clientes com o propósito de encontrar três traços comuns que lhes façam ser diferentes e especiais. Esse propósito faz com que você foque em como seria seu cliente ideal e, assim, possa procurar por mais clientes como esse.

Uma loja de informática, da qual sou cliente, analisou seus registros e se deu conta de que seus clientes:

- Tinham probabilidades maiores que a da média de serem trabalhadores por conta ou empresários;
- Eram usuários de computadores mais sofisticados que a maioria das pessoas;
- Eram grandes gastadores, que se preocupavam mais com a qualidade e com o serviço que com os preços mais baratos.

A loja revisou seu objetivo de marketing para encontrar mais pessoas que compartilhassem dessas três qualidades. Quais qualidades seus clientes têm que os fazem ser especiais e que fariam um bom perfil para ser usado na busca de mais clientes como eles?

Teste seus materiais de marketing

Esteja você analisando uma carta, catálogo, página na Internet, tear sheet, press release ou anúncio, é possível melhorar a eficiência dessa peça se você pedir que alguns clientes, distribuidores ou outros que conheçam a sua empresa façam a revisão desse material.

As revisões dos clientes podem lhe dizer rapidamente se você tem um material de marketing que seja realmente atrativo. As grandes empresas fazem testes de anúncio bem elaborados e caros, mas você pode conseguir boas ideias de forma muito mais barata. Basta pedir que algumas pessoas revejam seu novo material enquanto ele ainda estiver sendo preparado.

Entrevistando os desertores

DICA

Os registros de sua empresa com as informações de clientes do passado são uma mina de ouro que pode ser facilmente menosprezada. Use esses registros para descobrir que tipos de clientes desertaram, quantos e por quê. Se você não conseguir detalhar porque um cliente lhe abandonou (através de uma reclamação ou das anotações de um vendedor), tente entrar em contato com o cliente perdido e lhe pergunte diretamente.

Quando suas pesquisas revelarem a razão mais comum para que os clientes abandonem seus produtos ou serviços, faça algo a respeito. Tampe o buraco para que você passe a perder menos clientes por causa dele. Manter esses clientes significa que você não terá que desperdiçar valiosos recursos de marketing para substituí-los. Você pode manter os antigos e crescer todas as vezes que recrutar um novo.

Pergunte a seus filhos sobre as novas tendências

No marketing consumidor, seria melhor se os clientes achassem que você é legal e os seus concorrentes não. Já que são os jovens quem lideram as tendências na sociedade moderna, por que não perguntar a eles quais são essas tendências? Faça perguntas simples, como “Qual será a próxima grande inovação com [coloque o nome de seu produto ou serviço nesse espaço]?”. Ou tente lhes fazer esta pergunta: “O que está legal e o que não está legal este ano?” Por quê? Porque eles sabem e você não.

Até mesmo nos mercados industriais e business-to-business, os jovens e o seu senso sobre o que está acontecendo na sociedade pode ser útil, geralmente por lhe dar indicadores de mudanças na demanda que podem influenciar toda a cadeia de consumo, dos consumidores finais até as empresas que os servem.

Ficando de Olho na Demografia

Demografia – estatísticas relacionadas à população – parece bastante chata para a maioria das pessoas. No entanto, as tendências na constituição étnica de seu mercado, sua faixa etária média, seu poder de compra e sua estrutura familiar lhe propiciam boas pistas de como seu marketing deveria mudar.

Ao diversificar suas mensagens e imaginação de marketing, você poderá atrair uma variedade mais ampla de lares e, assim, aumentar tanto a diversidade quanto a taxa de crescimento de sua base de clientes.

A renda é um dos fatores mais importantes no marketing de consumo, pois ela influencia muito o quanto cada cliente pode gastar (outros fatores, como a saúde e a quantidade de dívidas, também podem influenciar o poder de compra a um grau menor). Você pode facilmente reunir informações sobre a renda familiar média por cidade ou estado americano (visite o site `www.ibge.gov.br` e clique em “Income”, embaixo do tópico “People”) e descobrir onde a renda é mais baixa (Porto Rico, Mississipi e West Virginia) e mais alta (Maryland, Nova Jersey e Connecticut).

Você poderá ter muitos palpites sobre o que as famílias desses estados poderiam gostar e necessitar se baseando apenas no fato de saber que elas se diferenciam drasticamente por causa de suas rendas.

Capítulo 5

Colocando Sua Imaginação para Trabalhar

Neste Capítulo:

- Realizando avanços através da criatividade;
- Colocando sua criatividade na publicidade, no desenvolvimento de produtos e na construção de sua marca;
- Tornando as reuniões e as equipes mais criativas;
- Tomando as rédeas do processo criativo, do início até sua implantação.

O bom marketing depende da criatividade. Para isso, deve-se sempre buscar novas abordagens e rejeitar as suposições e limitações. Se as circunstâncias não estão a seu favor – as vendas estão devagar, o chefe rejeitou suas propostas, os clientes estão reclamando do atendimento ou seu site na Internet não está sendo visitado o bastante – então, lembre-se de dar mais atenção à criatividade. Ter a ideia certa na hora certa pode fazer com que a maré vire a seu favor. Aqui vão três exemplos para lhe ajudar a captar seu fluxo de energia criativa:

- **Promoção cruzada com negócios de outra área.** Um viveiro criou uma promoção cruzada para a primavera juntamente com uma livraria local. Eles forneceram à livraria alguns marcadores de página que traziam fotos e descrições de plantas junto com cupons que valiam 10 por cento de desconto para a compra de qualquer planta. Em troca, a livraria lhes forneceu livros de jardinagem; o viveiro colocou, na estante, um cartaz agradecendo à livraria pelos livros junto com cupons que ofereciam 10 por cento de desconto nas compras na livraria.
- **Crie um buchicho instantâneo em um mercado alvo.** A dona de uma nova pizzaria usou *ganchos de porta* (pequenos anúncios feitos de papel pesado com uma alça na ponta para que possam ser pendurados na maçaneta das portas) para promover refeições para viagem. Os ganchos de porta e o sorteio atraíram muita atenção e, logo, a pizzaria se tornou um sucesso.
- **Faça um grande estardalhaço em público.** Um massagista decorou um lado de seu carro com a figura enorme de uma mulher dormindo confortavelmente. Do outro lado, havia a figura da mesma pessoa, mas mostrada como um esqueleto para ilustrar o correto alinhamento de sua coluna. O carro chamou muita atenção e aumentou o número de pacientes em 200 por cento no mês seguinte.

Com as técnicas que descrevo neste capítulo, você poderá aproveitar a imaginação de sua equipe de marketing e produzirá resultados inacreditáveis – mesmo se for o proprietário de uma pequena empresa e o responsável pelo marketing, pelas vendas, pelo atendimento e etc.

Virando a Maré com Criatividade

Ser criativo pode fazer uma diferença maior do que você imagina. As próximas seções lhe ajudarão a determinar se você está sendo criativo o necessário e se vale a pena fazer mudanças criativas.

Realizando uma auditoria da criatividade

A auditoria da criatividade é capaz de ajudá-lo a ver se você está se valendo da abordagem criativa o quanto deveria. Responda a cada frase na Tabela 5-1 da maneira mais honesta possível, circulando 1 se sua resposta for "raramente", 5 se sua resposta for "frequentemente" e os números 2, 3 e 4 se sua resposta for algo ente "raramente" e "frequentemente".

MUNDO REAL

Escavando por dados de ouro entre os leais amantes de café

Na matriz da Starbucks, os gerentes de marketing sabiam que suas lojas tinham um grupo de clientes fiéis que diariamente visitavam as lojas, faziam compras frequentemente e conheciam os baristas pelos nomes. Consequentemente, eles decidiram que esse grupo de clientes deveria ser a espinha dorsal de seu programa de marketing, o que significava que algum tipo de programa de fidelidade precisava ser feito. Depois de observar uma ampla variedade de programas para os compradores assíduos, eles elaboraram o programa Starbucks Gold, que consistia em um cartão preto que tinha como logo uma xícara dourada e dava ao usuário 5 por cento de desconto no momento do registro mais outros benefícios, como o acesso gratuito à internet através da rede wireless das lojas. Os clientes Starbucks Gold pagavam $25 e se registravam online para receber esse benefício e carregar seu cartão com dinheiro. Você sabe o que isso significa: a Starbucks agora tem um bom registro de tudo que cada um deles compra, fazendo com que fique muito fácil rastrear e entender seus clientes mais fiéis.

Tabela 5-1 Fazendo a Auditoria da Criatividade

Ações de Criatividade	Classificação (1 = raramente; 5 = frequentemente)				
Fazemos melhorias na seleção, no design, na embalagem ou na aparência de nossos produtos.	1	2	3	4	5
Fazemos experiências com preços, descontos e ofertas especiais para alcançar nossos objetivos de marketing.	1	2	3	4	5
Encontramos novas formas de levar nossos produtos até os clientes, fazendo com que a compra e utilização dos produtos sejam mais convenientes e fáceis para eles.	1	2	3	4	5
Atualizamos e melhoramos a imagem de nossa marca e as formas através das quais a comunicamos.	1	2	3	4	5
Experimentamos com criatividade novas formas de nos comunicarmos com os clientes e os interessados.	1	2	3	4	5
Melhoramos a aparência e a sensação causada por nossas vendas ou materiais promocionais.	1	2	3	4	5
Ouvimos as reclamações e objeções dos clientes e encontramos maneiras criativas de transformar essas reclamações em nossas próximas oportunidades de negócio.	1	2	3	4	5
Mudamos nossas mensagens de marketing antes que o cliente se enjoe delas	1	2	3	4	5
Buscamos novos tipos de clientes para tentar expandir ou melhorar nossa base de clientes	1	2	3	4	5

Compartilhamos ideias criativas e temos debates livres com todas as pessoas envolvidas no marketing de nossos produtos.	1	2	3	4	5

Some todos os números que você circulou para chegar a um resultado entre 10 e 50. Dependendo de sua pontuação, podemos classificar sua criatividade como muito baixa, baixa, média ou alta.

- 10-19 = muito baixa
- 20-29 = baixa
- 30-39 = média
- 40-50 = alta

Como enfatiza essa auditoria, no marketing, nada deve ser deixado sozinho. Se você conseguir identificar qualquer elemento estável de suas vendas, serviço, propaganda, mala-direta ou qualquer outra coisa que toque o cliente, você acabou de encontrar seu próximo projeto de marketing, detalhado na seção a seguir.

Mudando (quase) tudo

O movimento mais inteligente a ser feito quando você tem um clássico sucesso duradouro e estonteante no marketing é deixá-lo sozinho. Mas em quantos desses tipos de conceitos você consegue pensar? A caixa de papelão laranja do fermento da Arm and Hammer. O logo da IBM. Um carro esportivo da Porsche. Um canivete da Swiss Army. O coelhinho da Duracel. Não é fácil se lembrar de mais itens para essa lista e estou tentado a apostar que sua campanha publicitária não gerou conceitos que estejam na lista dos clássicos duradouros. Se você não estiver mudando muitos dos aspectos de seu programa de marketing, terei que lhe fazer uma pergunta dura: Por que não?

DICA

Anote de três a seis aspectos de seu programa que você tende a ver como intocáveis (como seus catálogos, página na Internet ou lista de preço). Você acaba de fazer sua lista das coisas criativas que devem ser feitas. As seções restantes deste capítulo lhe ajudarão a encontrar melhorias criativas para os itens dessa lista.

Aplicando Sua Criatividade

A propaganda – seja na imprensa escrita, na TV, no rádio, nas ruas, nos pontos de compra ou em qualquer outro lugar – é a principal área de aplicação da criatividade. Se você trabalha na indústria da propaganda ou a usa em seu marketing, você depende de sua criatividade para alcançar o sucesso. Por quê? Porque se sua propaganda apenas disser o que você quer que as pessoas lembrem, elas não prestarão atenção alguma a ela.

MUNDO REAL

Slogans criativos: Enquadrando a imagem de sua marca

Os slogans são uma ótima maneira de exibir sua criatividade. Os melhores slogans são simples e objetivos, mas chamam a atenção por mostrarem um ponto de vista incomum e possuírem trocadilhos inteligentes. Por exemplo, ao invés de promover o pequeno tamanho e a portabilidade de um notebook (que é quase a única coisa que se tem a dizer sobre os notebooks), uma propaganda do notebook ThinkPad (originalmente fabricado pela IBM e atualmente feito pela Lenovo) usou o seguinte slogan: "Este é o computador que Shakespeare teria usado em suas viagens".

A criatividade deve estar estritamente ligada à imagem da marca e à mensagem do marketing, caso contrário, ela não irá aumentar as vendas.

Pense na criatividade para a propaganda como um veículo para a construção da relação entre sua marca e seus clientes em potencial. Eu vejo essa maneira de pensar o papel da propaganda no marketing particularmente poderosa – e você pode torná-la possível através da adição da criatividade às suas propagandas.

DICA

A criatividade aplicada tem um propósito – aumentar as vendas e os lucros e ajudar seu programa de marketing a vencer. Quanto maior o número de fontes com as quais você pode trabalhar, melhor, pois terá acesso a muitas ideias criativas. Depois, você precisa checar essas ideias com uma lista das principais limitações. Elas combinam com sua marca e com as mensagens de marketing? Elas são únicas ou algum concorrente já as utilizou recentemente? Você tem a ideia, então, corra para um quadro branco e desenhe uma tabela como a mostrada na Figura 5-1 para ajudá-lo a identificar sua própria lista de fontes e limitações.

A fim de ajudá-lo a aplicar a criatividade a seu marketing, as seções a seguir estão recheadas com diferentes opções para você provar.

Fontes	Limitações
- Metáforas e analogias	- A personalidade de sua marca
- Jogo de palavras	- Bom gosto
- Humor	- O orçamento
- Novas tendências	- Outros concorrentes já usaram
- Novas tecnologias	- Patentes, marcas registradas e direitos autorais de outras pessoas
- Necessidades não atendidas	

Figura 5-1: Identificando suas fontes de criatividade e limitações.

Escrevendo um briefing criativo

Todos os materiais promocionais, de propagandas e catálogos a sites na Internet e embalagens, são beneficiados pelo uso de um ***briefing criativo***, um documento que coloca os propósitos básicos e o foco de um material específico e que fornece algumas informações de apoio, úteis para sua criatividade.

LEMBRE-SE

Sempre inclua os seguintes componentes em um briefing criativo:

- **Declaração objetiva:** declare o que o material deve realizar em sua declaração objetiva. Deixe as metas e os objetivos claros (note que é mais fácil atingir um objetivo que vários). A declaração objetiva também inclui uma breve descrição de quem são os alvos da propaganda, pois são as ações desse grupo-alvo que determinam se você atingiu um objetivo.
- **Declaração de sustentação:** inclui as promessas do produto e as evidências para fundamentar essa promessa em sua declaração de sustentação. Você utilizará esse ponto para construir o argumento adjacente para a parte persuasiva de sua peça. A declaração de sustentação pode se basear na lógica e em fatos ou no apelo emocional e intuitivo – de qualquer forma, é preciso incluir uma base sólida de sustentação.
- **Declaração de caráter ou tom:** um caráter, sentimento ou personalidade distintos é o que você irá colocar em sua declaração de caráter ou tom. Você escolhe se a declaração deve acentuar a identidade a longo prazo da marca ou destacar um único tom para a propaganda que domine a imagem da marca. A escolha geralmente é decorrente de seus objetivos, como querer atrair muitos compradores para uma venda especial no Dia do Trabalho.

- **Limitações:** talvez, você se depare com limitações relacionadas ao orçamento, ou você tenha que evitar certos termos, conceitos, imagens que seus concorrentes já tenham usado. A imagem de sua marca ou a personalidade de seu produto também pode lhe limitar a abordagens que sejam consistentes com elas. Pense com cuidado a respeito de suas limitações e as liste da maneira mais clara possível. Faça perguntas importantes para garantir que você esteja consciente de qualquer limitação em potencial. Tais perguntas incluem as seguintes:
  - Existem coisas que um designer não pode fazer com o seu logo, como, por exemplo, mudar a cor?
  - Você está tentando não se parecer com algum concorrente em particular?
  - Você tem que ter programas de arte vetorial para que todas as imagens possam ser ampliadas a fim de serem usadas em grandes pôsteres ou reduzidas para serem colocadas em blogs ou páginas na Internet?
  - É importante fazer trabalhos que possam ser mostrados em cores ou preto e branco, dependendo do meio e das variações em seu orçamento?

LEMBRE-SE

Definir de modo claro as suas limitações talvez seja ***a*** parte mais essencial de seu briefing criativo. Por quê? Pois conhecer os parâmetros nos quais suas peças de marketing precisam operar dá estrutura às suas ideias e pode evitar que você fique preso em uma ideia que simplesmente não funcione.

Digamos que você esteja pedindo a um designer gráfico que trabalhe em um conceito para uma propaganda. Você precisa avisá-lo sobre as dimensões que a propaganda terá e em qual formato ela deverá ser enviada. Se você não souber, peça para que o designer converse com a pessoa responsável pela venda do anúncio para garantir que ele fique dentro das especificações.

Para juntar tudo, pense na tarefa de desenvolver um novo stand para uma feira de negócios. Se você escrever um briefing criativo primeiro, terá que definir a função do stand e a que tipos de clientes você deseja atrair (a declaração objetiva requer que você tome essas decisões). Você também deverá rever (e talvez pensar criativamente) a evidência disponível para sustentar os argumentos de sua empresa.

Como ilustra esse exemplo, o briefing criativo lhe força a fazer uma reflexão sobre o stand antes de realmente começar a desenvolvê-lo. Como resultado, seu projeto fica mais focado e objetivamente direcionado.

Incluindo a criatividade no desenvolvimento de produtos

Depois de ter seu briefing criativo em mãos (consulte a seção anterior para obter ajuda em como escrever um), você está pronto para começar a fazer um "brainstorm" ou usar quaisquer outras ferramentas de criatividade que você queira experimentar (veja a seção "Gerando Ideias Lucrativas" ainda neste capítulo). O briefing criativo lhe dá foco e alguns bons materiais à medida que você aplica a criatividade ao desenvolvimento de produtos.

LEMBRE-SE

Produtos novos devem ser inovadores para se destacarem. Gerenciar uma equipe de desenvolvimento de produto significa colocar a criatividade e a eficiência dessa equipe na equipe certa. Isso geralmente significa obter uma equipe diversificada, uma que inclua todo o conhecimento que possa ser relevante. Você precisa incluir funções diferentes no processo criativo, de vendas e marketing até produção e engenharia.

MUNDO REAL

Em médias e grandes empresas, é essencial que se force a interação entre as equipes de pesquisa, planejamento comercial, marketing e técnico – assim como o que acontece na Kraft Foods. Essa empresa (que cria vários novos produtos todos os anos) utiliza vários eventos tipo conferência, treinamentos e equipes multidisciplinares para misturar seus funcionários e ajudá-los a fazer essas não tão óbvias relações entre suas diferentes bases de conhecimento.

Considerando a criatividade e a apresentação da marca

Um dos passos mais importantes que você pode dar em marketing é criar uma imagem para sua marca que seja forte, atraente, distinta e fácil de ser identificada. Todos conhecem as maiores marcas do mundo, como IBM ou Coca-Cola.

DICA

A criatividade não desempenha o papel que você talvez esteja imaginando para a criação de uma marca poderosa. A objetividade, a consistência e a força parecem ser mais importantes em se tratando do desenvolvimento do nome e do logo de uma marca. Por isso, é preciso evitar o excesso de criatividade em suas ideias. Tente ser criativo das seguintes formas:

- **Comece com logos simples, fortes e objetivos.** Os logos devem simbolizar o produto, portanto, mantenha-os objetivos e simples e os use de forma consistente até que se tornem altamente reconhecíveis.

- **Coloque esses logos em frente ao consumidor junto de produtos atraentes.** Você ganha brand equity (valor da marca) por fazer um bom trabalho. Seus produtos e serviços precisam ser valiosos para os clientes.

- **Inclua um fluxo contínuo de boas comunicações de marketing para criar uma marca que todos conheçam e respeitem.** Essa comunicação pode incluir tudo que vá de embalagem e propagandas até sites e boas publicidades. Comunique-se sempre. Nunca deixe que seu programa de marketing fique em silêncio.

A Interbrand (`www.interbrand.com`) é a maior consultoria especializada em branding e publica uma lista anual das marcas classificadas de acordo com seu valor. Por exemplo, a interbrand classifica a identidade da marca Coca-Cola como a mais valiosa, e acha que seu valor está crescendo mais rapidamente do que o valor de marcas mais criativas, como o Google.

Assim como mostra a Tabela 5-2, todas essas grandes marcas e seus logos compartilham dois importantes fatores em comum:

- **Nomes e designs simples baseados em palavras:** ao fazer com que o logo seja lido, os designers dessas grandes marcas o tornaram especialmente fácil de ser aprendido e memorizado. A exceção para a regra de fácil de ler e fácil de dizer é a marca que ocupa o 24° lugar no ranking, Apple Computer Inc. O logo dessa empresa, uma maçã mordida, desafia a regra de que as grandes marcas escrevem seus nomes.

- **Cores simples, fortes e conservadoras:** o azul e o vermelho dominam os logos das grandes marcas; o amarelo aparece apenas em um ou outro caso. As marcas que usam duas cores (com as marcas na 38ª posição, IKEA e na 58ª, Amazon) geralmente usam os conservadores tons de azul, vermelho, branco e preto com traços ocasionais de amarelo ou dourado. A mistura criativa de múltiplas cores é rara, mas existe. A marca na décima posição, Google, faz isso e assim também a marca na 46ª posição, eBay, porém, a maioria das marcas líderes prefere apenas uma única cor.

Tabela 5-2 **Examinando os Elementos das Dez Maiores Marcas do Mundo**

Marca	*Estilo*	*Cor*
Coca-Cola	Letra de mão fluente e clássica	Vermelho

IBM	Letras garrafais fortes	Azul e branco
Microsoft	Letras fortes, claras e conservadoras	Preto
General Electric	Monograma elegante e tradicional das iniciais (GE)	Azul e branco
Nokia	Letra de forma moderna	Azul
Toyota	Letra de forma legível combinada com logo moderno e elegante com formas elípticas	Vermelho em anúncios, prateado nos veículos
Intel	Letras minúsculas modernas dentro de um círculo energético	Azul
McDonald's	*M* curvado, em forma de arco	Amarelo
Disney	Letras de mão muito caprichadas, geralmente combinadas com a imagem de um castelo do parque de diversões	Geralmente preto
Google	Letras incomuns	Mistura de cores que geralmente mudam diariamente

O objetivo dessa fórmula (que combina designs simples e baseados em palavras com cores simples, fortes e conservadoras) é o de criar um design que seja altamente legível e claro para qualquer pessoa em qualquer lugar, seja grande ou pequeno, impresso, em um produto ou na Internet.

LEMBRE-SE

Embora as grandes marcas geralmente se apeguem a tons de cores conservadores e a letras legíveis e simples, elas edificam seu valor através de propagandas criativas, designs criativos de produtos e formas criativas de distribuição para garantir que os clientes sejam atraídos por elas.

Gerando Ideias Lucrativas

Se você não consegue ser criativo quando precisa, não entre em pânico. A maioria das pessoas enfrenta esse problema, seja dentro ou fora da área de marketing. Os artistas praticam a criatividade todos os dias, mas as pessoas envolvidas no mundo dos negócios geralmente não. A seção a seguir poderá lhe ajudar a desenvolver novas ideias de maneiras inimagináveis.

DICA

Primeiro e mais importante, permita-se ser criativo no trabalho. A criatividade requer que você deixe sua mente ociosa. Você não conseguirá ser criativo se estiver sempre ocupado respondendo a e-mails e telefonemas ou correndo para terminar as tarefas administrativas do dia. Reserve um tempo para a criatividade e o use para se abrir a novas e diferentes formas de trabalhar, questionar e explorar seus problemas e suas oportunidades de marketing.

Tendo novas ideias a partir de atividades simples

A criatividade não é uma ciência; ela é um hábito que envolve o uso de uma coleção de comportamentos excêntricos. Como sugar informações, questionar problemas, trocar ideias com companheiros e, depois, deixar tudo de lado, incubando em algum lugar de sua mente enquanto você faz outra coisa. Assim, planeje trabalhar de formas diferentes quando estiver exercitando sua criatividade.

DICA

Veja, a seguir, uma lista com ótimas atividades que lhe estimulam a engajar sua imaginação em novas e inusitadas formas (quando lidero retiros criativos em empresas e em agências de publicidade, uso várias ideias como estas para estimular os participantes):

- **Buscar formas de simplificar.** Você consegue inventar uma maneira mais simples de explicar seu produto ou sua empresa e sua missão? Você é capaz de resumir seu catálogo de duas páginas em apenas dez palavras? Você consegue reduzir o slogan de um anúncio de oito palavras para apenas uma? Muito material de marketing e publicidade é complicado demais e pode ser simplificado. O insight criativo pode ajudar a simplificar e esclarecer todos os aspectos de seu marketing.

- **Pense em um personagem histórico famoso e imagine que ele ou ela seja seu garoto (a) propaganda.** Como essa pessoa mudaria sua embalagem, propagandas, web site e etc.? Por exemplo, o que George Washington faria para vender mais o seu produto? Existe alguma forma de você relacionar sua marca ao George Washington?

- **Recorte rostos de anúncios de revistas e procure por um que expresse uma nova e atraente personalidade para seu produto.** Veja se você consegue usar essa personalidade em embalagens e anúncios na Internet.

- **Invente maneiras de anunciar ou se comunicar com os clientes através de mensagens realmente curtas.** Essa limitação lhe força a esclarecer e codificar sua mensagem de maneiras interessantes. Tente elaborar selos, adesivos, comerciais de TV e rádio de um segundo, broches, adesivos de pára-choque ou livros em miniatura que acompanham uma lupa.

- **Faça o *brainstorm* dos modos de anunciar ou se comunicar com os clientes usando mensagens realmente grandes.** Forçar-se a alterar a escala de seus pensamentos pode libertar as ideias criativas e, se você se comunicar de formas inusitadas, poderá atrair mais a atenção dos clientes. Você conseguiria fazer anúncios usando dirigíveis, outdoors ou murais enormes ou ainda uma mensagem em que cada palavra aparecesse em um cartaz e se espalhasse ao longo de uma rua?

- **Invente brindes interessantes, mas baratos, que você possa dar aos clientes.** Todos ganham canetas com o nome da empresa – isso é tão normal. Mas e se suas canetas fossem diferentes e melhores? Talvez, elas fossem as únicas que brilham no escuro? Ou, talvez, elas tenham perguntas que os clientes podem responder pela Internet e concorrer a prêmios?

- **Encontre lugares novos para anunciar.** Você consegue pensar em lugares onde possa colocar mensagens para seus clientes que ninguém em seu mercado tenha usado antes? Uma empresa de seguros para automóveis poderia transmitir um comercial informativo em televisões instaladas em postos de gasolina. Uma clínica de saúde para homens poderia colocar ganchos contendo seus cartões de visita nos toaletes masculinos. As possibilidades são praticamente infinitas.

- **Pense em pelo menos dez maneiras de fazer com que uma pessoas famosa use seu produto.** Vá em frente, não custa tentar. Talvez, você tenha uma ideia boa o bastante para realmente chamar a atenção de uma celebridade.

- **Recorte cinco figuras deslumbrantes ou chamativas de uma edição da revista *National Geographic*.** Escreva uma frase para cada uma, relacionando a figura ao seu produto. Esse exercício pode levar-lhe a um grande conceito inovador de anúncios que pode ser transformado no design final, após conseguir a obtenção dos direitos de usar uma figura semelhante de banco de imagens.

Transformando a criatividade em uma atividade em grupo

Muitos grupos de pessoas quando confinados em uma sala de reunião durante uma manhã fazem um pouco mais do que discutir sobre velhas ideias já fora de moda. Ou ainda pior, alguém sugere uma ideia absolutamente terrível e o resto do grupo se agarra a ela e insiste que a ideia é ótima... eliminando, assim, a necessidade de que *eles* pensem. Se você espera conseguir um grupo que realmente seja criativo, utilize processos de grupos estruturados. Isso significa que você precisa conversar através de uma atividade com o "brainstorm".

Nas seções a seguir, incluí algumas das melhores técnicas de criatividade em grupo. Sei que todas essas técnicas funcionam, pois já as usei com uma grande variedade de grupos. Observe que essas técnicas geralmente produzem uma lista de ideias.

Brainstorm

A meta do brainstorm é criar uma longa lista com ideias malucas, algumas das quais, surpreendentemente, poderão ser úteis. O brainstorm faz com que as pessoas pensem ***sem se preocupar com as críticas*** – fazendo com que tenham ideias inusitadas, fora de seus padrões normais de pensamento.

Talvez, seja necessário encorajar seu grupo através de exemplos. Se você colocou o problema como sendo "Pensar em novas ideias para nosso stand na feira de negócios", você pode fazer o brainstorm de algumas ideias para começar, apenas para ilustrar o que você está pedindo que o grupo faça: um stand parecido com um circo, um stand em forma de uma caverna gigante, um stand em forma de um de nossos produtos.

Essas ideias muito provavelmente não serão adotadas por uma empresa comum, mas realmente ilustram o espírito do brainstorm, que é deixar de lado as críticas e se divertir tendo algumas ideias. As regras (que devem ser ditas de antemão ao grupo) são as seguintes:

- **Quantidade, não qualidade.** Tenham o maior número de ideias possíveis
- **Nenhum membro do grupo pode criticar a sugestão de outro membro.** Nenhuma ideia é tão terrível que não mereça ser escrita.

- **Não há donos de ideias.** Todos criam em cima das ideias dos outros.

Depois de passar as regras, pegue um flip chart e comece a listar as ideias malucas de todo mundo para o stand da próxima feira de exposições, catálogos, promoções via Internet ou qualquer outra coisa na qual sua sessão de brainstorm esteja focada.

Brainstorm de perguntas

O ***brainstorm** de perguntas* envolve a criação de perguntas inovadoras que podem levar seu grupo a pensar de modo mais criativo. Essa técnica segue as mesmas regras para o brainstorm, mas instrua o grupo a pensar em perguntas e não em ideias.

Assim, se você precisa desenvolver um stand para uma feira de exposições que atraia mais interessados, então, o grupo precisa pensar nos seguintes tipos de perguntas:

- Os stands maiores chamam mais atenção que os menores?
- Quais stands chamaram mais atenção das pessoas na última feira?
- Todos os visitantes são iguais ou queremos apenas chamar a atenção de certos tipos de visitantes?
- Oferecer um lugar para descansar ou oferecer café grátis dará conta do recado?

Wishful thinking

Wishful thinking é uma técnica sugerida por Hanley Norin, da agência de propagandas Young & Rubican, e que foi utilizada para treinar funcionários em seu *Traveling Creative Workshop*. A técnica segue as regras básicas do brainstorm, mas com a regra de que todos os pensamentos devem começar com a expressão *Eu queria que...*

Os pensamentos que você consegue obter a partir dessa atividade geralmente se mostram úteis no desenvolvimento de propagandas ou outras comunicações de marketing.

Analogias

As *analogias* são ótimos dispositivos para a inspiração da criatividade. Sei que você não está me levando a sério, pois a ideia soa trivial demais, mas muitos especialistas definem a criatividade como a combinação não óbvia de ideias, ou seja, tudo o que uma boa analogia faz.

Uma vez vi um ótimo exemplo de analogia em um anúncio impresso de uma empresa farmacêutica. O anúncio mostrava a foto de uma pessoa pronta para colocar uma enorme chave antiga em uma fechadura na parede, a legenda ao lado da figura dizia: "Imagine medicamentos inteligentes que consigam distinguir as células doentes das saudáveis e, então, destruir os alvos de forma seletiva.". As ilustrações sempre usam metáforas ou analogias ao tentar explicar um tópico complexo como a terapia com medicamentos seletivos.

Para fazer com que as analogias trabalhem para você, peça a seu grupo que pense em coisas semelhantes ao assunto ou ao problema sobre o qual você está pensando. Em um primeiro momento, as pessoas pensarão em ideias convencionais, mas logo elas esquecerão essas respostas óbvias e começarão a criar analogias inéditas para continuar.

Passe adiante

O passe adiante é um jogo simples que ajuda um grupo a quebrar suas barreiras mentais para chegar à livre associação e ao pensamento colaborativo. Você pode ler as instruções aqui, caso nunca tenha ouvido falar desse jogo:

- Uma pessoa escreve algo sobre o assunto em questão na primeira linha de uma folha de papel e a passa para a próxima pessoa, que escreve algo na segunda linha.
- O papel dá a volta ao redor da mesa ou do grupo quantas vezes você achar necessário.

Esse jogo pode ser feito com qualquer número de pessoas, de 3 a 20. Geralmente, você tenta preencher a folha inteira, por isso, quanto maior for o grupo, menos voltas serão necessárias. Se as pessoas entrarem no espírito do jogo, uma linha de pensamento surgirá e dançará no papel. Cada frase anterior sugere algo novo até que você tenha um monte de grandes ideias e muitas formas de pensar a respeito do mesmo problema.

Digamos que as equipes de marketing e vendas se encontram para criar conceitos para o departamento de desenvolvimento de produtos de um banco. Certamente, essa parece ser uma tarefa árdua – o que pode ser novo em relação a bancos? Mas você, sendo um empreendedor criativo, escolhe um assunto e passa o papel adiante:

Assunto: Como podemos fazer com que as finanças de nossos clientes pessoais andem melhor?

Ideias passadas adiante:

- Ajudá-los a ganhar na loteria.
- Ajudá-los a economizar ao separar 1 por cento de seu ganhos mensais.
- Ajudá-los a economizar para os estudos de seus filhos.
- Ajudá-los a controlar suas finanças.
- Dar-lhes um livro de registros que se equilibra.
- Avisá-los de antemão sobre problemas financeiros, como cheques sem fundo, para que eles possam evitar problemas assim.

Uma ideia leva à outra. Então, mesmo que a primeira ideia não seja útil, relacionar novas ideias à primeira pode produzir pensamentos úteis.

Administrando o Processo Criativo

Se você pensa na criatividade como a geração de ideias malucas, você está certo – mas apenas 25% certo. Sim, é preciso pensar com a mente aberta para chegar a conceitos criativos. Mas para realmente ganhar dinheiro com sua criatividade, é preciso ter uma mistura de atividades que incluam a busca por novas ideias e o desenvolvimento das melhores em aplicações práticas para suas propagandas, produtos, apresentações de vendas ou outras atividades de marketing.

Em meus workshops de criatividade, mostro às pessoas como a criatividade precisa seguir um processo de quatro etapas para realmente ter uma aplicação prática no mundo dos negócios. Veja aqui esse processo:

1. **Iniciar**

   Nessa etapa, você reconhece uma necessidade ou oportunidade e faz perguntas que lançam um processo criativo focado. Por exemplo, você pode olhar seus catálogos e se perguntar se é possível usar uma ilustração e um slogan chamativo para deixá-lo mais atraente e forte. Um briefing criativo (veja a seção, "Escrevendo um briefing criativo", já mencionada neste capítulo) é muito útil para essa etapa do processo.

2. **Imaginar**

   Nessa etapa do processo criativo, você estará engajado a um pensamento livre e imaginário que brota de sua veia artística. As técnicas de brainstorm, sobre as quais falei na seção "Brainstorm", são ótimas para essa etapa; seu objetivo deverá ser o de ver quantas ideias malucas você pode ter. O ideal é reunir um grupo de pessoas para lhe ajudar nesta etapa.

3. **Inventar**

   Agora, você precisa ser mais prático. Observe criticamente todas as ideias malucas que você tenha imaginado e escolha uma ou algumas que pareçam mais promissoras. Trabalhe-as para ver como torná-las mais práticas e viáveis para sua aplicação.

4. **Implantar**

   Por fim, é preciso completar o processo criativo, buscando a adoção ou implantação bem sucedida de sua nova ideia ou design. Talvez, você tenha um ótimo design para um novo folheto, mas não ganhará dinheiro com ele até que selecione cuidadosamente um método de impressão e encontre uma maneira de distribuí-lo aos clientes em potencial.

LEMBRE-SE

Você poderá precisar de diferentes conjuntos de talentos para imaginar ideias malucas e para implantá-las de forma prática. De fato, cada uma das quatro etapas do processo criativo (inicialização, imaginação, invenção e implantação) requer tipos diferentes de comportamentos. Sabendo disso, você poderá se disciplinar para mudar seu estilo à medida que girar a roleta da criatividade, passando de uma etapa para outra nesse processo criativo.

Por outro lado, talvez você devesse se apoiar nos diferentes estilos criativos de várias pessoas a fim de tirar proveito das que estejam particularmente adequadas a cada etapa do processo criativo.

Aproveitando Todos os Tipos de Criatividade

As ideias criativas são maravilhosas, porém, para que você lucre usando sua imaginação, é preciso descobrir formas de fazer com que essas ideias realmente funcionem.

DICA

O processo criativo inclui quatro etapas (como já explicado na seção anterior) que se baseiam em diferentes tipos de comportamento. Você pode ser especialmente adequado a uma ou duas etapas, mas provavelmente não é adequado a todas elas. Recomendo que você descubra as etapas nas quais se sai melhor e encontre pessoas para lhe ajudar a preencher suas lacunas no processo criativo. Leia as listas de estilos a seguir para ver em qual você se enquadra melhor:

- **Empreendedor:** o empreendedor sente uma necessidade ou problema e faz perguntas duras para iniciar o processo criativo. ("Por que fazemos isso dessa forma? Parece tão ineficiente."). O empreender se mostra valioso para a primeira etapa do processo criativo, a etapa da inicialização.
- **Artista:** o artista tem uma imaginação aguçada e é um pensador livre. Quando recebe um foco para sua imaginação, dado pela pergunta inicial do empreendedor, o artista facilmente sonha com muitas alternativas e abordagens novas a partir das quais será feita uma escolha. ("Poderíamos fazer isso, ou isso, ou aquilo..."). O artista cai como uma luva para a segunda etapa do processo criativo, a etapa da imaginação.
- **Inventor:** o inventor tem um tipo de imaginação mais prática e adora desenvolver e refinar uma única e boa ideia até que ela funcione. ("Vamos ver. Se ajustarmos isso e colocarmos aquilo, isso funcionará muito melhor"). O inventor é mais produtivo na terceira etapa do processo, a etapa da invenção.
- **Engenheiro:** o engenheiro é prático e objetivo; ele também é particularmente bom na finalização, pegando uma invenção ainda não testada ou apenas esboçada e fazendo com que ela funcione perfeitamente em harmonia. ("Ótimas ideias, mas precisamos encontrar um plano e um orçamento firmes para que possamos colocar isso em prática".). O engenheiro é a garantia de que o processo criativo alcançará sua etapa final, a etapa da implantação.

Independente de qual desses papéis criativos mais representam sua maneira de trabalhar, reconheça que um papel sozinho não faz um bom marketing. Esteja preparado para ajustar seu estilo, vestindo algumas das outras camisas ou se unindo com pessoas cujos estilos se diferenciam do seu.

Vá ao meu web site, `www.insightsformarketing.com`, para fazer o download da amostra de uma atividade de Análise de Papéis Criativos (*Creative Roles Analysis - CRA*) publicada pela minha empresa. Com essa atividade, você poderá montar equipes criativas mais eficientes e produtivas. O CRA lhe ajuda a se certificar de que não apenas tenha começado, mas que também complete seu processo criativo a fim de manter seu marketing sempre inovador.

MUNDO REAL

O caso do cartão musical

Uma simples ideia criativa pode levar muito tempo e exigir muita atenção para sua implantação. Considere o exemplo a seguir: os proprietários de uma empresa de limpeza sentiam que estavam invisíveis para seus clientes, pois entravam nos escritórios à noite para limpá-los, quando ninguém mais estava trabalhando. Como alcançar e construir uma relação mais pessoal? Uma das ideias que eles tiveram foi a de conseguir a informação sobre o dia do aniversário de seus principais contatos nas empresas desses clientes e deixar um belo cartão como presente na véspera de seu aniversário – cartão que seria visto pelo aniversariante logo que ele chegasse ao trabalho no dia seguinte.

Para ficar ainda mais criativo, eles pensaram em dar a seus clientes um cartão musical personalizado, com uma mensagem que dizia, "Já que não estamos aí durante seu expediente para cantar para você, colocamos nossa musica neste cartão!". Os cartões ajudaram a criar um relacionamento pessoal com os clientes que, por sua vez, aumentou a fidelização e as indicações. Valeu à pena o trabalho para implantar essa ideia criativa.

Capítulo 6

Impulsionando Suas Comunicações de Marketing

Neste Capítulo:

- Chamando a atenção através de comunicações impressionantes;
- Persuadindo através da comunicação com todo o cérebro;
- Ficando acima da média;
- Desenvolvendo o apelo visual.

Você precisa se comunicar constantemente em marketing. Se você se comunicar melhor (entenda: de modo mais eficiente), edificará suas vendas e atrairá novos clientes.

Qual é a diferença entre as comunicações boas e as ruins? A única e mais importante diferença é o ***impacto***. As boas comunicações provocam o impacto desejado; as ruins, não. Os objetivos de suas comunicações de marketing devem ser uma faca de dois gumes: por um lado, elas devem construir o reconhecimento de sua marca e de suas ofertas e, por outro, devem estimular o interesse pela compra destas. É possível atingir esses dois objetivos estreitamente relacionados através do aumento da qualidade e da quantidade de suas comunicações de marketing. Este capítulo lhe ajudará a fazer isso ao lhe mostrar como priorizar suas comunicações, melhorar sua redação, selecionar seus astros visuais e mais.

Perseguindo Suas Prioridades de Comunicação

As melhores comunicações de marketing são, com frequência, claras, consistentes, chamativas, persuasivas e precisas. Para avaliar como essas prioridades estão sendo incorporadas às suas comunicações, você precisará realizar uma ***auditoria de comunicações de marketing.*** Esta seção mostra os detalhes dessas seis prioridades e como realizar uma auditoria.

DICA

Para realizar sua própria auditoria de comunicações de marketing, primeiro, reúna exemplos das formas pelas quais você se comunica com seus clientes e com o mercado de modo geral.

Depois de ter as amostras de todas as formas pelas quais você se comunica, crie uma planilha ou uma tabela. Começando da esquerda para a direita, crie colunas para os seguintes itens:

- Cada exemplo ou tipo de comunicação;
- Sua estimativa de gasto anual com aquele tipo de comunicação;
- A *frequência* (a quantidade) daquela comunicação, classificada como muito baixa, baixa, média, alta ou muito alta;
- A clareza e a consistência de cada comunicação (as quais deixo no mesmo grupo, pois estão estritamente ligadas), classificadas como muito baixa, baixa, média, alta ou muito alta;
- O *stopping power* da comunicação (ou seja, o poder que o anúncio tem de impactar/parar o público-alvo), classificado como muito baixo, baixo, médio, alto ou muito alto;
- A capacidade de persuasão da comunicação, classificada como muito baixa, baixa, média, alta ou muito alta;

- A precisão da comunicação, classificada como muito baixa, baixa, média, alta ou muito alta.

Você pode consultar sua tabela enquanto lê este capítulo e trabalhar suas comunicações de marketing a fim de torná-las mais eficientes.

Conseguindo quantidade sem sacrificar a qualidade

A quantidade e a qualidade são igualmente importantes em se tratando de comunicações de marketing. A meta da *quantidade* (ou *frequência*, como é conhecida no mundo do marketing) é fazer com que sua mensagem seja repetida para a maioria das pessoas que fazem parte de seu mercado em potencial. Do outro lado, a *qualidade* é a eficiência da comunicação (a força com a qual a mensagem atinge seu leitor, telespectador ou ouvinte alvo). Você jamais deve trocar a qualidade pela quantidade ao diminuir os custos da redação, do design e da produção. O segredo é criar comunicações de alta qualidade que se autoconduzam ao posicionamento barato e frequente.

DICA

Siga estes passos para aumentar a frequência de suas exposições:

- **Procure por formas de colocar uma mensagem de marketing em qualquer coisa e em tudo que possa ser visto.** Por exemplo, no fim de todos os seus e-mails, coloque uma mensagem com apenas uma frase (complete com um link para seu web site) logo abaixo do nome de sua marca.

- **Busque novas mídias que ofereçam grande exposição a baixo custo.** Novas mídias – sejam redes de relacionamento social, blogs ou meios mais tradicionais que estão começando a entrar em cena – são uma barganha até que fiquem maduras, portanto, tire vantagem do baixo custo de anunciar com elas.

- **Promova seu web site consistentemente.** Existem bilhões de web sites, portanto, não pense que os vários mecanismos de busca da internet irão fazer o trabalho de levar os clientes até suas portas virtuais. Ao invés disso, aposte nos termos-chave e gaste um pouco todos os meses para direcionar as pesquisas até você. (Consulte o Capítulo 10 para ficar por dentro das táticas de marketing na internet).
- **Amplie a exposição de seu web site através de múltiplos sites, blogs e anúncios mais focados.** Muitas pessoas acreditam que precisam de apenas um grande e bem desenvolvido web site. Com certeza, um site assim deverá ser o centro de seu web marketing, mas não pare por aí. Crie blogs e páginas informais. Dedique um web site para apenas um produto. Junte-se a comunidades virtuais bem visitadas (como o eBay e o craiglist) e estabeleça listas, lojas ou leilões de acordo com as regras dessas comunidades.
- **Revisite os anúncios impressos ficando de olho em grandes ofertas.** Atualmente, os jornais estão desesperados por anúncios, pois grande parte de seus negócios migraram para a internet. Veja se você consegue fechar um bom negócio para uma campanha com muitos anúncios. Além disso, procure por revistas ou publicações semanais locais.
- **Considere o envio de cartões postais para seus clientes.** A postagem da maioria dos cartões postais (exceto os que forem maiores que o tamanho normal) custa menos do que a postagem de outras correspondências e, além disso, esses cartões são digeridos mais fácil e rapidamente pelo destinatário.

CUIDADO

Para manter suas comunicações de marketing frequentes e de alta qualidade, evite oferecer promoções todas as vezes em que se comunicar. Quando você envia cupons ou anúncios ofertando descontos especiais, o lucro perdido em virtude dos descontos é somado aos custos de comunicação. Faça com que o centro de sua comunicação seja a marca e não os preços. Construa o reconhecimento. Lembre as pessoas sobre uma, duas ou três coisas que o torna especial; depois, lembre-os de que você está aqui, pronto para fazer bons negócios.

Seja claro

A clareza é a primeira tarefa de um marqueteiro. As comunicações de marketing bem sucedidas possuem uma mensagem clara e solitária: o que há de maravilhoso em sua marca e em seu produto.

Para criar sua mensagem única e clara, focada nas melhores qualidades de sua marca ou produto, siga os passos a seguir:

1. **Posicione o produto nas mentes dos consumidores.**

   Você precisará da estratégia de posicionamento correta como base – juntamente com produtos que cumprem as promessas feitas. A estratégia de posicionamento é uma declaração de como você quer que seus clientes pensem e sintam sua marca, seu produto ou serviço. Ela descreve como você o está posicionado em suas mentes e corações. Você pode descrever seu posicionamento como qualidade e adjetivos (como ***rápido, útil, confiável*** ou ***sexy***).

2. **Cric um apelo básico (mensagem motivacional) que expresse seu posicionamento.**

   Você precisará descobrir o que você pode dizer para transmitir claramente a essência de sua estratégia de posicionamento. Pegue a declaração básica de como você quer que as pessoas vejam seu produto e a converta em uma mensagem que realmente possa convencê-las.

3. **Tenha uma ideia criativa – algo que embale seu apelo em uma mensagem tão convincente que as pessoas absorvam imediatamente.**

   A mensagem deverá persuadir as pessoas ou convencê-las a dar uma chance a seu produto ou serviço. Tente achar uma forma simples e clara de transmitir sua mensagem que também seja criativa o suficiente para torná-la memorável. Por exemplo, suponha que você esteja vendendo pizzas cujo posicionamento básico é “orgânica e de baixa caloria, por isso é saudável e muito saborosa”. O apelo básico que você tem que usar para convencer as pessoas dessa estratégia de posicionamento é falar aos pais,

"Ao invés de lutar para que seus filhos fiquem longe das pizzas gordurosas que eles tanto adoram, por que não lhes dar pizzas saudáveis que, além de tudo, também são mais saborosas?". Agora, que ideia criativa você pode ter para transformar esse apelo em uma comunicação persuasiva? Aqui vão algumas opções:

- Uma mãe vai até uma farmácia para comprar o tratamento receitado para seu filho e fica surpresa quando o farmacêutico lê a receita do médico e puxa uma pizza assada na hora, coloca-a em uma caixa e lhe entrega dizendo "Dê a ele quantas fatias ele quiser, de dia ou de noite".
- Várias crianças olhando fixamente a vitrine de uma loja de doces, há tantas crianças que fica difícil ver o que está chamando a atenção delas. Depois, o telespectador descobre que é o novo sabor da pizza orgânica de baixa caloria.

4. **Desenvolva, edite e simplifique sua ideia criativa até que ela fique clara e se enquadre ao meio pelo qual você irá comunicá-la.**

Observe que a escolha do meio é parcialmente determinada pela sua mensagem – e pela ideia criativa selecionada para transmiti-la. Para contar uma história, você pode escolher o anúncio televisivo, se seu orçamento for alto. Uma versão em tempo real de um vídeo para seu web site ou uma versão para um anúncio no rádio irão diminuir seus custos comparados ao anúncio na televisão (veja o Capítulo 9).

E se você não conseguir ter uma ideia realmente criativa e inteligente que vá ao ponto de forma clara e simples? Então, não a force. Não foque tanto na criatividade, pois, dessa forma, você acaba não conseguindo passar sua mensagem objetivamente. Se tiver que optar entre a criatividade e a clareza, opte pela clareza.

Seja consistente

Depois de criar uma mensagem de marketing e inventar uma ou mais maneiras de comunicá-la, seja consistente! Se você repetir uma mensagem objetiva e bem focada, as pessoas irão, por fim, captá-la. Sempre se pergunte a respeito da consistência de suas comunicações.

DICA

Para avaliar sua consistência, junte uma amostra diversificada de suas próprias comunicações (malas-diretas, impressos de seu web site, fotos de cartazes, anúncios impressos entre outros materiais). Coloque-os sobre uma mesa de reunião ou pendure-os ao redor de uma sala. Convoque uma ou mais pessoas, de preferência pessoas que tenham olhos aguçados para observar detalhes e que sejam boas em revisão. Examine suas amostras, procurando variações e inconsistências. Observe de perto como seus produtos e benefícios estão sendo descritos, assim como o estilo verbal e visual da comunicação.

LEMBRE-SE

Ainda que um único anúncio, web site, mala-direta, cartaz ou qualquer outro material de comunicação seja claro e bem projetado, ele não irá funcionar adequadamente, a não ser que esteja consistente com suas outras comunicações. Ninguém se lembra do que você diz em marketing, a não ser que você se repita frequentemente, claramente e consistentemente.

Inclua "stopping power" para atrair o olhar dos clientes

O ***stopping power*** é a habilidade de um anúncio ou de outra comunicação de marketing em fazer com que as pessoas parem o que estão fazendo para prestar atenção e observar.

LEMBRE-SE

Você pode estar certo de que milhares de outras mensagens de marketing, além das suas, irão bombardear seu cliente. O elevado nível de barulho no ambiente do marketing significa que a maioria dos esforços passa despercebida pela maioria das pessoas a quem eles visam. É por isso que adicionar um pouco de stopping power às suas comunicações é fundamental.

Seu stopping power pode vir de um conceito realmente criativo, atraente e inteligente, como um slogan que combine um belo visual e um trocadilho inteligente. Outras formas realistas e fáceis de conseguir adicionar stopping power às suas comunicações incluem o seguinte:

- Apresente sua marca e seu logo objetiva e ousadamente sempre e em qualquer lugar em que eles apareçam;
- Para os slogans de anúncios, os títulos de catálogos e folhetos e para os banners de blogs e web sites, use fontes grandes e fortes, deixando espaço em branco suficiente ao redor delas para garantir que se destaquem na página ou na tela;
- Coloque anúncios e outras formas de comunicação de marketing em lugares onde elas não estejam rodeadas por mensagem semelhantes da concorrência, mesmo que isso implique na necessidade de ser o pioneiro no uso de novas mídias para a divulgação de suas mensagens publicitárias.

CUIDADO

Você também consegue obter stopping power usando outros métodos, mas tais métodos têm seus efeitos colaterais:

- **Humor:** a maioria das piadas acaba ficando sem graça, portanto, construir seu programa de marketing inteiro ao redor da ideia de tentar ser engraçado o tempo todo não é algo realista.
- **O endosso de celebridades:** as empresas com alto poder orçamentário usam o endosso de celebridades para ganhar stopping power (se você contratar a Angelina Jolie para promover sua nova linha de roupas para crianças, pode apostar que todos assistirão e se lembrarão de suas propagandas). Mas o endosso de celebridades é caro e, muitas empresas não acham que ele seja viável.

As seções a seguir lhe dão algumas regras sobre o que você pode ou não fazer ao criar seus comerciais a fim de conseguir um ótimo stopping power sem cair no exagero.

Dando um ótimo stopping power a um comercial

DICA

Incorporar stopping power a seu comercial não precisa ser necessariamente uma tarefa difícil. É possível dar stopping power a seus anúncios em revistas, na web, na TV e no rádio (assim como a catálogos e web sites) através:

- **Da dramaturgia:** conte uma história interessante, crie um suspense ou chame a atenção de seu público para um evento da vida de um personagem interessante.
- **Da criação de uma reação emocional:** geralmente, as pessoas se relacionam a um comercial ou outra mensagem, primeiramente, no nível emocional; sua resposta emocional faz com que eles prestem atenção à propaganda, encorajando-os a digerir sua informação.
- **Da estimulação da curiosidade:** sua propaganda deve fazer com que o público queira saber mais. Esse desejo faz com que os telespectadores parem e estudem a propaganda e a acompanhem, procurando por mais informações. Um dos segredos para estimular a curiosidade é não encher a comunicação com informações.
- **Da surpresa:** um slogan surpreendente, um recurso visual inesperado, um comentário inusitado na abertura de uma apresentação de venda ou uma vitrine decorada de forma estranha – tudo isso tem o poder de parar as pessoas, pois as surpreende.
- **Da comunicação de informações esperadas de forma adarepseni:** (Aqui vai uma dica: tente ler a palavra misteriosa de trás para frente). Um trocadilho criativo ou uma maneira nova de dizer e ver algo faz o esperado se tornar inesperado. Sim, você deve colocar as informações óbvias: que marca é, a quem ela beneficia e como. Mas não é preciso fazer isso de uma forma óbvia.

(Não) use o apelo sexual para atrair atenção

Pesquisas revelaram que outro segredo para a obtenção do stopping power é o sexo. A palavra por si só é, definitivamente, atraente e assim também é o fato de mostrar alguém que as pessoas acreditam ser sexy. Consequentemente, as empresas geralmente pensam que basta simplesmente dar um apelo sexual a suas propagandas a fim de que elas tenham stopping power.

CUIDADO

Porém, esse plano apresenta um empecilho. As mesmas pesquisas demonstraram que as propagandas baseadas em sexo realmente têm stopping power, mas, por outro lado, não se mostraram eficientes em outros aspectos. O ***reconhecimento de marca*** – a habilidade do público em se lembrar do produto anunciado pela propaganda – é, de modo geral, mais baixo nas propagandas com apelo sexual do que em outros tipos.

A única exceção para a regra de que as propagandas sensuais são péssimas comunicadoras é quando a sensualidade é relevante para o produto. Se você tem uma loja de lingerie, então, colocar alguns anúncios com fotos de modelos atraentes vestindo pouca roupa no jornal de domingo faz sentido.

Seja o mais persuasivo possível

Se você não gosta de ouvir longos discursos, então, deveria supor que seus clientes também não gostam. Portanto, temos um problema: suas comunicações precisam ser persuasivas, mas também é preciso admitir que a maioria das pessoas não gosta de ser persuadida. A solução? Uma venda muito suave, na qual você deixa com que as pessoas persuadam a si mesmas, dando-lhes as informações de que precisam para fazer suas próprias decisões de compra – a seu favor, é claro!

DICA

Aqui vão minhas formas favoritas de fazer comunicações persuasivas sem irritar as pessoas:

- **Evite os clichês de vendas.** Nunca diga "Nós temos um ótimo negócio para você!" ou fale "Você não vai acreditar no que vai ver!", pois irá parecer um charlatão ou um vendedor de porta em porta tagarela e fora de moda.

- **Afaste-se das chamadas "palavras poderosas" encontradas em livros e palestras que ensinam a como ser um supervendedor.** As palavras poderosas são termos que os chamados experts sugerem ser usados pelas empresas (também datam da década de 50 – em outras palavras, já estão fora de moda). Alguns exemplos incluem *inacreditável*, *garantido*, *maravilhoso*, *ilimitado*, *imediatamente*, *comprovado*, *tempo limitado* e *exclusivo*.

- **Mostre evidências através de ilustrações e uma linguagem simples e clara.** Uma forma de persuadir é *mostrar* que seu produto é um sucesso ao invés de falar. Utilize estatísticas que mostram seu bom desempenho. Providencie uma amostra do que ele pode fazer. Cite o testemunho de um cliente satisfeito.

- **Torne atraente a personalidade de sua marca.** Dê a sua marca um rosto que as pessoas conheçam, confiem e gostem. Uma venda sempre tem um componente emocional e o melhor modo de deixar as pessoas emocionalmente confortáveis com suas compras é construindo uma marca de personalidade agradável e confiável por meio de apresentações consistentes dessa personalidade em todas suas comunicações de marketing. Para fazer isso, primeiro, liste as coisas que contribuem para a personalidade única e cativante. Depois, escolha cores, fontes de letras, palavras e frases, fotos e/ou músicas que reforcem essa personalidade.

LEMBRE-SE

Se você fizer tudo certo, suas comunicações serão naturalmente persuasivas. Materiais objetivos, concisos e bem redigidos são naturalmente sedutores. Mensagens precisas e informativas são persuasivas. Gráficos e projetos claros e profissionais são convincentes. Se você parecer, soar e for lido como uma grande marca ou um profissional bem conceituado em sua área, as pessoas presumirão que você é. Você não tem (nem deveria) que dizer a elas que você é. Deixe que o profissionalismo de sua apresentação mostre o quanto você é bom.

Verifique a precisão de suas comunicações

Verificar se suas comunicações são precisas pode parecer uma tarefa chata, mas insisto para que você não a negligencie. As comunicações de marketing estão cheias de erros, alguns dos quais são óbvios para o telespectador ou ouvinte, outros são menos óbvios, mas igualmente danosos.

DICA

Para reduzir os erros, sempre revise duas vezes seu trabalho. Na verdade, revise o trabalho de todo mundo! Seja o gerente irritante segurando uma caneta vermelha e insistindo para revisar tudo.

Comunicando-se com Todo o Cérebro

Ao criar suas comunicações, você deve pensar em como seus clientes e clientes em potencial reagirão a sua propaganda. Para fazer isso, você necessita de um entendimento básico do cérebro humano. Basicamente, o cérebro humano se divide em três partes (como mostra a Figura 6-1):

- **Hemisfério esquerdo:** esse é o lado lógico e analítico de sua mente.
- **Hemisfério direito:** esse é o lado intuitivo e criativo de sua mente.
- **Cérebro basal:** essa parte funciona como um armazém de sentimentos.

LEMBRE-SE

Todos os seres humanos são misturas de pensamentos e sentimentos. Esses pensamentos derivam do hemisfério esquerdo e do direito do cérebro, enquanto os sentimentos vêm do cérebro basal. A fim de se comunicar completa e suntuosamente com seus clientes e clientes em potencial, você precisa fazer com que eles pensem, mas também deve equilibrar todo esse pensar com um pouco de sentimento.

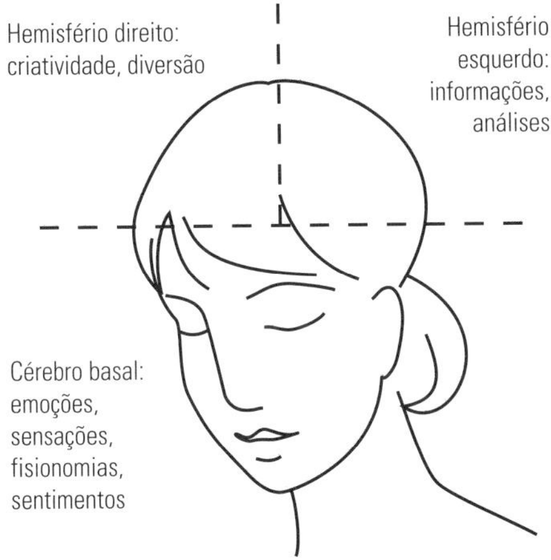

Figura 6-1: As três partes do cérebro humano.

É claro que você ainda precisa escolher uma parte do cérebro pela qual quer que sua mensagem entre. Qualquer uma das três partes do cérebro pode funcionar como porta de entrada para a mente de uma pessoa. Basta você decidir qual delas promete ser mais eficiente de acordo com seu público-alvo (consulte o Capítulo 4 para saber como determinar seu público-alvo).

Veja a seguir um exemplo de como seria o pacote completo. Um empresário imaginário escolheu como ponto de entrada o cérebro basal e elaborou sua mensagem de modo que ela toque as três partes do cérebro.

Imagine um vídeo em streaming mostrando uma fatia de bolo de chocolate em um prato no meio da home page de um site de uma empresa. Talvez, um cronômetro ou timer esteja marcando o tempo logo abaixo do prato. No zero, um filhote de cão salta sobre o prato e devora o bolo com apenas duas abocanhadas desajeitadas. Então, um narrador e um texto rolante lhe dizem "Não deixe a oportunidade escapar. Faltam apenas mais três dias para o fim de nossa Liquidação de Primavera".

Essa propaganda na web toca, primeiramente, o cérebro basal (o bolo lhe dá água na boca), passa rapidamente pelo centro de humor localizado na parte direita do cérebro e, finalmente, chega ao ponto com uma mensagem informativa que pode ser digerida e memorizada pelo lado esquerdo.

DICA

Não descarte a possibilidade de ter o cérebro basal como seu ponto de entrada. Essa é uma das melhores formas de atrair a atenção para sua comunicação e adentrar no conturbado mundo do cérebro de seu cliente em potencial.

Explorando Quatro Estratégias para Elevar o Apelo de Suas Comunicações

O que mais você pode fazer para tornar suas comunicações mais eficientes? Aqui estão quatro estratégias, sendo que cada uma delas possui um enfoque diferente de informar aos clientes em potencial e pode ser usada na criação de comunicações eficientes, como uma propaganda, catálogo, mala-direta ou ofertas por e-mails. O segredo para usar essas estratégias é escolher apenas uma delas e se apegar a ela de modo a fazer com que sua comunicação tenha foco e realize bem uma coisa. Os bons apelos geralmente se baseiam em uma dessas estratégias, portanto, se você está sem saber o que fazer, experimente uma delas:

- **Estratégia da imagem:** a *estratégia da imagem* mostra às pessoas o seu produto e a personalidade deste. Ela apresenta uma boa imagem de sua marca, produto, serviço ou empresa. Para usar essa estratégia, pergunte-se: Qual é a nossa imagem? Como podemos comunicar essa imagem de uma maneira atraente por meio de todos os pontos de contatos com nossos cliente e clientes em potencial?

- **Estratégia da informação:** a *estratégia da informação* comunica fatos que o fazem atraente. Os fatos devem realizar as vendas. E se você sabe que é particularmente forte em uma determinada área, então, comunique os fatos de sua excelência ao invés de desperdiçar energia em informações mais ordinárias. Para usar essa estratégia, pergunte-se: Quais são os três fatores mais impressionantes e persuasivos para a tentativa da realização de uma venda? Com podemos apresentar e sustentar esses três fatos efetivamente em nossas comunicações de marketing?

- **Estratégia motivacional:** a *estratégia motivacional* cria um argumento ou sentimento persuasivo que deveria levar os clientes em potencial a tomarem uma atitude e realizar uma compra. Para usar essa estratégia, pergunte-se: O que motiva nossos clientes a comprarem? Que histórias ou fatos nós podemos usar para alcançar essa motivação?

- **Estratégia da demonstração:** a *estratégia da demonstração* alavanca o apelo fundamental do produto propriamente dito ao simplesmente disponibilizá-lo aos consumidores. Para muitas pessoas, ver é crer. Se você ainda não possui uma demonstração de pelo menos um produto sendo vendido em seu site, coloque uma lá ainda hoje (ou assim que você conseguir fazer um vídeo demonstrativo de qualidade razoavelmente boa). Para usar essa estratégia, pergunte-se: Que formas de demonstração são as mais eficientes para nosso produto? Onde e como podemos organizar essa demonstração de modo a atingir o maior número de pessoas possível?

Poder de Atração: Construindo a Rede de Clientes

O ***poder de atração*** é a capacidade de uma comunicação em atrair pessoas para um lugar ou evento. Os pequenos empresários geralmente se preocupam mais com o poder de atração que com a ***equidade da marca*** (a construção do valor de sua marca) ou com o posicionamento. Afinal de contas, alguém realmente tem que ***vender*** o produto – no mercado local e cliente por cliente. Nesse nível, realmente é necessário atrair esses clientes, o que torna o poder de atração muito importante.

O poder de atração é, em geral, o objetivo primário da propaganda local. Os empresários usam publicidade, vendas pessoais, mala-direta, promoções baseadas em preços, e pontos de compras na tentativa de exercitar seu poder de atração.

LEMBRE-SE

O segredo para um poder de atração eficiente é incluir pelos menos uma ***call to action*** (característica que dá a uma comunicação a expectativa de gerar uma resposta imediata) em todas as comunicações de marketing. Três calls to action são ainda melhores, desde que cada uma delas se diferencie a fim de satisfazer a necessidades e gostos distintos.

DICA

Para se obter o máximo de um poder de atração, dê às pessoas uma forte razão para agir. Diga aos consumidores onde você está e que você tem tudo o que eles precisam. Peça que eles deem uma passada, telefonem, troquem um cupom ou visitem seu site. E continue os convidando, às vezes, usando formas novas e criativas para que eles nunca lhe esqueçam. Além disso, facilite a tomada de atitude de seu cliente. Ofereça-lhes horários convenientes, vários endereços e a opção de compra que eles preferirem (pessoalmente, por telefone, por e-mail e outras).

Revisando Sua Redação

As comunicações de marketing funcionam, em sua maioria, por meio de palavras e figuras e, das duas, as palavras são mais comuns. Embora a foto ou o vídeo certo possa ser poderoso, até mesmo a mais sedutora das imagens pode ser sabotada por uma redação ruim.

LEMBRE-SE

Como ter uma ótima redação em suas comunicações de marketing? A resposta é simples: mantenha sua redação direta e simples. Além disso, faça com que ela atinja e cative o leitor ao se relacionar diretamente com suas preocupações, experiências e indagações.

Uma boa redação é, antes de tudo, clara, mas as redações de marketing não são assim tão boas. Muitas delas:

- Não conseguem chegar ao ponto;
- Usam orações na voz passiva (nas quais você não menciona quem faz o que para quem);
- Empregam vocabulário sofisticado sem razão – ou seja, usa palavras elegantes e sem utilidade;
- Usam tempos verbais difíceis em oposição ao presente (como, por exemplo, *a redação teria que comunicar* ao invés de *a redação comunica*);
- Deixam o leitor confuso e entediado.

Se você revisar sua redação, colocando tudo em orações no presente, claras, simples e diretas e cortando tudo o que for extra, você poderá editar seu caminho para o sucesso!

MUNDO REAL

Se você conseguir encontrar uma nova forma de se explicar, use-a. Lembre-se de que você precisa de originalidade e surpresa se quiser que sua redação tenha stopping power (veja a seção já mencionada neste capítulo, "Incluindo o 'stopping power' para atrair o olhar dos clientes" para mais detalhes sobre essa prioridade de comunicação). Mas acima de tudo, escreva de maneira simples e clara.

LEMBRE-SE

A única maneira de atingir a essência da comunicação é escrevendo – e, depois, reescrevendo e reescrevendo. Continue trabalhando, repensando e brincando com as palavras até que algo consiga lhe expressar de modo muito claro. E, depois de conseguir isso, fique calado!

Criando Belos Visuais

Uma imagem realmente pode valer mais do que mil palavras. Imagine o seguinte: uma criança jogando tênis contra um paredão quando um cachorro vem correndo e rouba a bolinha. A bola, amarela e felpuda, ocupa toda a boca do cachorro conforme a câmera chega bem perto para mostrar apenas a bola e a boca, preenchendo toda a tela da TV.

A imagem que descrevi é do comercial televisivo da Associação Americana de Tênis, feito para promover o esporte. Esse comercial ilustra o poder da imagem ou de imagens sequenciadas em capturar a atenção, contar algo interessante e ir direto ao ponto. Nenhuma palavra foi necessária. O comercial também mostrou um segredo para o sucesso – o foco em uma imagem forte e relevante. Nesse caso específico, a imagem era a bola de tênis, orgulhosamente emoldurada pela boca do cachorro.

As próximas seções lhe mostrarão a melhor forma de adicionar poder de impacto às suas comunicações visuais e também lhe explicarão como evitar que seus projetos visuais pareçam amadores.

Abraçando a hierarquia do design

Uma boa regra a ser seguida à risca no momento em que você for projetar suas comunicações visuais – seja um folheto, uma página na Internet, um logo, uma propaganda, um cartaz, uma embalagem, um rótulo e etc. – é saber o que você quer que as pessoas vejam em primeiro, segundo e terceiro lugar.

Primeiro, as pessoas observam os aspectos visualmente dominantes de uma imagem. Por isso, esse aspecto precisa de apelo, para fazer com que os clientes em potencial parem o que estavam fazendo e, assim, trazê-los mais para perto a fim de fazê-los observar o segundo e terceiro aspectos da propaganda. O segundo aspecto deve explicar, de forma simples e clara, o apelo básico. E o terceiro deve trazer algumas evidências consistentes para provar o que o primeiro e o segundo transmitiram. Agora, com essa hierarquia em mente, uma imagem precisa ser visualmente dominante.

Aqui vai uma sugestão simples, mas muito poderosa: faça da imagem de seu produto o aspecto mais visível de seu design. Se você comercializa um produto físico, tire uma foto muito boa dele, mas muito boa mesmo, e coloque-a na posição dominante de seu anúncio, catálogo, página da Internet ou qualquer outra peça de marketing. Agora, faça dessa imagem o aspecto mais notável de sua comunicação. (Veja o Capítulo 7 para detalhes sobre o layout de catálogos e anúncios impressos).

Confiando na experiência para evitar que os designs caseiros virem um desastre

A não ser que você seja um artista, realmente necessitará trabalhar com alguém para criar imagens realmente eficientes. A maioria dos designs caseiros que já vi é feita a partir de modelos de imagens que vêm junto com os computadores pessoais. Às vezes, esses trabalhos acabam desperdiçando o papel em que são impressos, insultando o cliente e constrangendo o profissional de marketing. Não deixe que isso aconteça com o seu!

Ainda existe a possibilidade de que você mesmo tenha que realizar algumas tarefas de design em seu departamento de marketing ou em sua empresa. Se você tem um Macintosh ou um computador que rode o *Adobe Photoshop* e o *Adobe Illustrator,* além de um pequeno orçamento para a compra de belas imagens nos bancos de fotografia (veja o quadro a seguir), você conseguirá fazer designs muito eficientes.

Minha opinião é a de que quase todos os empresários têm acesso ao equipamento básico necessário e, além disso, alguns de seus colaboradores também possam ter formações relacionadas à comunicação visual ou serem sensíveis o bastante para executar um bom trabalho gráfico sozinhos. Se esse for o caso, por que pagar para outra pessoa?

Um mundo repleto de fotos em suas mãos

Nunca houve tantas fotos de ótima qualidade disponíveis e financeiramente acessíveis como há atualmente. A web e as imagens digitais possibilitaram a disponibilização de milhões de imagens às suas mãos cujos preços variam de $50 à $250, dependendo de como serão usadas. Navegue por sites, como `www.fotosearch.com`, `www.photodisc.com`, `www.photolibrary.com`, `www.corbis.com`, `www.jupiterimages.com` e `istockphoto.com`.

Parte III

Anunciando por Diversão e Lucratividade

A 5ª Onda Por Rich Tennant

"Vamos brincar com esse slogan"

Nesta Parte. . .

Muitas pessoas gostam de mencionar a frase de Jerry Della Femina, um publicitário muito conhecido, que dizia "a publicidade é a coisa mais prazerosa que você pode fazer estando vestido". Não vou pedir que você tire suas roupas nesta parte do livro, mas vou lhe pedir que se divirta seriamente. A publicidade precisa ser criativa e ter aquele toque especial para realmente funcionar direito.

Na Parte III, eu esboço o essencial para uma comunicação eficiente, atraente e que provoque a mudança de comportamentos a fim de construir sua marca ou reputação, atrair bons negócios ou realmente realizar uma venda. A essência das grandes comunicações publicitárias permanece a mesma para todas as possíveis mídias – desde um básico cartão de visitas ou de um simples panfleto até um sofisticado anúncio, um comercial na televisão local ou um site na Internet. Esta parte poderá lhe ajudar a impulsionar suas comunicações de marketing e fazer com que a propaganda cause efeitos melhores em seu negócio.

Capítulo 7

Aperfeiçoando Seus Materiais Impressos

Neste Capítulo:

- Confeccionando maravilhosas peças impressas através da seleção de uma boa fonte e fluxo;
- Criando panfletos com impacto focado;
- Projetando e testando a eficiência dos anúncios impressos.

Tradicionalmente, as empresas deixam uma grande parte do orçamento para as propagandas impressas que para qualquer outro tipo de publicidade, com exceção das grandes marcas nacionais ou multinacionais que investem muito na televisão. Para a maioria das propagandas locais e regionais, a forma impressa normalmente é o meio mais flexível e eficiente.

Este capítulo lhe ajudará a integrar os materiais impressos, que não se limitam apenas às propagandas impressas, ao seu plano de marketing. Mesmo que sua empresa seja pequena e esteja começando a engatinhar, é possível causar um grande impacto nos clientes (tanto nos atuais quanto nos futuros) através de materiais de aparência profissional que reforcem a imagem de sua marca e todas as suas mensagens de marketing.

LEMBRE-SE

Ao projetar qualquer coisa que será impressa, seu propósito será o de estimular a venda. Pense além para alcançar esse objetivo. Se seu produto é vendido em lojas, crie cartazes, embalagens, displays ou cupons que ecoem o tema dos anúncios e faça com que os clientes se lembrem desse tema. Se as vendas ocorrem em um site na Internet, veja se o anúncio envia os clientes em potencial a uma página onde a oferta do anúncio esteja destacada e o próximo passo para a compra fique óbvio. Se você faz vendas pessoais, forneça a seus vendedores e distribuidores catálogos, formulários de pedidos, apresentações em *PowerPoint* ou panfletos (veja a seção "Confeccionando Panfletos Eficazes e de Qualidade ainda neste capítulo) que sejam consistentes com seu design para lembrá-los dos anúncios e que iniciem o processo de venda.

Elaborando Materiais de Marketing Impressos

Muitas empresas começam com materiais de marketing impressos (pense em anúncios, panfletos, literatura sobre produtos, como os PDFs e etc.) e, depois, trabalham a partir deles para incorporar o apelo e os conceitos de design de seus materiais impressos a outras formas de marketing. Os panfletos, ***tear sheets*** (descrição dos produtos seguindo o estilo de um catálogo, mas resumida em apenas uma página), outdoors, malas-diretas, catálogos e até mesmo blogs e páginas na Internet, todas dividem os elementos básicos de uma boa propaganda impressa: bons anúncios e belos visuais misturados a slogans atraentes. As seções a seguir abordam a essência do que você deveria saber.

Incluindo as oito partes necessárias

Antes de poder criar grandes materiais impressos, você deve dissecar um anúncio, panfleto, ***tear sheet*** ou peça semelhante para identificar suas partes. E cada parte possui um nome especial, como você pode ver na lista a seguir:

- **Título:** as palavras em letras grandes que primeiramente atraem o olhar dos clientes, geralmente no topo da página.
- **Subtítulo:** uma opção de adição ao título, para fornecer mais detalhes, também em letra grande (mas não tão grande quanto a do título)
- **Texto ou corpo do texto:** o texto principal, redigido em um tamanho legível, como o usado pelos textos principais de um livro ou revista.
- **Visual:** uma ilustração que faça uma declaração visual. Essa imagem deve ser o foco principal de um anúncio ou qualquer outro material impresso (especialmente quando o anúncio foi elaborado para mostrar aos leitores um produto) ou pode ser secundário ao texto.
- **Legenda:** texto anexado ao visual para explicá-lo ou debatê-lo. Geralmente, a legenda é colocada abaixo do visual, mas pode ser colocada em qualquer um dos lados ou, até mesmo, dentro do visual.
- **Marca registrada:** um desenho exclusivo que representa a marca ou a empresa (como o da Nike). Esses desenhos devem sempre ser registrados; veja o Capítulo 14 para mais informações.
- **Assinatura:** a marca registrada do nome da empresa. Com frequência, as empresa utilizam um logo que exibe o nome da marca usando fontes e estilos distintos. A assinatura é a versão escrita da identidade visual da marca registrada.
- **Slogan:** um elemento opcional que consiste (idealmente) de uma pequena frase que evoque o espírito ou a personalidade da marca.

A Figura 7-1 mostra a maioria desses elementos em um esboço para um anúncio impresso (o layout de um panfleto é um pouco mais complexo e será abordado mais tarde neste capítulo). Usei termos genéricos no lugar de partes reais de um anúncio (*título* para o título, por exemplo) para que você pudesse ver mais facilmente todos os elementos em ação. Esse modelo relativamente simples para um anúncio impresso lhe permite variar e criar infinitamente.

Figura 7-1: Um modelo de anúncio impresso exibindo a maioria dos oito elementos.

Juntando as partes: Design e layout

O design se refere à aparência, ao sentimento e ao estilo de seu anúncio ou outro material impresso. O design é um conceito estético e, portanto, difícil de ser explicado em termos precisos. Mas o design é de vital importância: ele tem que pegar o apelo básico de seu produto e fazer com que ele funcione visualmente sobre o papel (veja o Capítulo 6 para detalhes sobre como desenvolver esse apelo). Especificamente, o design deve resolver o constante problema do anunciante: ninguém liga para as propagandas. Portanto, seu design deve, de alguma forma, alcançar os leitores, agarrar a atenção deles e segurá-la por tempo suficiente para comunicar o apelo do produto que está sendo anunciado e anexar, na mente nos leitores, tal apelo à sua marca.

A boa propaganda deve sair da página, alcançar e agarrá-lo pelos olhos. No mundo abarrotado de materiais de marketing modernos, esse objetivo é o único que realmente funciona! Então, quero que você recorte e cole vários anúncios das publicações nas quais você também irá anunciar (ou use modelos de panfletos, catálogos ou qualquer outro tipo de material da concorrência). Coloque um esboço de seu design junto com esses benchmarks e, então, dê um passo para trás – para visualizar todos os materiais. Agora, o seu design chama mais a atenção do que todos os outros? Se não... volte para sua prancheta!

Contratando um designer profissional

Se você não tem o talento ou o desejo de fazer anúncios e outros impressos, saiba que não há problema algum em delegar essa tarefa a designers talentosos. Essa seção mostra os processos do trabalho de um designer.

Primeiro, o designer confecciona vários ***thumbnails***, esboços grosseiros usados para descrever os conceitos do layout. Os designers mais jovens os chamam de ***mockups***, ao invés de thumbnails, mas ambos têm a mesma finalidade.

Depois que você escolher o thumbnail ou o mockup de sua preferência, o designer, normalmente, irá transformá-lo em um ***rough*** (rascunho), um esboço completo ou um mockup de alta qualidade gerado através de um programa de computador, onde o título e os subtítulos aparecem já no estilo de fonte apropriado (com a aparência das letras impressas). Durante esta etapa, o designer também irá lhe mostrar onde ficará o corpo do texto, mas ele não usará o texto real, a não ser que você já tenha algum rascunho que ele possa usar no design do rough.

DICA

Às vezes, os clientes das agências de propaganda insistem em ver os designs no estágio rough, para evitar que tais designs sejam desenvolvidos mais completamente antes da apresentação. Recomendo que você peça para ver as versões rough de seus designs, mesmo se sua agência hesita em lhe mostrar seu trabalho de forma inacabada.

Depois que você aprova um rough, o designer o transforma em um layout compreensivo. O layout compreensivo deve se parecer muito com a versão final do design, independentemente de ser uma prova colorida feita no computador ou feita à mão.

DICA

Caso esteja trabalhando em um panfleto ou em uma inserção especial para uma revista, peça para ver um ***protótipo***, uma forma de layout compreensivo que estimula o sentido – assim como a aparência – do design final.

Fazendo você mesmo

Qualquer um que tenha um computador básico e uma impressora pode agora abrir uma loja e criar seus próprios folhetos, panfletos, cartões de visita e layouts de anúncios.

Caso você queira tentar criar seus próprios materiais impressos e seja bom em pensar visualmente, invista algum tempo e esforço em aprimorar suas técnicas de design baseadas no computador.

DICA

Os designers geralmente experimentam inúmeros layouts para seus anúncios ou outros materiais impressos antes de selecionar um para o desenvolvimento formal. Seja qual for a abordagem que você adote para se tornar um designer faça você mesmo, recomendo que experimente os diferentes layouts da mesma forma que os designers profissionais fazem.

Encontrando sua fonte

A decisão sobre a fonte (não se confunda com o tipo da letra) talvez seja uma das mais importantes escolhas que você faça com relação a seus materiais impressos. O tipo da letra se refere apenas aos diferentes desenhos das letras (Times New Roman, por exemplo). A *Fonte*, por outro lado, realmente se refere ao tamanho e ao estilo particular de um tipo de letra (como tamanho 10, negrito, Times New Roman).

A fonte correta para qualquer tarefa é a que torna seu texto fácil de ser lido e o harmoniza da melhor forma com o design de forma geral. Para o título, a fonte também precisa atrair a atenção do leitor. O corpo do texto (veja a seção já mencionada neste capítulo "Incluindo as oito partes necessárias") não precisa chamar a atenção da mesma forma que o título – na verdade, se o fizer, o texto pode acabar perdendo sua legibilidade. As seções a seguir lhe ajudarão a encontrar a fonte que fará com que seus impressos sejam um estouro.

Escolhendo um tipo de letra

A escolha da fonte correta para suas necessidades começa com a descoberta do tipo de letra que você quer. Existe um número incrível de opções, pois os designers têm desenvolvido muitos tipos de letras.

Um design limpo, espaçado com vários espaços em branco e contrastes extremos na arte merece as linhas suaves da *sans serif* – ou seja, uma que não possua nenhuma *serifa* decorativa (aquelas pequenas barras ou hastes no final das letras principais em um caráter). As fontes mais populares para o corpo do texto sem serifas são Helvética, Univers, Optima e Avant Garde. Figura 7-2 mostra fontes com e sem serifas.

Figura 7-2: Fontes com e sem serifas.

Um design antigo e ricamente decorado requer um tipo de fonte com serifas, mais decorativo e tradicional, como o Century ou Times New Roman. As fontes mais populares usadas para o corpo do texto e que possuem serifas incluem Garamond, Melior, Century, Times New Roman e Caledônia. A Tabela 7-1 mostra vários tipos de letras para que você possa comparar as linhas dos tipos ***sans serif*** ao design mais decorativo dos tipos ***serif***.

Tabela 7-1 Tipos de Letras Mais Usados em Anúncios

Sans Serif	***Serif***
Helvética	Century
Univers	Garamond
Optima	Melior
Avant Garde	Times New Roman

LEMBRE-SE

Em testes realizados, os tipos de letra Helvética, Times New Roman e Century geralmente ficam entre os mais legíveis, portanto, comece com um desses tipos para seu corpo do texto; apenas o mude se ele parecer não funcionar. Pesquisas também mostram que as pessoas leem as letras minúsculas 13 por cento mais rápido do que as letras maiúsculas, portanto, evite os textos longos em letra maiúscula. As pessoas também leem com mais facilidade quando as letras são escuras e contrastam com um fundo claro.

Generalizar o melhor tipo de letra para um título não é uma tarefa fácil, pois os designers brincam muito mais com o título que com o corpo do texto. Mas, como regra geral, temos: você pode usar a Helvética para o título quando usar a Century para o corpo e vice-versa. Ou você ainda pode usar a maior e mais negrita versão da fonte usada no texto para escrever seu título. Também é possível usar o reverso de uma versão negrita e maior de sua letra sobre um fundo branco para fazer o título. Tudo que faça o título chamar a atenção do leitor, destacar-se do corpo do texto e, por fim, levar à visualização do corpo do texto é válido (Mas se lembre de manter o título legível. Nada muito exagerado, por favor).

DICA

Às vezes, os designers combinam o tipo de letra decorado do corpo do texto (um com serifas, como o Times New Roman) com cabeçalhos escritos com tipos sem serifas (como a Helvética). O contraste entre as linhas limpas do cabeçalho e os caracteres mais decorados do corpo do texto agrada aos olhos e tende a chamar a atenção do leitor a partir do cabeçalho para o corpo do texto. Este livro usa essa técnica.

Escolhendo o tamanho e o estilo do tipo de letra

Qualquer tipo de letra apresenta uma tonelada de opções, portanto, a escolha de seu tipo de letra é apenas o começo. Qual tamanho os caracteres devem ter? Você prefere usar a versão padrão do tipo de letra, uma versão mais leve, uma versão **em negrito** (mais escura) ou uma versão em *itálico* (caída para a direita)?

Acredite ou não, escolher o estilo e o tamanho é relativamente fácil. Basta observar os exemplos de alguns tamanhos padrões (12 e 14 para o corpo do texto, por exemplo, e 24, 36 e 48 para os títulos). A Figura 7-3 mostra uma grande variedade de tamanhos e estilos para o tipo de letra Helvética. Como podemos ver, você tem acesso a uma maravilhosa gama de opções, mesmo para esse único design de letra.

Saiba que é possível mudar quase todos os aspectos de um tipo de letra. Você pode alterar as distâncias entre as letras – chamado espaçamento – ou você pode apertar ou separar os caracteres de modo a fazer com que uma palavra caiba em um determinado espaço.

Helvetica Light 14 point

Helvetica Italic 14 point

Helvetica Bold 14 point

Helvetica Regular 14 point

Helvetica Regular 24 point

Helvetica Regular Condensed 14 point

Helvetica Bold Outline 24 point

Figura 7-3: Algumas das muitas opções oferecidas pelo tipo de letra Helvética.

CUIDADO

Agora, já que eu disse que tudo era possível, gostaria de lhe alertar que os olhos de seu cliente geralmente são um pouco conservadores. Ainda que muitos de nós pouco saibamos sobre o design dos tipos de letras, achamos, de forma instintiva, os designs tradicionais mais atraentes. O espaçamento entre caracteres e linhas, o equilíbrio e o fluxo dos caracteres individuais (com um pouco de espaço em branco entre eles ou uma ilustração adequada para quebrar o texto) – todos esses designs familiares agradam aos olhos e fazem com que a leitura fique mais fácil e mais prazerosa. Assim, quando você tiver que enfatizar algo, tente fazê-lo de uma forma conservadora.

LEMBRE-SE

Um bom design usa duas famílias de letras e varia seus tamanhos, mesclando, adequadamente, os tipos itálico, negrito e reverso, desde que todo o design se beneficie disso. A Figura 7-4 mostra um anúncio impresso em preto e branco escrito em Garamond e Helvética, que são fontes tradicionais e de fácil leitura.

LEMBRE-SE

Não brinque com as letras simplesmente por brincar (como muitos designers e adeptos do faça você mesmo o fazem). Prefira as fontes populares, nos tamanhos populares, exceto quando for preciso resolver um problema ou você quiser fazer algo realmente especial.

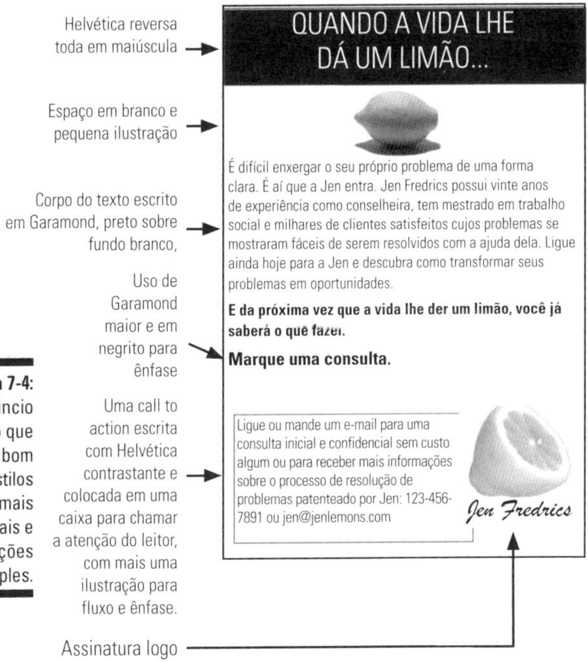

Figura 7-4: Um anúncio impresso que faz um bom uso dos estilos de letra mais tradicionais e de ilustrações simples.

Escolhendo um tamanho

Quando os designers e os gráficos falam sobre os tamanhos das fontes, eles estão se referindo à medida tradicional da altura das letras (baseando-se nas partes mais altas e baixas das maiores letras). Um ponto equivale a cerca de 1/72 de uma polegada e, portanto, a altura de uma letra de 10 pontos é igual a 10/72 de uma polegada, no máximo.

A fonte de dez pontos é o menor tamanho que você pode usar no corpo do texto, mas, para panfletos, o melhor é usar 11 ou 12 pontos, especialmente se seus leitores são pessoas de meia idade ou mais velhos.

DICA

Nossos olhos não conseguem distinguir facilmente as fontes que se diferenciam por apenas um ou dois tamanhos, por tanto, especifique um salto mais alto que esse para diferenciar as letras usadas no corpo do texto e no subtítulo ou entre as letras do título e do subtítulo. Por exemplo, se seu corpo do texto for montado em Times New Roman de 10 pontos, então, você precisará montar o subtítulo com, pelo menos, dois pontos acima (as diferenças são definidas por pontos padrões: 9, 12, 14, 16, 18, 24, 36 e 48, embora também seja possível usar tamanhos intermediários).

Juntando tudo em um fluxo perfeito

À medida que você for montando seu anúncio, imagine que toda a sua página é uma obra de arte que precisa ter certas qualidades. Ela deve ter equilíbrio, ou seja, nada pode ficar muito pesado ou muito grande que ofusque algum outro elemento. Entretanto, o equilíbrio perfeito é sem graça, sendo assim, utilize tamanhos e tipos de letras diferentes, espaços em branco e ilustrações para criar fluidez. A *fluidez* é o movimento suave da atenção a partir do ponto de entrada, ao redor da página até um ponto final. Em marketing, o ponto de entrada é quase sempre o título e o ponto final pode ser tanto o nome e o logo da marca quanto um call to action, dependendo do que você quer enfatizar, a construção da marca ou a geração de movimento.

LEMBRE-SE

Em um anúncio, panfleto, web site ou blog realmente bem projetado, a redação e a seleção dos estilos das letras são apenas parte de um design muito maior, que deveria chamar o leitor por meio de um fluxo bem planejado de ler e visualizar as experiências. Os designers modernos exibem seus designs em *grids* imaginárias (onde cada seção, como um título ou uma coluna, preenche uma área retangular no layout grid; veja *Marketing Kit For Dummies*, 3ª edição, [Wiley] para exemplos). Entretanto, a garantia de uma boa fluidez é mais importante que se preocupar muito com o estabelecimento de um grid elaborado ou de uma arquitetura adjacente. Uma vez que o anúncio atraia a atenção e arraste o leitor por todos os seus componentes, o design está funcionando.

Produzindo Panfletos Eficientes e de Qualidade

Editores de textos ou softwares gráficos, uma boa impressora jato de tinta ou a laser e a ajuda da loja de cópias ou gráfica local (que também possui máquinas de fazer dobras) lhe permitem elaborar e produzir panfletos, folhetos de forma mais fácil. Nas seções a seguir, entretanto, foco muito no arroz com feijão de qualquer negócio: o panfleto. Por quê? Porque essa é uma forma eficiente de anunciar sua empresa.

Conhecendo o propósito de seu panfleto

Os empresários geralmente encomendam um panfleto sem uma ideia clara do propósito para o qual ele servirá. Eles apenas pensam em um panfleto como uma boa ideia.

LEMBRE-SE

Para evitar a produção de um panfleto bonito, mas sem serventia e que não cumpra nenhum objetivo de venda, saiba as respostas para as seguintes perguntas (que servem para focar o design de seu panfleto e torná-lo útil para seu marketing):

- Quem irá ler o panfleto?
- Como eles terão acesso ao panfleto?

- O que eles deveriam fazer depois de ler o panfleto?

CUIDADO

Sem um foco específico, seu panfleto não poderá se enquadrar adequadamente a nenhum único uso. Ele se tornará simplesmente um pedaço de papel (leia: desperdício de dinheiro) que fala sobre sua empresa e seu produto de maneira genérica, mas não atinge os leitores com nenhum apelo ou call to action em particular.

Uma boa regra geral é definir até três propósitos específicos para o panfleto. No entanto, não vá muito além de três, pois seu design não será capaz de cumprir mais que três propósitos de forma realmente eficiente. Os propósitos mais comuns e adequados para um panfleto são:

- Agir como uma referência sobre o produto ou detalhes técnicos do produto para os clientes em potencial;
- Apoiar um esforço de venda pessoal através do empréstimo de credibilidade e do auxílio na superação de objeções (para saber mais sobre vendas, cheque o Capítulo 17);
- Criar oportunidades através de uma campanha de mala-direta (falo sobre campanhas de mala direita no Capítulo 13).

Digamos que você queira um panfleto que desempenhe bem essas três tarefas. Comece projetando os conteúdos. Que produto e informações técnicas devem ser incluídos? Anote a informação ou reúna as ilustrações necessárias para que você tenha uma *base de fatos* (a informação essencial para se comunicar) na sua frente.

As próximas seções destacam os elementos essenciais que seu panfleto deve conter para atingir seus propósitos.

O reconhecimento realista de seus pontos fortes e de seus pontos fracos

Ao criar seu panfleto, você precisa ser capaz de se direcionar de forma realista aos pontos mais fortes e mais fracos de seu produto. Organize sua base de fatos a fim de destacar os pontos mais fortes de seu produto e de superar seus pontos fracos. O texto deve ser escrito como se você estivesse ouvindo os anseios e as necessidades do leitor e estivesse respondendo a cada um deles da forma apropriada.

Também considere qualquer uma destas opções à medida que você decidir o que escrever a fim de tornar o texto de seu panfleto altamente persuasivo:

- Os principais benefícios que seu produto oferece;
- Os pontos-chave da diferença que faz com que seu produto seja melhor que o da concorrência;
- As razões favoritas dos clientes para comprar ou os aspectos de seus produtos;
- Testemunhos de clientes ou histórias.

Os benefícios do produto, os pontos de diferença, as razões para comprar e os testemunhos de clientes são ótimas maneiras de explicar o porquê seu produto é ótimo, pois apresentam evidências.

Apelo persuasivo e objetivo

Um pequeno e básico apelo (ver Capítulo 6) comunicado por um título incisivo e por um texto de poucas palavras, juntamente com uma ilustração atraente, ajuda o seu panfleto a se manter como uma verdadeira ferramenta de marketing. O apelo deve projetar uma personalidade vencedora. Pode ser engraçado ou sério, emocional ou factual – mas deve ser persuasivo.

O layout do panfleto

Um panfleto eficiente segue o seguinte padrão de layout:

- O apelo, com seu título sedutor, texto e visual persuasivos, fica na frente do panfleto – ou do lado de fora, caso ele seja dobrado para ser enviado como mala-direta, ou no painel central, se você o dobrar em duas partes.
- Os subtítulos, aquela estrutura que contêm o texto principal (que corresponde às objeções e aos destaques de seus pontos fortes, como o já explicado neste capítulo) ficam nas páginas de dentro.
- A base de fatos, necessária por questões de referência, fica abaixo do texto e das ilustrações de seus subtítulos.

CUIDADO

Se você não conseguir identificar cada uma das partes de seu panfleto, então, será melhor refazê-lo. Caso contrário, esse panfleto se tornará um total desperdício de tempo e dinheiro.

Embora haja várias maneiras de fazer o layout de um panfleto, eu sempre prefiro o formato mostrado na Figura 7-5. Ele é simples e barato, pois o panfleto será impresso em apenas uma folha de papel ofício, que será dobrada em três partes. Você poderá enviar os panfletos em envelopes tamanho 10 ou 12 ou ainda selá-los na parte da frente e enviá-los dessa forma. Esse layout deixa espaços para alguns detalhes, mas não para tantos, evitando, assim, que você caia em armadilhas.

DICA

Para transformar o design da Figura 7-5 em um formato ainda mais simples e mais barato, use papel A4 e elimine a *carta-resposta* (a página à esquerda na parte da frente e a página à direita na parte de trás). É a parte que pode ser enviada de volta com pedidos de informação ou aceitação de uma oferta especial. Entretanto, se você realmente retirar a carta-resposta, certifique-se de incluir instruções e informações de contato em uma das páginas internas do panfleto.

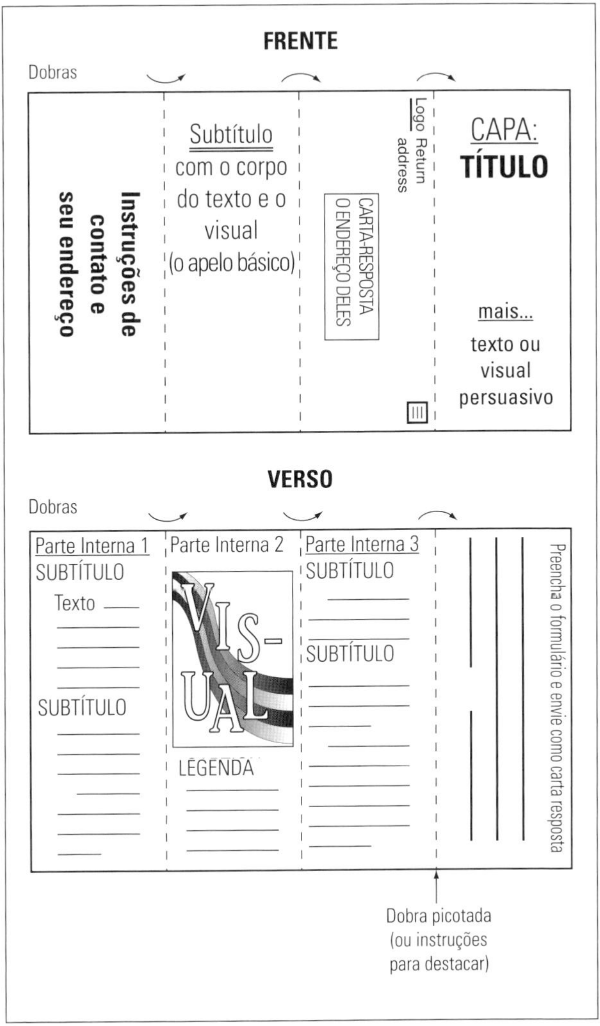

Figura 7-5: Um layout simples para um panfleto com múltiplos propósitos.

Imprimindo seu produto acabado

Você pode imprimir e dobrar um panfleto (como o mostrado na Figura 7-5) na loja de cópias local. Atualmente, a maioria das lojas aceita cópias de arquivos enviadas por e-mail e pode produzir pequenas remessas de seus panfletos (assim como folhetos, catálogos e outros tipos de impresso) diretamente dos arquivos enviados. Entretanto, caso você precise de milhares de cópias, você deve procurar os sérvios de uma gráfica de impressão em *offset*, que é a opção mais barata para as grandes quantidades. A impressão em offset é usada para a maioria dos livros, revistas e jornais.

Você também pode fazer tiragens menores (100 ou menos) através de sua própria impressora colorida. Compre papel fotográfico fosco ou brilhante próprio para a marca e modelo de sua impressora (as HPs funcionam muito bem para essa finalidade) e selecione o tipo de papel apropriado na caixa de dialogo da impressora.

Inserindo um Anúncio Impresso

As agências de propagandas e os departamentos de marketing das grandes empresas possuem especialistas que não fazem mais nada além de comprar mídias e alguns ainda se especializam nisso para atender às pequenas e médias empresas. Porém, caso você seja um empresário em escala menor, poderá facilmente descobrir como você mesmo pode comprar um espaço na mídia. As seções a seguir abordam uma especialidade do marketing chamada *compra de mídia*, com ênfase na compra de espaços para anúncios impressos.

Determinando se você pode pagar por um anúncio

Os anúncios impressos podem ser relativamente caros, portanto, antes de começar a colocá-los, você precisa saber se a compra de um é mesmo um movimento financeiro inteligente para seu negócio. Certifique-se de conhecer todos os custos antes de tomar qualquer decisão.

Se você estiver anunciando um pequeno negócio, comece a colecionar revistas e jornais que você sabe que seus clientes em potencial leem. Depois, procure por informações que identifiquem a editora e ofereça um número de telefone para anunciantes. Telefone ou visite o site na Internet para obter uma *tabela de preços* (uma lista com os preços dos anúncios de acordo com o tamanho e com o desconto dado por anúncio caso você compre vários ao invés de apenas um).

Depois de reunir uma grande quantidade de listas de preços de revistas e jornais, examine os custos. Qual é o valor de um anúncio médio (o tamanho médio para cada publicação)? A resposta pode ser um número amplo. Se um único anúncio custar cinco por cento ou mais de seu orçamento de marketing para o ano todo, jogue a lista fora e esqueça a hipótese de anunciar na publicação.

DICA

Além de tentar encontrar uma publicação, você também pode anunciar em mídias financeiramente mais acessíveis, como panfletos, blogs, malas-diretas e e-mails (consulte a seção anterior para descobrir como fazer o design de um panfleto).

Encontrando lugares baratos para anunciar

Todas as empresas procuram maneiras de economizar em anúncios. Você poderá se surpreender ao saber da existência de tantas opções para quem está tentando economizar um pouco. Considere as seguintes opções mais em conta:

- **Programação do cinema local:** recentemente fui ao cinema e observei que muitas empresas locais tinham comprado os espaços de anúncios na programação. Qual foi o custo disso? Menos que $100 por muitos deles. Compare esse valor ao anúncio em uma revista importante, que pode custar até $100.000.

- **Newsletter mensal das associações profissionais: os profissionais** são pessoas que possuem poder aquisitivo, portanto, mesmo que você não venda um produto apenas para eles, eles ainda podem responder ao anúncio. Alguns corretores de seguros têm obtido sucesso com anúncios em newsletters que vão para médicos, por exemplo.
- **Jornais locais e de pequenas cidades:** existem centenas de jornais e semanários de pequena *circulação,* o que significa que seus preços para anúncios são de um quinto a um décimo o preço dos jornais das grandes cidades (e até mesmo mais baratos quando comparados às principais revistas de circulação nacional). Obviamente, você também não irá atingir tantas pessoas.

Mantenha a escala de suas propagandas impressas (ou de qualquer material para esse propósito) a um nível com o qual você possa arcar com um anúncio que possa vir a não gerar venda alta. Embora essa com certeza não seja a sua meta, tal possibilidade sempre existe e você deve basear sua decisão de compra nessa possibilidade enquanto estiver experimentando encontrar um local eficiente para a inserção de seus anúncios.

Escolhendo o tamanho do anúncio

Que tamanho de anúncio devo comprar? A reposta aqui depende em parte do design de seu anúncio. O anúncio possui um visual simples, mas forte ou um título que atraia os olhos do leitor, mesmo ocupando apenas um terço de uma página? Ou o anúncio precisa ser exibido em um formato maior para gerar bons resultados?

Além de seu julgamento (ou do seu designer) sobre as especificações de seus anúncios, também leve em consideração algumas estatísticas genéricas sobre a porcentagem de leitores que notam um anúncio devido ao seu tamanho.

Tabela 7-2 Escolhendo o Tamanho Correto de um Anúncio

Tamanho do Anúncio	*Porcentagem de Leitores que Notam o Anúncio*
Anúncio por fração da página (parte de uma página)	24%
Anúncio de uma página	40%
Anúncio espalhado em duas páginas	55%

Quanto maior o anúncio, maior será o impacto. Mas também considere o fato de que a porcentagem de leitores que notam seu anúncio não aumenta em proporção ao aumento de tamanho do mesmo. Dobrar o tamanho de seu anúncio lhe proporcionará algo em torno de um quarto a mais de leitores, não o dobro.

Testando e aperfeiçoando seu anúncio impresso

Você talvez esteja se perguntando como poderá saber se alguém realmente está lendo seu anúncio. Se você inserir um anúncio de *resposta direta* (um que pede aos leitores que tomem uma atitude mensurável, como telefonar, enviar um fax ou ir a uma loja), terá uma indicação clara da eficiência daquele anúncio dentro de poucos dias a partir de sua primeira aparição.

Faça um pré-teste de seu anúncio pagando uma taxa

Muitos anúncios de marcas são indiretos, deixando que o varejista ou escritório local seja o responsável por fechar a venda. Nenhum telefone toca, tenham os consumidores gostado ou não do anúncio. Então, para saber se seu anúncio realmente funcionou, você deve procurar uma empresa que realize pesquisas mercadológicas e solicitar um teste de eficiência para seu anúncio.

Em alguns casos o pré-teste lhe permite encontrar um problema que pode ser facilmente consertado. Talvez, seu título e a sua foto consigam notas altas, mas o corpo do texto pode ser reprovado. Você pode tentar reescrever e encurtar o texto ou também pode tentar alterar seu layout ou escolher outra fonte.

Assim como o que acontece para o tamanho, o mesmo se passa com as cores – quanto mais cores, melhor. Entretanto, você precisa analisar os números para ver como os custos e os leitores extras afetarão seu custo por milhar.

MUNDO REAL

Simples anúncios, grandes maravilhas

Os anunciantes normalmente assumem que precisam trabalhar muito as cores e o texto para tornar seus anúncios mais persuasivos e notáveis. Estatisticamente, eles estão certos. Mas não descarte o poder do design imaginativo para simplificar a tarefa. Você pode fazer um simples anúncio de duas cores com pouco texto que, na verdade, funcionará melhor que os anúncios mais elaborados.

Os publicitários imprimiram um anúncio vertical de meia página para a Altoids ("the curiously stong mint" que vêm em uma lata de metal branco com a tampa vermelha) usando apenas preto e vermelho. No entanto, mais que 90 por cento dos leitores notaram o anúncio (de acordo com uma pesquisa realizada entre os leitores da revista onde o anúncio foi colocado). O anúncio de aproximadamente 30 cm de altura mostra a figura de uma pessoa em uma roupa prata brilhante e um capacete vermelho, como a roupa usada por um soldador que conserta silos em usinas de energia nuclear. O visor de vidro escuro e o capacete escondiam totalmente o rosto e a cabeça da pessoa. As mãos da pessoa, protegidas com luvas pesadas, seguravam... uma caixa de Altoids, ligeiramente aberta, como se a pessoa planejasse pegar uma e colocar em sua boca (não me pergunte como).

O texto era extremamente simples. Na parte inferior aparecia, em grandes letras maiúsculas vermelhas e em 3D, o nome do produto. Apenas o slogan da marca (em branco e contornado de preto) aparecia embaixo do nome "the curiously stong mint". Esse era o texto, com exceção de um endereço na internet (`www.altoids.com`, caso você queria saber o que eles prepararam para os leitores que seguiram o anúncio).

Realize sua própria análise de graça

Talvez não seja preciso gastar muito dinheiro para contratar um serviço de pesquisa para descobrir se seu anúncio está ou não funcionando. Aqui temos algumas alternativas gratuitas de pesquisas que você mesmo pode fazer:

- Insira três variações do anúncio e veja qual delas gera mais telefonemas ou visitas ao seu site na internet (oferecer um desconto baseado em um código de números lhe mostra quais respostas vieram de quais anúncios);
- Teste você mesmo os seus anúncios. Peça às pessoas que olhem seu anúncio por 20 segundos e depois pergunte o que elas lembram. Caso elas não consigam se lembrar de muitas coisas, você provavelmente terá que reescrever o anúncio!;
- Reúna seu próprio painel de clientes e peça a eles que deem notas ao seu anúncio e que falem o porquê eles o acharam chamativo ou não;
- Insira o mesmo anúncio (ou um muito parecido) em formatos maiores e menores e veja quais vão atrair o maior número de clientes.

LEMBRE-SE

Todo experimento que você puder fazer enquanto estiver realizando seu marketing lhe dará um feedback sobre o que está ou não funcionando.

Capítulo 8

Sinal Verde para a Propaganda ao Ar livre

Neste Capítulo:

- Criando sinalizações de sucesso para sua empresa;
- Confeccionando pôsteres e outdoors que causem grandes impactos;
- Optando pela propaganda portátil, como camisetas, sacolas de compras e muito mais;
- Abraçando o poder das bandeiras, banners e toldos;
- Usando a propaganda de transporte a seu favor.

A sinalização é uma das mais importantes, mas menos notadas, formas de comunicação de marketing. Embora, no passado, a sinalização fizesse parte de uma pequena categoria, atualmente temos uma ampla variedade de opções. Por exemplo, é possível substituir aquela simples placa comercial ao lado da porta de sua empresa ou comércio por outdoors digitais ao longo de rodovias, banners e sacolas de compra com sua mensagem, cartazes em aeroportos e estações de metrô, camisetas estampadas com a sua marca e por mais um monte de outras opções.

Sempre que você revisar seu programa de marketing, pare para fazer um inventário de seu material de sinalização, como cartazes, camisetas e outras propagandas ao ar livre. Embora os clientes em potencial possam ver um anúncio que você tenha colocado uma ou duas vezes em sua revista favorita, eles provavelmente passarão por uma placa por várias e várias vezes, fazendo com que aquela placa seja uma ótima forma de transmitir sua mensagem regularmente a seus clientes.

Voltando ao Básico: O Essencial sobre Placas

A importância das placas é inegável. Ainda que elas sirvam apenas para indicar o local de uma loja ou escritório, elas realizam uma tarefa necessária. Se seus clientes não conseguirem lhe encontrar, você irá falir. E, em muitos casos, as placas também providenciam a exposição diária da marca, ajudando, assim, a estimular o seu reconhecimento.

Não existe nenhum padrão nacional ou internacional para as placas. Você provavelmente acabará trabalhando com um fabricante de placas local, o que significa que você e seu designer terão que especificar o tamanho, os materiais, o texto e a arte. Você precisará se responsabilizar pelo design e posicionamento de sua placa, pois ninguém mais parece saber ou se importar em saber como fazer isso bem. As próximas seções lhe explicarão como.

Saiba do que sua placa é capaz

As placas possuem uma capacidade limitada de cumprir os objetivos de marketing – mas, talvez, não sejam tão limitadas quanto você imagina. Você pode usar as placas para ajudar as pessoas a lhe encontrar, começando com uma próxima à saída da rodovia e terminando com várias placas demarcando a entrada para sua loja ou estacionamento.

Além de seu valor prático (fazer com que as pessoas saibam onde você está), as placas podem e devem promover o nome e a imagem de sua marca. Uma placa atraente em seu prédio ou veículo pode dizer coisas boas sobre sua empresa ou sua marca para os que passarem por ali.

CUIDADO

Não se esqueça de conservar suas placas! Cerca de um terço de todas as placas comerciais estão em mau estado de conservação. As placas ficam expostas às condições climáticas e quando elas começam a desbotar, descascar ou cair, fazem uma propaganda negativa de sua empresa.

Encontre fabricantes com reputação

A seguir, veja algumas sugestões para encontrar um profissional especializado que possa fazer uma placa para você:

- **Consulte a lista de telefone local ou regional.** Você poderá encontrar várias opções.
- **Peça indicações a amigos, familiares ou associados.** Eles podem ter tido boas experiências com certos fabricantes de placas.
- **Considere as lojas de cópias mais modernas.** As lojas de cópia cada vez mais fornecem soluções baratas e de alta tecnologia para placas menores ou temporárias. (Nos Estados Unidos, as lojas da FedExOffice e da FASTSIGNS, que podem ser encontradas no Brasil pelo site `www.fastsigns.com.br`, são muito úteis.).
- **Contrate um artista para pintar e desenhar sua placa.** A maioria das placas não tem nada de arte, então, quando uma empresa contrata um artista para entalhar seu nome e logo em um grande pedaço de madeira, o resultado se torna algo verdadeiramente especial!

DICA

LEMBRE-SE

Placas bonitas e inusitadas dizem ao mundo que sua empresa também é especial. Na verdade, uma placa realmente especial e bem posicionada em uma área de trânsito intenso possui mais força para construir uma imagem ou atrair clientes em potencial que qualquer outra forma de propaganda local.

Escrevendo boas placas

Como um empresário, você precisa dominar a estranha arte de escrever placas. Muitas vezes, a linguagem usada nas placas é ambígua ou muito prolixa. As seções a seguir lhe ajudarão a escapar dessas armadilhas.

Por todos os Estados Unidos, existem milhões de placas de trânsito que dizem *Ped Xing* (*Pedestrian Crossing* – Travessia de Pedestres). Quem escreveria uma placa usando dois neologismos? Somente alguém que queira forçar o espectador a decifrar o código. Notou que os carros não param para que as pessoas possam atravessar? Por que eles deveriam? Na verdade, a placa não fala o que eles devem fazer (falta call to action), não dá aos motoristas uma boa razão para que eles parem (falta um benefício ou custo) e nem usa palavras que eles conhecem (falta clareza). Em marketing, você não chegaria a lugar nenhum com algo tão mal escrito.

Antes de aprovar qualquer design para uma placa, reveja seu texto para garantir que sua redação seja um modelo de clareza. Tente distorcer a mensagem. Você consegue ler a placa de forma que ela pareça diferente do que você pretendia dizer? Tente também pensar em perguntas que a placa não responde e que lhe pareçam óbvias – lembre-se de que o cliente pode não saber a resposta.

Elaboração de uma placa informativa

As empresas elaboram algumas placas para transmitir informações substanciais – endereços, por exemplo, ou detalhes sobre o mix de produtos de uma loja. As placas informativas, com frequência, são ou breve demais ou longas demais. Para confeccionar uma placa que seja o mais eficiente possível, divida o texto e o design em duas seções, cada uma com um propósito diferente:

- **Ter um título.** A primeira seção é semelhante ao título de um anúncio impresso (consulte o Capítulo 7). Você deve projetá-la para atrair a atenção de longe e levar as pessoas até a placa. Seja breve e use letras chamativas e grandes. (Com frequência, o título é simplesmente o nome da empresa, mas se não for, inclua o nome e o logo em algum outro espaço da placa).
- **Comunicar a informação essencial.** A segunda seção da placa precisa comunicar a informação essencial de modo preciso e completo. Se a primeira seção cumprir sua parte, os espectadores poderão ir direto até a placa para ler a parte informativa e, portanto, você não precisa escrever essa parte com uma letra tão grande e chamativa quanto a da primeira parte.

CUIDADO

Muitas placas não apresentam nem um título distinto nem a informação essencial; portanto, não são capazes de cumprir nenhum de seus propósitos. Elas nem chamam a atenção das pessoas nem as informam. Infelizmente, muitos fabricantes de placas preferem usar o mesmo tamanho de letra para todo o texto. Quando pressionados, às vezes deixam as letras do título duas vezes maior que a letra do corpo do texto. Mas ir além parece deixá-los aborrecidos.

Usando a criatividade para destacar sua placa

Tente andar por um quarteirão e depois listar todas as placas das quais se lembrar. Uma ou duas irão se destacar, mas a grande maioria passará despercebida. Para que a sua placa não seja uma dessas, você precisará fazer com que ela se destaque.

DICA

As placas permitem a inovação de duas áreas interessantes. Você pode inovar o texto e a arte, bem como qualquer meio de impressão. Além disso, você também pode inovar na forma da placa propriamente dita.

Aqui vão algumas das muitas variações do formato da placa que você pode usar a seu favor na hora de elaborar uma placa criativa:

- Pintada à mão (personalizada);
- Madeira (tradicional; o entalhado à mão reforça o apelo);
- Caixas iluminadas (nas quais os letreiros são iluminados ao fundo, alta visibilidade durante a noite);
- Néon (extremamente chamativo);
- Displays eletrônicos ou placas digitais (também conhecidos como repetidores de mensagem eletrônica; mensagens longas e em movimento aliadas à sensação de alta tecnologia; com frequência, esses displays usam LED, tornando relativamente barata a troca de mensagens à vontade);
- Televisões de tela plana (com mensagens e imagens ou vídeos em constante alteração).

DICA

Se você quiser fazer um letreiro de forma rápida e fácil em sua parede (talvez no lobby do prédio de seu escritório?), entre em contato com empresas como a Words Anywhere (`wordsanywhere.com`)[1], uma das muitas fornecedoras de letras de vinil customizadas. O custo de cada letra com um pé de altura fica em torno de um dólar, o que provavelmente não pesará muito em seu orçamento.

Cada uma das opções apresentadas nesta seção requer uma fonte ou fornecedor diferente, portanto, você precisará fazer sua lição de casa antes de decidir explorar um design em particular.

Pesquise os regulamentos antes de colocar uma placa

CUIDADO

Muitas cidades possuem leis para a colocação de placas em locais públicos (normalmente você poderá conseguir uma lista com essas regras no departamento responsável da prefeitura de sua cidade). E se você aluga o local onde funciona sua empresa, provavelmente o locador também irá impor suas restrições no contrato de aluguel. Intere-se dessas restrições antes de gastar dinheiro com o design

1 No Brasil Casa das Letras `www.casadasletras.com`, Solução Comunicação Visual `www.solucao.com.br` (NRT)

e com a fabricação das placas e envie um esboço ou desenho para as autoridades relevantes antes de investir na fabricação de uma placa.

Ficando Grande: Cartazes e Outdoors

Os cartazes e os outdoors são as duas formas mais populares de sinalização em marketing, pois podem ser avistados de longe, além de poderem ser exibidos em áreas públicas onde o tráfego seja intenso. Entretanto, o design dos grandes cartazes exibidos em outdoors, paradas de ônibus e outros locais públicos como esses representa um grande desafio, uma vez que precisa ser legível a longas distâncias. A próxima seção lhe dará algumas dicas importantes para garantir que caso você decida incluir cartazes e outdoors em seu marketing, o faça com êxito.

Decidindo sobre os formatos das propagandas ao ar livre

Nos Estados Unidos, existem várias opções relacionadas ao tamanho e à distância alcançada das propagandas ao ar livre.

- **Outdoors de 30 folhas: (montados com cartazes de 30 folhas):** Um outdoor padrão nos Estados Unidos mede 21 pés e 7 polegadas de largura por 9 pés e 7 polegadas de altura. (Com o advento da pressa moderna, você não precisa mais usar 30 folhas separadas para montá-lo). No Brasil, o tamanho padrão é de 32 folhas (1,10m x 0,73m – ***folha***).
- **Bulletin:** Nos Estados Unidos, o bulletin é uma versão gigante do cartaz de 30 folhas que mede 14,63 m de largura por 4,27 m de altura (também podem medir 3,05 x 9,14 m ou 3,24 x 9,14 m dependendo do lugar). Também é possível deixá-lo maior, adicionando painéis extras na parte inferior, superior e nas laterais (veja a Figura 8-1 para detalhes). Um bulletin é quatro vezes maior que um cartaz de 30 folhas, o que lhe confere um alto poder de impacto.

- **Outdoors de 8 folhas:** também conhecidos, nos Estados Unidos, como *cartazes junior.* O cartaz com 8 folhas de medida 11 x 5 pés é perfeito para a visualização a nível de calçadas. Esse cartaz mede cerca de um sexto do cartaz de 30 folhas, mas quando colocado mais próximo aos espectadores é, em alguns casos, mais eficiente que os formatos maiores. Os anunciantes também parecem pensar assim; esse formato é muito popular entre eles.
- **Spectacular:** se o que você realmente quer é causar grande impacto, poderá escolher algo exagerado (e nem um pouco padrão). Ou seja, você pode usar o gigantesco *spectacular*, um cartaz geralmente feito sob medida para o tamanho de um determinado prédio, tais como os anúncios que encantam a Times Square em Nova Iorque.

A Figura 8-1 mostra as proporções e os tamanhos relativos dos formatos padrões dos anúncios em outdoors. ***Observação:*** os Spectaculars não possuem tamanhos padrões, logo não aparecem nesta figura

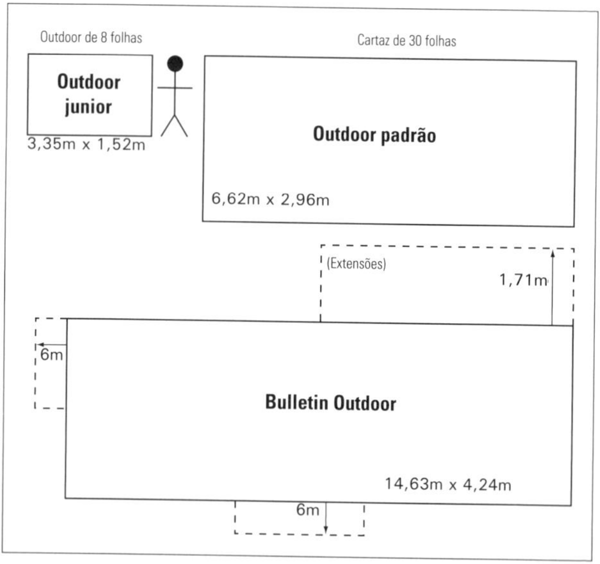

Figura 8-1: Três tamanhos padrões para as propagandas ao ar livre nos Estados Unidos.

Você também pode explorar o número cada vez maior das variações desses padrões. Gostaria de exibir sua mensagem no chão do lobby de um prédio, no quiosque de um shopping center ou no quadro de notícias de uma academia de ginástica ou clínica de saúde? Que tal placas ao redor das arenas e quadras de eventos esportivos?

Compreendendo as limitações dos anúncios ao ar livre

Os anúncios ao ar livre ou em espaços públicos devem ser simples, pois as pessoas os veem de longe e muito rapidamente.

Acompanhe aqui um exercício útil para que você entenda os requisitos do design para um cartaz. Desenhe uma caixa retangular em uma folha branca, usando uma régua como guia. Faça uma caixa de ¼ polegadas de largura por 1 polegada de altura. Essa é a proporção de um cartaz de outdoor padrão (grande propaganda impressa colocada em uma tabuleta ou prédio). Embora um cartaz de verdade seja muito maior, de longe ele poderá parecer tão pequeno quanto a caixa desenhada em sua folha (ver a Figura 8-2). Agora, segure a folha de papel (ou a Figura 8-2) à distância de seus braços e pense no tamanho da arte e do texto que possa se encaixar neste espaço e que seja legível às pessoas que passarem a essa distância. Não muito grande, não é? Seja cauteloso e limite a sua mensagem a poucas palavras e imagens chamativas – caso contrário seu cartaz se tornará uma bagunça e ninguém conseguirá lê-lo.

Maximizando os retornos das propagandas ao ar livre

Os custos da propaganda ao ar livre variam muito. Nos Estados Unidos, os outdoors variam normalmente entre $1.000 e $5.000 por mês, dependendo da qualidade e da intensidade do trânsito. (Os cartazes digitais custam um pouco mais, mas oferecem a vantagem de custos mais baixos de produção e instalação). Quando você optar por esse tipo de propaganda, certifique-se de que seu investimento esteja valendo à pena. As próximas seções lhe ajudarão a fazer justamente isso.

Comprando cartazes econômicos e eficientes

Dadas as altas taxas de trânsito em muitas vias expressas, você pode conseguir comprar um ótimo cartaz cujo custo se baseia a cada mil impressões (CPM – *cost per thousand impressions*). Por exemplo, um bulletin em Denver, Colorado, proporciona cerca de 34.100 exposições, que é um múltiplo do *alcance* (número de espectadores) vezes a frequência (quantas vezes os espectadores veem seu anúncio). A frequência de uma placa ao longo de uma rua geralmente varia de 15 a 30 vezes por mês, segundo algumas pesquisas. O exemplo em Dever custa $3.815 dividido por 34.100, ou $0,11 a cada mil exposições.

Os outdoors de 30 folhas nos Estados Unidos alcançam os adultos a partir de 18 anos a uma CPM de $1,50 a cada mil impressões. Embora esse seja um número bem mais alto que o estimado para o exemplo em Denver, ainda é bem mais barato que a maioria das outras mídias.

Obviamente, esses números apenas representam o começo das estimativas de custo. Não se esqueça da estimativa da porcentagem de exposições que alcance seu público-alvo, que pode ser menor, dado o número de pessoas que a propaganda pode alcançar (em cada caso, o divisor nessa equação CPM diminui e o preço aumenta).

Estimulando suas taxas de reexame

Sempre considere a probabilidade de que as exposições de seu outdoor perdem o valor depois que as pessoas já o tenham visto há vários dias seguidos. Nas propagandas ao ar livre, falamos das *taxas de reexame* – o número médio de vezes que os espectadores se importam em ler a mesma propaganda ao ar livre.

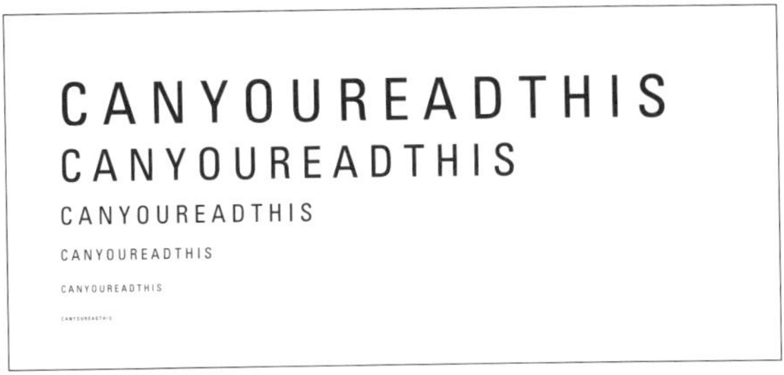

Figura 8-2: Dependendo da distância, um grande outdoor não ficará maior do que essa imagem.

LEMBRE-SE

Os melhores outdoors possuem taxas de reexame mais altas, pois as pessoas os acham interessantes o suficiente para os olhar várias e várias vezes. Se seu anúncio for claro, fácil de ler e atraente ou divertido, sua taxa de reexame será mais alta.

Cobrindo a área com 100% de exibição

Na maioria dos mercados urbanos, você consegue comprar espaço suficiente (pelos menos teoricamente) para cobrir o mercado inteiro. A indústria da propaganda ao ar livre chama essa prática de *exibição de 100 por cento*, o que significa que você possui outdoors suficientes em locais visíveis para supostamente expor a sua mensagem a 100 por cento das pessoas daquele mercado.

LEMBRE-SE

Se você estiver tentando introduzir um produto a um mercado bem amplo, tal como um novo serviço na Internet ou um novo refrigerante, então a exibição de 100% é uma boa meta. Procure por uma agência que faça propaganda ao ar livre em sua cidade ou cidade-alvo e peça uma proposta que inclua a cobertura de 100%. Entretanto, se você estiver visando um mercado mais estreito, como gerentes de empresas, então, não se preocupe com as porcentagens. Ao invés disso, peça por locais onde você conseguirá atingir a maior concentração possível de seu público-alvo, como, por exemplo, ao longo da principal rota de passagem dessas pessoas.

Tirando vantagem da localização para comprar bulletins mais baratos e menores

Assim como nas propagandas impressas (consulte o Capítulo 7), os custos dos outdoors variam de acordo com o tamanho do anúncio e com o tamanho do público atingido. Um bulletin custa quase quatro vezes o preço de um cartaz padrão – refletindo o fato de que um bulletin é cerca de quatro vezes maior que um cartaz padrão.

Nem todas as propagandas ao ar livre são iguais. A localização faz uma grande diferença na eficácia de seu anúncio. Um comprador inteligente consegue encontrar localizações que lhe deem mais repercussão que um espaço mediano. Se você ou sua empresa de compra de mídia se preocupar em pesquisar e, possivelmente, esperar sua vez para ocupar locais de trânsito mais lento, você conseguirá um outdoor que seja lido mais lentamente e com mais atenção por uma porcentagem mais alta de pessoas.

Colocando Seu Nome em Itens Portáteis

A definição mais ampla de sinalização pode incluir qualquer exposição pública de sua marca ou mensagem de marketing. Sua mensagem pode aparecer em poucos itens que as pessoas carreguem ou até mesmo usem. As seções seguintes expõem maneiras simples e de pequena escala para que você transmita sua mensagem, incluindo camisetas e bolsas.

Tentando as camisetas

É impressionante como as pessoas gostam de sair por aí exibindo mensagens de marketing em suas roupas (ou até mesmo em seus corpos – as tatuagem temporárias também são uma opção de marketing). Não julgue esse conceito como sendo apenas mais uma forma de propaganda ao ar livre. Na verdade, use-o o máximo que puder.

Você pode facilmente implantar essa estratégia de qualidade premium se procurar por camisetas feitas com tecidos de boa qualidade e por um designer de verdade que crie um design inovador e atraente.

Para encontrar empresas que fabriquem camisetas customizadas, use as páginas amarelas locais ou as listas de endereço da web para procurar pelas estamparias mais próximas de você.

Aderindo aos adesivos de para-choque

Não negligencie os adesivos de para-choque ou de vidro. Se você fizer adesivos inteligentes e diferenciados o bastante, as pessoas procurarão avidamente por eles a fim de adornar seus carros novos. Não me pergunte por que.

Os adesivos de para-choque com mensagens comerciais ou logos de marcas são usados por pessoas que acreditam que a marca é capaz de melhorar o carro – algo difícil de se conseguir. Uma alternativa é manter a identidade de sua marca pequena e exaltar uma mensagem cativante.

Também é possível enviar um adesivo de para-choque junto com uma mala-direta, onde o adesivo poderia cumprir duas tarefas – servir de incentivo para que as pessoas guardem e leiam a mala-direta e lhe proporcionar uma propaganda ao ar livre de baixo custo, quando elas o exibirem em seus carros.

Colocando seu nome em sacolas

As lojas de departamento acreditam na importância das sacolas de compra como meio de propaganda. Mas muitas outras empresas não conseguem tirar proveito do fato de que os compradores carregam sacolas por todos os shopping centers, calçadas, metrôs, trens e ônibus – dando grande exposição às mensagem nessas sacolas.

Para usar as sacolas de modo realmente eficiente, você precisa fazer com que elas sejam fáceis de serem lidas e muito mais interessantes que a maioria das sacolas de compra de plástico branco ou papel marrom. Você também deve favorecer designs com alças práticas, mesmo que o custo possa ser duas ou três vezes mais alto.

DICA

A tendência atual é a de encomendar sacolas de compra reutilizáveis e de alta qualidade que tenham seu nome e logo, além de uma arte atraente ou uma mensagem sobre a conservação do meio ambiente e dá-las a seus clientes.

LEMBRE-SE

Você não está apenas elaborando o design de uma simples sacola – você está elaborando o design de uma propaganda ao ar livre. Portanto, aplique os mesmos princípios de design. Desenvolva um *gancho* (uma imagem atraente ou um jogo de palavras ou frase que seja capaz de chamar muita atenção, atraindo, assim, os olhares para sua sacola) e experimentando cores e formatos alternativos.

Faça chuva ou faça sol, use um guarda-chuva

De modo semelhante, os guarda-chuvas (veja o Capítulo 11 para mais sobre brindes) podem transmitir seu logo, nome e um pequeno slogan ou título – embora em dias chuvosos ou muito ensolarados. A vantagem de colocar seu logo em um guarda-chuva de alta qualidade é a grande probabilidade de que as pessoas o guardem e o utilizem por um bom tempo.

DICA

Se a sua região for chuvosa, considere a possibilidade de oferecer aos seus clientes guarda-chuvas de golfe feitos de material altamente durável e atraente.

Levando Suas Mensagens às Ruas

Existe forma melhor de levar sua mensagem a seus clientes em potencial do que colocá-las bem em frente a eles, enquanto eles se locomovem e realizam suas tarefas diárias? A maioria dos anunciantes não tira total proveito das muitas opções de propagandas ao ar livre. A mais óbvia – um outdoor enorme ao longo de uma rua movimentada – é ótima, caso seu objetivo seja o de atingir os motoristas com uma mensagem diária e você realize vendas suficientes para justificar o custo dessas placas gigantes (veja a seção anterior "Ficando Grande: Cartazes e Outdoors" para mais informações). Mas você também pode considerar outros tipos de mensagens, incluindo bandeiras, toldos e placas móveis em veículos. A próxima seção abrange essas opções e outras mais.

Alavancando sua frota de veículos

Todo mundo adora propagandas gratuitas e você pode conseguir exposição de graça através do uso de placas. Uma placa magnética colocada na lateral de seu carro ou caminhão, como as que você vê nos carros de corretores de imóveis, pode alcançar milhares de pessoas por dia a um custo mínimo. Existem basicamente três opções caso você queira ver sua frota de veículos transformada em sinalização:

- **Placas magnéticas:** esse tipo de placa é a mais barata e mais flexível, pois pode ser trocada de veículo, no entanto, não causa tanto impacto quanto uma pintura na lateral do veículo.
- **Placas pintadas:** é possível encontrar artistas de aerografia em lojas de tatuagem e através de pesquisas na internet para decorar seu carro com letreiros e imagens duráveis.
- **Placas de plástico termo-retrátil:** ainda mais impressionantes, mas mais caras, são as placas feitas de plástico termo-retrátil que decoram a maior parte de seu veículo com a identidade de sua marca e com sua mensagem de marketing. Você pode colar uma foto, um logo, ou qualquer outro trabalho de arte que seja do tamanho do seu veículo. A arte é impressa em folhas de um plástico especial e, depois, é colada diretamente no veículo para resultar em uma arte de alta qualidade que provoque um grande impacto.

A Figura 8-3 mostra exemplos dessas três opções.

Figura 8-3: Três fortes opções para sinalização de veículos.

Acenando para seus clientes

Pense na bandeira como sendo o tipo mais dinâmico de sinalização e tente encontrar maneiras de usá-la para construir o reconhecimento de sua marca, tornar sua localização mais visível ou exibir uma mensagem de marketing em mais formas e locais possíveis.

DICA

Se você estiver em uma comunidade onde poderá encontrar problemas com a aceitação de uma mensagem exibida em um grande outdoor, tente uma abordagem decorativa menor através do uso de várias bandeiras e banners. Apenas saiba que você terá que encontrar locais mais próximos e mais baixos para exibi-las, pois são menores que um outdoor.

Existe um grande número de empresas especializadas na fabricação de bandeiras e banners customizados. Eu me refiro a uma linda e enorme bandeira de tecido balançando com a brisa. Ou uma bandeira serigrafada de 0,91 x 1,52m suspensa como um banner na parede de um escritório ou em uma feira de exposição. A Figura 8-4 ilustra as opções padrões mais comuns e a terminologia da indústria de bandeira e banners.

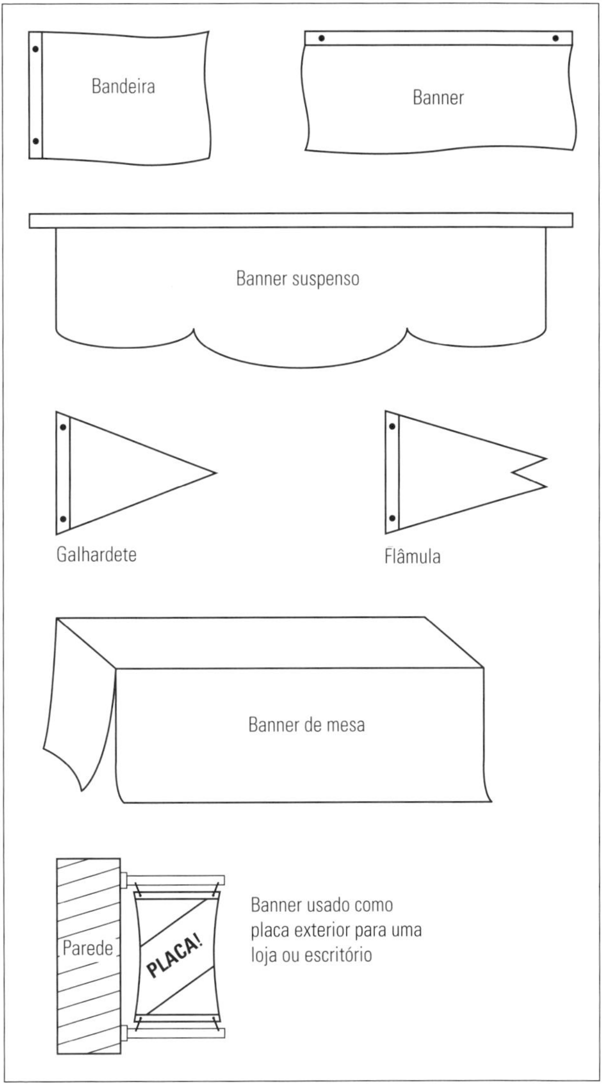

Figura 8-4: As opções mais comuns para bandeira e banners.

DICA

Para um desempenho superior, encomende uma bandeira ou banner impresso em nylon. Algumas formas de nylon são protegidas contra os danos causados pelo sol, portanto, pergunte a seu fornecedor sobre essa possibilidade. Se você quiser, também pode especificar o método usado para colocar seu logo ou mensagem na placa. Uma placa com aplique costurado parece elegante e tradicional quando vista de perto, mas pode se desfazer com o vento.

DICA

Considere a possibilidade de usar uma bandeira ou banner como placa para sua loja ou empresa. Poucos são os que tiram proveito dessa forma de utilização do banner e, por isso, ela pode lhe ajudar a se destacar. Uma bandeira ou um banner são menos estáticos e sem graça que uma placa de metal ou madeira tradicional.

Capturando a atenção com toldos e coberturas

Caso seja apropriado à sua empresa, considere o uso de um toldo ou cobertura (a maioria das listas telefônicas classifica as empresas fabricantes sob o título Coberturas e Toldos). Para as lojas de varejo, as coberturas e toldos, com frequência, providenciam as formas mais atrativas e interessantes de sinalização.

DICA

As coberturas combinam o valor estrutural com o valor de marketing ao trazer sombra ao interior; elas conseguem até mesmo estender o espaço de sua loja ao capturar um pouco da calçada como espaço de transição. Uma cobertura pode desempenhar todas as funções de uma placa e outras mais, além disso, ela também consegue fazer isso de uma forma altamente visível, mas não invasiva.

De olho em diferentes alternativas

Embora as bandeiras e coberturas pareçam ser os principais tipos de mensagens ao ar livre que lhe venham à mente (veja as seções anteriores), você também pode maximizar outros tipos de propaganda desse tipo. Dê uma olhada ao seu redor para ver algumas das alternativas muito criativas e normalmente mais baratas disponíveis, incluindo as seguintes:

- Banners em pedestais de metal (que podem ser colocados temporariamente em eventos lotados);
- Tapetes e capachos;
- Anúncios em cinemas;
- Placas infláveis, balões blimps e réplicas de seu produto;
- Placas em quiosques de shopping centers;
- Sinalização em estádios esportivos.

Quando estiver caminhando, passeando ou dirigindo pela cidade, anote as sinalizações que tenham atraído seus olhos e que possam se enquadrar em seu programa de marketing. Você poderá se surpreender com o número de opções disponíveis.

Mantendo Sua Mensagem em Movimento com a Propaganda de Trânsito

As propagandas de trânsito são qualquer anúncio dentro ou fora de sistemas de transporte. Essas propagandas podem aparecer em ônibus, táxis, trens e sistemas de metrô, além de aeroportos e terminais ferroviários e rodoviários. As propagandas de trânsito possuem uma alta frequência de espectadores em um curto período de tempo. Os veículos de transporte público normalmente fazem sempre o mesmo percurso e por isso quase todos ao longo desse trajeto veem o mesmo anúncio várias vezes.

Tenha essa alta frequência em mente quando for elaborar os anúncios de trânsito – você deve tomar cuidado para que seu anúncio não se torne entediante ou irritante por causa das exposições repetitivas. Evite o humor barato e o exagero dos artifícios simplistas.

Os anúncios de trânsito funcionam bem se você conseguir que as pessoas no trânsito se interessem pelo seu produto, desde produtos de consumo até serviços. Considere a possibilidade de ser inovador e tente usá-los, mesmo que seu concorrente não os use.

As opções padrão – as mais facilmente disponíveis através de empresas de compra de mídia e agências de publicidade – incluem painéis, placas no exterior de ônibus e táxis e cartazes e placas com iluminação ao fundo em aeroportos.

As placas em ônibus seguem padrões bem recebidos nos Estados Unidos – embora agora algumas empresas de ônibus locais estejam oferecendo opções de pinturas ou plástico termo-retrátil em todo o ônibus. Veja a seguir os padrões para a sinalização em ônibus:

- **Cartaz de ônibus grande:** também chamado de anúncio *king-size*, o *cartaz de ônibus grande* mede 0,76 x 3,66 m e fica em uma estrutura montada na lateral do ônibus. Esse cartaz pode ser exibido para a rua ou para o lado da calçada.
- **Cartaz de ônibus médio:** às vezes chamado de *anúncio queen-size, o cartaz de ônibus médio* mede 0,76 x 2,23 m e se enquadra muito bem para o lado da calçada. Se você quiser atrair a atenção dos passageiros do ônibus e de outros pedestres, então, esse cartaz é para você.

- **Cartaz de ônibus pequeno:** também conhecido como *display itinerante*, o cartaz de ônibus pequeno mede 0,53 x 1,12m na lateral de um ônibus. Se você tem uma mensagem simples e um orçamento apertado, esse formato poderá ser grande o suficiente para lhe dar a visibilidade que você deseja.
- **Displays dianteiros e traseiros:** esses anúncios medem 0,53 x 1,78m e dão alta visibilidade para os motoristas próximos ao ônibus. O display dianteiro também pode ser chamado de *headlighter*. O cartaz traseiro (ou *anúncio tail-light*) dá grande exposição para as pessoas em carros atrás do ônibus.
- **Combinações:** às vezes, os anunciantes combinam um display dianteiro com um anúncio queen-size para aumentar o impacto sobre os pedestres à medida que eles veem o ônibus passar. Adicione um cartaz na parada de ônibus a essa mistura e você terá uma cobertura inacreditável!

DICA

Se você estiver fazendo propagandas na Europa ou em outros países, como o Brasil, esses padrões norte-americanos podem não ser aplicados. As propagandas ao ar livre e, especialmente, as de trânsito não estão completamente padronizadas em todos os países.

Você quer uma boa audiência com a rica mistura de turistas e pessoas que estejam viajando a trabalho? Então pergunte sobre as opções de anúncios em aeroportos. Entre em contanto com empresas de mídia como a Clear Channel Outdoor (`www.clearchanneloutdoor.com`), que pode colocar seus cartazes em centenas de aeroportos.

DICA

Quando optar pelas propagandas de trânsito, considere quebrar a regra para as propagandas ao ar livre que diz que você deve fazer um design simples e claro. Talvez seja melhor que você faça um design em camadas, pois, assim, na primeira camada, você irá providenciar uma mensagem simples, objetiva e em grande escala, combinada a um design mais detalhados, nas demais camadas, que os espectadores poderão descobrir dentro do cartaz com o qual irão se deparar repetidas vezes.

Capítulo 9

Transmitindo Sua Mensagem

Neste Capítulo:

- Elaborando comerciais de rádio e podcasts em áudio;
- Descobrindo as formas mais baratas e alternativas de usar vídeos;
- Criando propagandas de TV emotivas que mostram mais do que dizem.

Muitos anunciantes se sentem intimidados pelo vídeo e acabam não usando esse poderoso canal de comunicação. As propagandas em rede de televisão nacional são caras, é claro, e apenas um entre centenas de empresários possui orçamento para isso. Para todos os outros, há a opção da televisão ou do rádio local (incluindo as estações de rádio dentro da própria loja), e muitas outras.

Quero encorajá-lo a abrir a sua mente com relação ao rádio, aos vídeos e à TV, pois maneiras novas e mais fáceis de produzir esse tipo de mídia têm emergido a todo o momento, juntamente com o número crescente de formas baratas de transmitir seus anúncios. A tecnologia moderna está fazendo com que essas mídias sejam mais flexíveis e financeiramente acessíveis a todos os anunciantes.

Produzindo Comerciais para o Rádio

A sabedoria popular diz que você tem apenas três elementos com os quais trabalhar quando for projetar uma propaganda para o rádio: as palavras, os efeitos sonoros e a música. Isso é verdade, mas você não conseguirá criar um ótimo comercial de rádio ao menos que se lembre de usar esses elementos para gerar *imagens mentais* para o ouvinte. E isso significa que você pode, com frequência, desenvolver o mesmo roteiro básico do rádio para a TV.

DICA

Caso você decida fazer um comercial de rádio, considere a criação de uma história completa com efeitos sonoros, diálogos e narração, pois esses elementos fazem com que sua propaganda atraia e divirta – ou seja, as pessoas a ouvirão e se lembrarão dela. No entanto, não tente finalizar um script ou gravar um anúncio sozinho. Isso requer as habilidades especializadas de um técnico de som.

As seções a seguir providenciam muitas informações úteis e opções que você deveria considerar se estiver pensando em fazer um comercial de rádio para sua empresa ou produto.

Reconhecendo o custo do tempo no rádio

O rádio oferece preços mais baixos que qualquer outra mídia nos Estados Unidos (e em muitos outros países também) e eu sempre me vejo desejando que os anunciantes comprem espaços no rádio em virtude de sua incrível combinação de alcance/valor.

Se você estiver visando o público adulto, os comerciais de rádio provavelmente atingirão bem o seu alvo. Entretanto, os mais jovens tendem a trocar as estações de rádio por suas próprias listas de música, as quais eles pegam na web e tocam em seus aparelhos MP3, celulares e computadores. Consequentemente, o rádio tradicional não alcança mais os ouvintes com menos de 30 anos como antes.

Você pode estreitar o alvo dos comerciais de rádio – tanto pelo tipo de audiência quanto pela localização geográfica. Esse fato faz com que o rádio seja uma boa opção de compra. A falta de apreço geral por esse meio também ajuda a manter os preços artificialmente baixos. Os comerciais de rádio são mais baratos que os comerciais de televisão e os anúncios em jornais nos Estados Unidos.

Indo ao ponto com seus objetivos

Ao criar seu comercial de rádio, você precisa escolher se quer ser direto ou indireto. Um *comercial de ação direta* estimula uma resposta de compra imediata. Por outro lado, um *comercial de ação indireta* informa os ouvintes sobre uma marca, loja ou empresa. Os comerciais de rádio mais eficientes são os que chamam para uma ação direta (como, por exemplo, comparecer a um evento ou fazer um telefonema), portanto, você deve sempre colocar as ações de objetivos diretos acima das de objetivos indiretos para seus comerciais de rádio.

A melhor forma de ir direto ao ponto é dando o endereço de uma página na web (desde que o ouvinte consiga se lembrar do endereço facilmente) ou um número para ligação gratuita, no meio do comercial. Caso você queira levar as pessoas a um evento ou estimular vendas, utilize seu comercial no rádio para anunciar o evento e gerar público.

Coloque o nome de sua marca no início do comercial de rádio e o repita com frequência, independente do contexto. Se você não conseguir provocar a ação direta desejada, pelo menos irá construir o reconhecimento e interesse pela marca, o que suporta outros pontos de contato em seu programa de marketing.

Mirando seu comercial de rádio

Com um pouco de pesquisa, você pode conseguir bons dados demográficos e de estilo de vida – ou comportamento, sobre o público de uma estação de rádio. Além disso, você sempre consegue encontrar estações de rádio (ou programas específicos nessas estações) que alcancem públicos bem definidos, em particular, o público que você deseja atingir.

Arbitron Inc. é a mais importante fonte de informações sobre o tamanho da audiência e a composição do público de estações de rádio e televisão nos Estados Unidos. Agora, ela também fornece informações e assistência para os que querem comprar comerciais de rádio e vídeo em webcasts. Visite a Arbitron no site `www.arbitron.com`.

Prefere os dados diretos da fonte? Basta ligar para qualquer estação local e pedir seu relatório de ouvintes, um documento que as estações fornecem gratuitamente aos anunciantes em potencial.

Uma forma de direcionar seu comercial de rádio é transmitindo alguns anúncios através de estações internas usadas por muitas lojas. Essa oportunidade também lhe oferece outra grande forma de atingir um público em especial, como anunciar a sua marca de pneus em uma loja automotiva. Esse tipo de anúncio é conhecido como *propaganda em áudio in-store*. É um meio inteiramente diferente do ponto de vista de compra, pois é a loja ou a empresa de serviço especializado que desenvolve e controla a programação.

Observando os podcasts de áudio

Um *podcast em áudio* é um programa de rádio que as pessoas podem baixar da Internet e ouvir no momento em que preferirem (entretanto, muitos requerem registro e são transmitidos dentro de um horário específico). Os podcasts podem ser ouvidos em uma grande variedade de tocadores de mídia portáteis, como iPods ou MP3 players. Você também consegue ouvi-lo em seu computador e armazená-lo em iTunes ou em outros programas semelhantes.

Os podcasts são uma boa alternativa para a publicidade editorial na mídia tradicional, pois, com eles, você consegue criar um conteúdo e produzir o "show" sem ter que convencer alguns jornalistas de que seu conteúdo é algo que mereça virar notícia.

Veja a seguir algumas ferramentas que você pode utilizar para criar seu próprio podcast:

- **Apple Podcast Producer:** projetado por anunciantes que queriam produzir arquivos simples de áudio ou vídeo (como uma visita virtual às últimas ofertas na loja) aos quais seus clientes pudessem assinar. Visite `www.apple.com/business/podcasting` para mais informações.
- **Final Cut Pro:** muitos web designers profissionais e produtores de áudio e vídeo preferem esse software de produção projetado pela Apple. Ele vai lhe custar cerca de $ 500 e exigirá muita memória (eu sugiro um grande HD externo).
- **ePodcast Creator:** a Industrial Áudio Software (`www.industrialaudiosoftware.com`) oferece esse software para a produção de podcasts por menos de $200.
- **Hipcast:** esse serviço de podcast em áudio e vídeo talvez seja a forma mais simples que conheço para produzir uma gravação em áudio. Caso você não esteja disposto a aprender como utilizar novos softwares nem a fazer e editar suas próprias gravações, basta entrar em contato com o pessoal da Hipcast (`www.audioblog.com`) e deixar que eles gravem seu podcast.

Não se esqueça do óbvio: disponibilize o podcast em seu site na Internet para que os visitantes regulares (que incluem seus principais clientes) o notem.

DICA

Você também pode postar seu podcast em sites como o Podcast Alley (www.podcastalley.com), um dos novos tipos de sites nos quais você pode postar seu podcast e disponibilizá-lo para que os membros escutem e avaliem. (é preciso se registrar no site para postar os podcasts, mas até o momento em que este livro foi escrito, o registro era gratuito).

Você ainda pode criar os podcasts em vídeo, terminologia às vezes usada para se referir aos vídeos e séries da televisão na web. Consulte a seção "Identificando as Formas Menos Caras de Usar o Poder de um Vídeo" para mais informações sobre os podcasts em vídeo.

Considerando a Web rádio

A Web rádio é uma programação em áudio transmitida pela web diariamente. É muito parecida com o rádio tradicional, exceto pelo fato de que o rádio tradicional é transmitido por ondas. Os ouvintes gostam da Web rádio, pois ela lhe proporciona mais controle e opções que o rádio tradicional. Isso é ótimo para os anunciantes, uma vez que a audiência se classifica de acordo com gostos e interesses, permitindo, assim, que os anúncios atinjam grupos de ouvintes muito bem definidos – o que faz com que o alcance desses grupos seja bem econômico.

A Web rádio é uma ótima opção para anunciar, que alcança aproximadamente 40 milhões de pessoas por semana. Visite sites como o AOL (music.aol.com), Live365 (www.live365.com), Radio-Locator (www.radio-locator.com) ou RadioTower.com (www.radiotower.com) para identificar as estações de Web rádio que podem se enquadrar à sua base de clientes.

Para tirar o máximo proveito de seu investimento, tente combinar comerciais em estações de rádio tradicionais e em estações de Web rádios.

Identificando as Formas Menos Caras de Usar o Poder de um Vídeo

Se você estiver pensando em pular essa seção, pois ela fala sobre vídeos, pense nisso: a produção de um vídeo custa $2.000 por minuto – ou até mesmo $20.000, no caso de propagandas sofisticadas exibidas em cadeia nacional. No entanto, também pode custar $100 por minuto ou menos. Muitos vídeos exibidos no YouTube são feitos por alguém com uma simples câmera de vídeo digital.

DICA

Se você nunca filmou e editou um vídeo, talvez você não seja a pessoa mais indicada para executar essa tarefa de seu programa de marketing. Portanto, considere a possibilidade de contratar alguém com experiência e um portofólio que lhe agrade.

As próximas duas seções lhe dão dicas muito úteis para a preparação da filmagem de seu filme e para a garantia de que as filmagens saiam bem – sem que você tenha que gastar uma nota preta.

Planejando a filmagem do seu vídeo

A filmagem de um bom vídeo requer mais que um bom trabalho de iluminação, som e câmera. É necessário planejar com antecedência para otimizar a filmagem. Veja a seguir algumas dicas que você deve ter em mente se optar por filmar um vídeo sozinho:

- **Escreva um script simples e objetivo e o cronometre antes de começar a filmar.** Faça um script breve, pois os comerciais normalmente são medidos por segundo, não minutos (quando você comprar o tempo do anúncio, verá as opções, que geralmente variam entre 15 ou 20 segundos a um minuto).

- **Certifique-se de que você tenha os equipamentos corretos.** Uma câmera de vídeo digital e um microfone de alta qualidade são capazes de produzir vídeos eficientes para seu marketing, especialmente para o uso na web, onde os arquivos de vídeo de baixa resolução são geralmente utilizados, o que torna a qualidade da câmera algo menos relevante.
- **Se quiser atores, recrute os locais ou peça por voluntários.** Odeio promover essa ideia, mas se você puder evitar parar as agências para conseguir atores, sairá ganhando.

Para informações sobre a produção e edição de vídeos, consulte os vários livros da série *Para Leigos* que podem lhe ajudar a entender melhor todos os processos envolvidos. Ou então, contrate uma empresa de produção de mídia que possa fazer um trabalho de alta qualidade cobrando preços moderados.

DICA

Se você deseja uma forma fácil de produzir um vídeo adequado a um podcast ou a um site, visite o site da Hipcast, `www.audioblog.com` e clique no link Create Vídeo. Você pode gravar cenas com você transmitindo a sua mensagem com qualquer tipo de filmadora digital, enviar para o site e simplesmente seguir as instruções para transformar sua cena em um podcast. O resultado pode não ser de alta qualidade, mas pode ser feito rapidamente e com um custo quase zero de produção.

Fazendo seu próprio vídeo de alta qualidade

Vídeos de baixa qualidade por causa da má iluminação; som de qualidade inferior, péssima manipulação da câmera. Esses são apenas alguns dos problemas comuns que assombram os vídeos amadores. Para evitar essas armadilhas e criar vídeos de alta qualidade (mesmo que você esteja usando uma câmera barata) siga as dicas abaixo:

- **Cuidado com o que aparece ao fundo.** A maioria dos trabalhos de filmagem de podcasts ou comerciais acabam mostrando coisas ao fundo. Elimine as latas de lixo, as placas da concorrência e qualquer outra coisa que dê uma má aparência.

- **Ilumine bem o objeto.** As câmeras precisam de mais luz do que os olhos e qualquer câmera pode lhe dar um bom resultado se houver luz o suficiente. A luz solar de um tempo nublado é ideal para filmagens ao ar livre. Em ambientes fechados, uma produção de baixo orçamento pode usar as luzes de halogênio, que custam pouco, mas são bem fortes (tome cuidado ao tocá-las, pois elas ficam muito quentes). Coloque duas luzes a aproximadamente 45 graus da face da pessoa, preferencialmente à sua direita (à esquerda do espectador). Essa é sua principal fonte de luz. Então, complemente com uma luz menos forte sobre o outro lado da pessoa a aproximadamente à mesma distância e ângulo. Se você tiver um cenário (como um pano ou qualquer outra coisa), você pode iluminá-lo com luzes menores das laterais, de cima ou de baixo, o que ajuda a eliminar o impacto de sombras das luzes principais.

- **Utilize um bom microfone perto de quem estiver falando.** Não utilize os microfones embutidos das filmadoras. Para conseguir um som de boa qualidade, é preciso ficar muito próximo.

- **Coloque a câmera em uma superfície sólida.** O ideal seria um tripé pesado e que não oscile. Se você não tiver um, use uma mesa pesada.

- **Faça várias tomadas.** Capture cenas o bastante para que você possa editá-las, tirando as ruins e ficando com as melhores

LEMBRE-SE

Caso você esteja produzindo um podcast simples e de baixo custo, ou até mesmo gratuito, poderá se sentir tentado em simplesmente sentar em frente a uma câmera embutida em seu computador e começar a gravar. No entanto, as regras para a produção de um bom vídeo continuam sendo aplicadas. Verifique a iluminação. Veja se você está bem vestido! Afinal de contas, você está representando sua marca.

Por favor, não filme os rostos a partir de um ângulo baixo. Muitos vídeos de podcasts mostram muito o queixo, distorcendo a face da pessoa que está falando. A câmera deve estar posicionada em seus olhos ou ligeiramente abaixo deles se você não quiser parecer com um extraterrestre.

Projetando Comerciais de TV

A televisão é muito parecida com o cinema – ela combina canais visuais e verbais com a ação em tempo real, o que a torna um meio extremamente notável. Sim, você também deve escrever de forma tão clara e persuasiva quanto um bom texto impresso, mas as palavras também devem soar bem e fluir com os visuais para criar um drama ou uma comédia.

Os comerciais de TV devem usar uma boa história (seja divertida ou séria), condensada em alguns poucos segundos de ação memorável. Pense em uma cena memorável de um filme.

Caso esteja interessado em comerciais de TV, consulte as seções seguintes, que abordam pontos importantes para sua jornada.

Prosseguindo com os comerciais de TV

Os comerciais de TV parecem simples quando os assistimos, mas não se deixe enganar – eles não são nada simples. Caso você deseje fazer anúncios na televisão, precisa saber onde realmente está pisando. Analise as dicas a seguir para obter ajuda à medida que começar o processo:

- **Contrate um produtor ou uma produtora com experiência para lhe ajudar a fazer o comercial ou contrate uma grande agência de propagandas (a um custo bem grande) para elaborar e supervisionar a produção de seu comercial.** A contratação de profissionais especializados realmente custa caro, mas ela garante qualidade a seu trabalho. Apenas não se esqueça de que é você quem decide se o script possui potencial para o sucesso ou se é apenas mais um comercial efêmero.

- **Procure por um comercial de TV que pareça ser profissional e de alta qualidade.** É claro que você pode ir até a estação de TV a cabo local e filmar seu próprio comercial em seu estúdio a um custo bem pequeno, ou também pode sentar em frente à câmera de seu computador e falar a fim de gravar um comercial com estilo de podcast. Mas esses comerciais parecerão baratos quando exibidos na afiliada local ao lado dos comerciais de anunciantes nacionais. Sem uma produção de alta qualidade, até mesmo o melhor dos designs não funciona.

- **Faça um *spoof ad* se estiver com o orçamento muito apertado.** Um spoof ad é uma sátira em forma de paródia dos comerciais de TV em que um vendedor muito entusiasmado realiza uma venda frenética em 30 segundos. Uma vez que o objetivo é fazer algo engraçado, você não precisará (nem deve) gastar com uma super produção, porém, ainda precisará da ajuda de alguém com experiência em filmagens e manipulação da câmera e luzes, além de um bom ator para fazer com que o comercial fique realmente divertido.

Conseguindo emoção

Independente de sua opinião com relação à TV, uma verdadeira perda de tempo ou uma ótima forma de relaxar e passar o tempo, uma coisa é verdade: a TV realmente consegue nos emocionar – geralmente mais que qualquer outra mídia, pois ela pode mostrar a expressividade do rosto de um ator – e a emoção é essencial para a eficácia de uma propaganda.

MUNDO REAL

Marketing moderno com a RiceBunny

Se alguma vez você já se perguntou se o YouTube, o MySpace, o Twitter ou outra web mídia é realmente capaz de construir a identidade de uma marca de forma tão eficiente quanto os comerciais de rádio e TV, considere o sucesso fenomenal de Michelle Phan. Desde julho de 2009, mais de 190.000 pessoas se registraram no canal do YouTube dela (termo para uma página no YouTube) e os visitantes do canal assistiram seus vídeos de como se maquiar mais de 6 milhões de vezes. A estudante universitária começou a postar vídeos ainda adolescente e quando completou 21 anos e decidiu lançar sua linha de produtos para pele, ela já era uma celebridade.

As páginas de Michelle nas várias redes sociais da internet são bem relacionadas a fim de reforçar uma a outra e remeter os leitores aos vídeos no YouTube. Por exemplo, ela oferece um link do Twitter para seu blog no Xanga (`www.xanga.com/RiceBunny`), que possui um link no topo da página para seus vídeos no YouTube.

Considerando que ela atraiu milhares de seguidores para seu blog e vídeos no YouTube, antes de lançar sua linha de produtos de beleza, acredito que seus produtos serão um sucesso – e por um preço bem menor do que o necessário para o lançamento feito na rede de televisão tradicional. No entanto, para garantir seu sucesso, ela está pedindo conselhos para seus amigos da internet. Michelle até mesmo postou uma pergunta no Xanga com relação a como fazer o preço de seus produtos e recebeu feedbacks muito relevantes de pessoas que serão seus futuros clientes, incluindo sugestões de quanto elas estariam dispostas a pagar pelos cosméticos. Bem-vindo ao marketing do século 21!

Escolha o estado emocional que melhor combine com seu apelo e com o conceito criativo por trás do comercial. Depois, use o poder da imaginação para evocar essa emoção. (Essa estratégia funciona para apelos emocionais ou racionais). Sempre utilize o poder emocional da TV para preparar seu público para o recebimento do apelo. Surpresa. Emoção. Empatia. Ansiedade. Ceticismo. Sede. Fome. Os instintos de proteção dos pais. É possível criar todos esses estados emocionais e mais em seus telespectadores com poucos segundos de um bom comercial de TV.

Alguns anunciantes medem seus comerciais de TV de acordo com a receptividade. As empresas de pesquisa geralmente definem a *receptividade* como os bons sentimentos gerados a partir do pensamento sobre o amor, a família ou a amizade. As emoções, especialmente as calorosas e positivas, fazem com que as mensagens dos comerciais de TV sejam muito mais memoráveis. No entanto, muitos anunciantes não se dão conta do poder deste efeito emocional, pois ele não pode ser medido pelos padrões de medida da repercussão de um comercial.

Seja visual: Mostre, exiba, demonstre

Tenha certeza de que também está tirando o máximo de proveito de outro grande ponto forte da TV: sua capacidade de exibição. Em um comercial de TV, é possível demonstrar uma característica do produto, mostrar o produto em uso e fazer mais um milhão de outras coisas usando apenas o visual.

LEMBRE-SE

Algumas pessoas em seu público-alvo pensam visualmente, enquanto outras favorecem a mensagem verbal, portanto, você deve abordar as duas bases por meio do uso de palavras e *imagens* em suas propagandas. Em um comercial de TV, você tem que *mostrar* e falar (observe a ênfase dada ao mostrar).

DICA

Para ter certeza de que a parte de "mostrar" esteja em primeiro plano, faça o que os designers de anúncios de TV costumam fazer: esboce suas ideias em um script visual, usando rascunhos para indicar como o anúncio ficará. Você – ou, de preferência, a agência ou roteirista profissional contratados por você – deveria preparar storyboards à medida que você analisa e discute os conceitos do anúncio. O *storyboard* é uma forma simples de mostrar as imagenschave de um filme usando figuras em sequência. Na maioria dos storyboards-padrão, os rascunhos são feitos no centro de uma folha de papel ou de um pôster.

Solucionando a questão de estilo

Podemos usar uma grande variedade de estilos em um comercial de TV. Uma celebridade pode endossar o produto. Frutas em clay animation podem cantar e dançar um jingle sobre o produto. Animações de animais podem perseguir um usuário em meio a uma selva imitando, de forma extravagante, uma situação da vida real. A imaginação e os vídeos não sabem o que é limite, especialmente com a crescente disponibilidade de animações computadorizadas de alta qualidade e efeitos especiais a um custo razoável. Porém, alguns dos estilos mais comuns funcionam melhor – na média – que outros, segundo testes realizados para a verificação da eficiência de um comercial. A Tabela 9-1 mostra os estilos que são mais e menos eficientes.

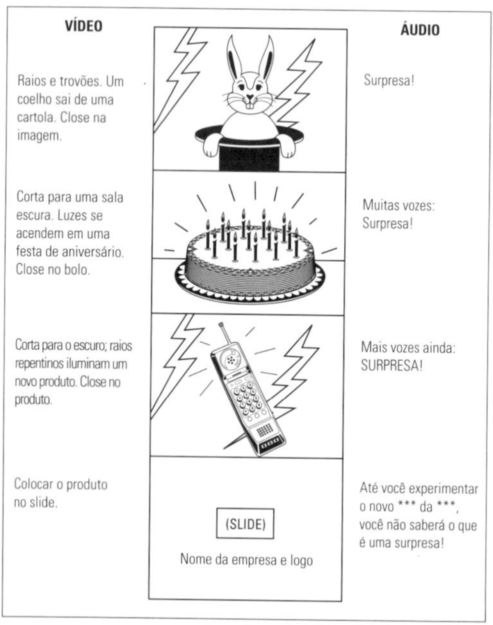

Figura 9-1: Esboço de um comercial de TV em um storyboard.

Tabela 9-1 **Comparando a Eficiência dos Estilos mais Comuns de Comercial**

Estilos Mais Eficientes	*Estilos Menos Eficientes*
Comerciais humorísticos	Testemunhos com câmera escondida
Com celebridades	Endosso de especialistas
Com crianças	Temas musicais e música/dança
Situações da vida real	Demonstração de produtos
Comparação entre marcas	

A maioria dos estudos mostra que os estilos que melhor funcionam são os com o endosso de celebridades e os humorísticos. Então, tente encontrar maneiras de usar esses estilos para transmitir sua mensagem. Por outro lado, fazer comerciais que sejam exceções à regra pode lhe dar uma vantagem, portanto, não desista dos outros estilos.

Comprando um espaço comercial na TV

Antes de comprar um espaço comercial na TV, você precisa saber as respostas para estas perguntas: Qual espaço na televisão funciona melhor para seu anúncio? Você deveria fazer o comercial na rede de televisão aberta ou fechada? O comercial deve passar nos horários nobres, à noite ou tarde da noite? Quais programas fornecem o melhor público para seu comercial?

Assim como com as outras mídias, você deve confiar nas pesquisas para descobrir informações sobre a audiência e as características. No Brasil, o Ibope (`www.ibope.com.br`) faz pesquisa em todo o território, para regiões, estados ou municípios específicos. Você deve procurar a associação comercial ou de marketing e propaganda local ou regional para ter acesso a relatórios de audiência. Fora do Brasil, a Experian Simmons (`www.smrb.com`) e a Mediamark Research & Intelligence (MRI; `www.mediamark.com`) fornecem dados muito úteis em publicações que você pode adquirir através de assinaturas. É claro que a menina de ouro de todas as fontes de dados é a Nielsen Media Research (`www.nielsenmedia.`

com), que providencia dados importantes para as televisões da América do Norte. O Índice de Audiência Televisiva da Nielsen classifica os programas de acordo com as ***sweeps*** (pesquisas feitas quatro vezes ao ano para verificar a audiência nos principais mercados de mídia).

Os estudos de audiência televisiva da Nielsen fornecem as seguintes estatísticas por área geográfica:

- Quantos aparelhos de TV existem em todo o mercado (os aparelhos de TV domésticos);
- Quantos aparelhos de TV estão ligados em um dado momento (casas usando TV);
- Qual a porcentagem de TVs domésticas ligadas e sintonizadas em um programa específico (cota de audiência);
- Qual a porcentagem de TVs domésticas sintonizadas em um programa específico (audiência média).

Geralmente, os anunciantes prestam mais atenção aos dados da audiência média que aos dados de cota de audiência, pois a audiência média lhes diz o tamanho da audiência e, normalmente, o que eles querem é ter o maior alcance o maior possível.

O ***ponto de audiência bruta*** (GRP) representa o total dos pontos de audiência alcançados pela programação de sua mídia (todas as vezes que você transmite um comercial durante um determinado período). Quando os compradores de mídia compram um bloco de horários na TV para seu comercial, eles somam todas as audiências de cada horário/espaço em que seu comercial será exibido e lhe dão o total – o GRP de sua campanha. O número é grande, mas não fala muito.

O número GRP não faz diferença entre as novas exposições (alcance) e as exposições repetidas (frequência). Talvez, seu anúncio alcance 10 milhões de televisões domésticas, mas será que ele alcança o mesmo 1 milhão de televisões durante 10 vezes – ou ele alcança

10 milhões de lares de cada vez? A resposta geralmente se encontra em algum lugar entre as duas alternativas. Para saber a resposta exata, obtenha as estimativas de alcance e frequência para qualquer programação de comerciais de TV.

DICA

Recomendo a adição de um refinamento aos dados de audiência. Os pontos de audiência enfatizam o tamanho da audiência do programa, não a combinação entre a audiência e seu mercado-alvo. Então, não se esqueça de converter – ou de pedir que sua agência converta – a audiência em números que representem o alcance em seu mercado-alvo e exclua os lares fora de seu mercado-alvo, para os quais você não precisa anunciar.

Comprando comerciais de TV e web vídeo que caibam em orçamentos apertados

Os spots são comerciais exibidos em mercados locais ao invés de rede nacional. Você pode comprar spots para seu comercial em uma estação de televisão local ou pode pedir a um transmissor local de uma empresa de TV a cabo. Os web vídeos não são spots porque, na teoria, eles podem ser vistos por qualquer pessoa em qualquer lugar do mundo por meio da Internet, mas, na prática, você consegue dirigi-los de modo específico, utilizando os interesses e a localização geográfica dos espectadores.

Aqui vão algumas opções que você pode tentar caso considere a compra de um spot televisivo ou web vídeos:

- **Spot Runner:** essa ferramenta de planejamento de mídia (encontrada em `www.spotrunner.com`) cria planos de mídia customizados direcionados a clientes através de dados demográficos, redes de relacionamento e bairros. Use-o para comprar spots com duração de 15, 30 e 60 segundos em horário nobre, transmissoras locais e canais fechados. Consulte também a Google ed Planner (`www.google.com./edplanner`)

- **Apple TV:** não chegou ao Brasil. Esse serviço conecta qualquer televisão de alta definição à internet e providencia acesso a uma ampla variedade de programas de vídeo e transmissões, ao vivo ou não.
- **Anúncios no YouTube:** os usuários do YouTube podem postar seus vídeos gratuitamente, mas você terá que pagar uma pequena taxa para mostrar seus comerciais no site.
- **InVideo Advertising:** o Google oferece essa opção, que lhe permite embutir um anúncio em qualquer web vídeo com o mesmo contexto de seu anúncio, assim, você consegue direcioná-lo de forma mais eficiente às pessoas que tenham um interesse específico por ele.

Parte IV

Encontrando Alternativas Poderosas para Anunciar

A 5ª Onda Por Rich Tennant

"Você percebeu como os anúncios em elevadores têm ficado sofisticados ultimamente?"

Nesta Parte. . .

O poeta japonês Matsua Basho uma vez aconselhou, "Não procure seguir as pegadas dos mais velhos, procure o que eles procuraram". Em marketing, na realidade, os objetivos nunca mudam. Sempre estamos ávidos por encontrar novos clientes e fazer com que nossas receitas aumentem. Mas as formas de alcançar esses objetivos podem e devem mudar. Portanto, sempre busque novos e recentes enfoques à forma tradicional de fazer propaganda.

Você tem que estar especialmente ligado ao que há de melhor e mais recente na publicidade atual, pois formas inteiramente novas de se comunicar com os clientes e possíveis clientes tem emergido. Os e-mails, os sites na Internet, os blogs, as malas-diretas pagas em mecanismos de busca e muitas outras inovações estão transformando o marketing e expandindo suas opções para a publicidade. Se você quiser realmente poderá projetar um programa de marketing eficiente que abandone a publicidade convencional e dê preferência a uma ou mais das muitas mídias alternativas. Os capítulos desta parte lhe ajudam a entender como aproveitar ao máximo as alternativas de publicidade.

Capítulo 10

Maximizando Seu Web Marketing

Neste Capítulo:

- Desenvolvendo sua identidade web e a mantendo sob controle;
- Criando um web site central e web sites satélites;
- Tornando seu site visível para os mecanismos de busca;
- Explorando o mundo da publicidade online – e adequando o seu orçamento à ela;
- Usando os e-mails de forma correta e eficiente para o marketing e vendas.

A Internet criou um meio versátil para o marketing direto que, quando usado corretamente, pode causar um grande impacto sobre seu marketing. Você poderá se surpreender com as diferentes formas que pode usar para anunciar sua empresa ou produto na Internet.

Seja seu orçamento de $600 ou $60.000, você pode usar a Internet para aumentar suas vendas de muitas formas interessantes e este capítulo lhe mostrará como fazer isso (Também consulte o Capítulo 21 para ver as dez dicas para estimular as vendas pela Internet).

Criando e Gerenciando uma Identidade Web

Sua ***identidade web*** é a soma de suas aparições em seu próprio site e no site de outras pessoas, incluindo os sites de busca que podem listar seu web site, banners, ou qualquer outro anúncio que você esteja exibindo na web, e blogs ou outras aparições sociais ou conversacionais online. Assim como no bom e velho gerenciamento de marca do mundo real, no mundo virtual da web também é preciso ter um nome e uma imagem consistentes e claros.

LEMBRE-SE

O centro de sua estratégia de marketing na Internet (literalmente!) é um bom web site central, o principal web site de sua empresa ou produto que sustente uma variedade de usos, de perguntas frequentes a visitas da impressa, e que também forneça acesso à sua loja online. A estrutura de seu web site central deve permanecer relativamente constante. Ao redor desse site e conectado a ele por meio de links, você deve ter uma grande variedade de páginas menores e/ou temporárias para promoções específicas, além de também manter páginas em redes de relacionamento social ou blogs.

As próximas seções abordam mais detalhadamente o que você pode fazer para estabelecer e gerenciar sua identidade web.

Padronizando sua identidade web

Ao estabelecer sua identidade web, certifique-se de que a mensagem que você está enviando é clara e consistente. Para conseguir consistência, lembre-se de que você quer que sua marca seja reconhecida e reforçada em *todos os lugares* em que as pessoas se depararem com você, tanto na web quanto fora dela. Começa com suas URLs – o endereço da web que identifica e conecta as pessoas às suas páginas na Internet – bem como qualquer nome pessoal ou profissional que você use em blogs e redes de relacionamento. Essas identidades web precisam reforçar e combinar com a identidade de sua marca.

DICA

Se você usar uma variedade de nomes na Internet que não resultem em uma única e simples identidade, então, você precisará escolher o nome mais forte e migrar todos os outros na direção do escolhido. Por exemplo, se o nome de sua empresa é Paisagens e Jardinagem, faz sentido ter como endereço para seu site principal a URL, `www.lindaspaisagens.com`, e como nome de seu blog, Paisagismoejardinagem. Você pode até mesmo criar uma identidade no MySpace usando esse mesmo nome e também colocar muitas fotos de seus melhores projetos paisagísticos no Flickr (`www.flickr.com`) sob o mesmo nome.

Usando cada centímetro a seu favor

Ao criar sua identidade web, maximize a quantidade de espaço da tela que seus clientes visualizam. A parte superior de sua página na Internet é onde você tem que enfatizar uma identidade de marca consistente, objetiva e memorável. Na verdade, os web designers e o público geralmente aceitam que de 2,5 a 5 centímetros, no topo de todas as páginas na Internet, sejam destinados para a publicidade de quem detém o controle da página.

LEMBRE-SE

Para garantir que você esteja tirando o máximo de proveito desse espaço, escolha um tipo de letra, cores e um logo que vá de encontro com a construção de sua marca. Repita o design deste banner com apenas poucas variações sempre que controlar a aparência da parte superior da página na Internet.

Registrando os nomes do domínio

Caso você ainda não tenha o direito dos nomes do domínio (também conhecidos como URL ou endereços da web), precisará criar um novo ou outros. Escolha alguns possíveis nomes de acordo com o nome de sua marca fora da web, que possam ser combinados a um descritor ou frase curta caso seja necessário torná-lo exclusivo. Para testar a disponibilidade de um possível domínio, vá a sites, como o `www.register.com` e digite o nome do domínio em questão para ver se ele está disponível.

Ao procurar por potenciais nomes de domínios, tenha os seguintes critérios em mente a fim de garantir a obtenção de um bom domínio para seu site central:

- **Um bom nome de domínio se relaciona ao nome de sua empresa ou marca.** Eu posso registrar o domínio `www.lookmanohands.com` caso ninguém o tenha registrado ainda. Ele chama a atenção. E eu o acho engraçado. Será que deveria usá-lo como endereço de meu web site? Não. Ele não atende ao meu primeiro requisito, pois não se relaciona à minha empresa ou marca. Minha empresa de treinamento se chama Trainer's Spectrum, por isso, usei o domínio `www.tspectrum.com`. Não é inteligente, mas é obviamente relevante à minha empresa.

- **Um bom nome de domínio deve ser fácil de memorizar.** Ou seja, qualquer um que queira se lembrar dele, conseguirá. O uso do nome de sua empresa ou marca tornará o endereço de seu site fácil de ser lembrado por qualquer um que saiba o nome de sua empresa. Por exemplo, os clientes facilmente conseguem se lembrar do endereço do site da Crayola, `www.crayola.com`.

- **Um bom nome de domínio é exclusivo.** Se o nome de sua empresa é semelhante ao nome de outras empresas, adicione um termo ou palavra ao nome de seu domínio para torná-lo mais exclusivo. Por exemplo, a Ford Insurance Agency precisa evitar que seus clientes acidentalmente visitem o site da Ford Motor, `www.ford.com`, por isso, a corretora de seguros optou por usar `www.fordinsurances.net`. Além disso, certifique-se de que o nome de seu domínio não viole a marca registrada de outra pessoa.

Desenvolvendo Seu Web Site Central

Seu web site central é seu site principal onde você providenciará uma ampla cobertura de todos os tópicos importantes (cada número em uma tabela separada). Ele também será a sede de seu e-commerce (caso você planeje vender produtos pela Internet). Seu site principal deve se parecer muito com um web site tradicional, pois é o site que servirá para clientes, funcionários, para a mídia e para os curiosos. O que o torna central é o fato de que ele liga todos os seus sites menores e de propósitos únicos, incluindo as landing pages de apoio aos anúncios na web, seu blog, sua página no MySpace, no Facebook, seus álbuns no Flickr e seus vídeos no YouTube.

LEMBRE-SE

Independente de você ter contratado um web designer profissional ou você mesmo tenha projetado seu site a partir de modelos, certifique-se de que seu web site seja personalizado ao redor de seu logo. O papel de seu web site é o de transmitir seu logo ou o nome de sua empresa ou marca de forma consistente e clara.

DICA

Tenha você mesmo projetado o design de seu web site ou tenha contratado alguém para fazer isso por você, não se esqueça de adicionar um carrinho de compras. Muitos modelos básicos incluem um carrinho de compras, então você pode implantar essa propriedade de maneira bastante fácil usando esses modelos. Além disso, você precisa ter uma conta bancária ligada ao carrinho. Converse com o gerente de seu banco sobre isso.

Desenvolvendo um web site central sem gastar muito

O seu web site central não precisa lhe custar muito. Se você quiser economizar um pouco, tente criar seu próprio web site.

Para criar seu próprio web site, comece pequeno e faça as seguintes considerações:

- **Procure por provedores de modelos de site e escolha um que ofereça as características, o estilo e o preço que você preferir.** Existem muitas opções, portanto, examine-as cuidadosamente para determinar quais são as melhores para seu caso. Algumas opções incluem:
  - **Google:** eu gosto das opções que o Google oferece, opções que incluem uma variedade de modelos profissionais do tipo faça você mesmo.
  - **Firmas que registram os nomes de domínio, como a Register.com:** essas empresas geralmente oferecem pacotes para você mesmo fazer.
- **Contrate um provedor de internet.** É razoavelmente fácil encontrar um provedor para hospedar seu site. Na verdade, muitos provedores estão tentando encontrar *você*, pois precisam vender. Escolha um que ofereça as taxas de estrutura, serviços e flexibilidade que você deseja – e troque de provedor, caso o escolhido não esteja atendendo às suas necessidades. Caso esteja pensando em fazer você mesmo o seu site usando um modelo, então, encontre um provedor (trabalhar com apenas um provedor é mais fácil) que ofereça modelos que lhe agradem. Além disso, se você planeja estabelecer uma loja virtual, procure por um provedor que ofereça um modelo de carrinho de compras.

  Use o nome de seu domínio e o provedor para criar sua própria conta de e-mail também. Possuir um e-mail feito a partir de seu próprio domínio lhe garante um ar mais profissional, além de lhe ajudar a promover o nome de sua marca e de seu endereço na web.
- **Consulte a última edição de *Construindo Web Sites Para Leigos*.** Neste livro, David Crowder fala sobre tudo, desde o design e implantação de um site até o desenvolvimento de um e-commerce.

Contratando um designer profissional ou uma empresa

O design sofisticado de um web site pode estar além do alcance de um empreendedor adepto do estilo ***faça você mesmo*** e dos modelos disponíveis. Se esse é seu caso, você tem duas opções com relação à contratação de um profissional:

- **Um jovem designer freelancer:** se você precisa de um bom site personalizado e só pode gastar alguns poucos reais, procure um jovem designer freelancer que esteja acabando a faculdade e que já tenha feito bons web sites comerciais.
- **Uma empresa profissional:** caso você já possua uma empresa relativamente grande (ou seja, seu faturamento bruto chega a meio milhão de dólares por ano), então não perca tempo com web designers amadores só para economizar. Em vez disso, visite algumas empresas de web design e analise o portfólio de trabalhos já realizados.

  Depois de ter alguns candidatos em mente, peça a essas empresas que lhe providenciem propostas detalhadas baseadas em uma lista específica de objetivos que você deve fornecer a elas. Quanto mais claro você for com relação a seus objetivos, mais focadas e mais acessíveis financeiramente serão as propostas das empresas candidatas.

Analisando os elementos principais de um bom site central

Os melhores sites centrais são de fácil navegação e apresentam um design chamativo, organizado e limpo, apesar de possuírem inúmeras opções embutidas. Certifique-se de haver incluído os seguintes elementos em seu site caso queira aumentar suas chances de sucesso:

- **Navegação simples e objetiva:** antes de elaborar qualquer design, você deve garantir que as pessoas que visitarão seu site possam encontrar o que estiverem buscando. Para assegurar a facilidade de navegação em seu site central, faça uma lista de três a seis categorias ou tópicos principais ao redor dos quais o seu site será organizado.
- **Vídeos em streaming, animações e gerenciamento de banco de dados:** você pode utilizar essas tecnologias como métodos de entrega, mostrar um locutor em ação, demonstrar um novo produto ou fornecer serviços e dar assistência online ao cliente.
- **Fotografias:** se você tem boas fotos de seu produto sendo usado, fotos verdadeiras de clientes ou qualquer outra foto relevante, poste-a para ilustrar seu site. Ou então, separe de $500 a $1.000 para comprar fotos de bancos de imagens para seu site.
- **Uma aba ou um botão com o título Sobre Nós:** esse botão ou aba deve levar a uma página simples que contenha informações de contato, a história da empresa, o testemunho de clientes, clips, fotos e a biografia dos funcionários mais importantes. Tente substituir aquelas fotos sem graça dos funcionários por pequenos vídeos.
- **Os mais vendidos e ofertas especiais:** são elementos importantes caso você esteja comercializando produtos em seu site central. Coloque os produtos mais vendidos e as ofertas especiais na primeira página, junto com links (na forma de botões ou abas) para as outras categorias de produtos.

Criando um site à base de registros

Um *site à base de registros* é um tipo de site que impede o acesso dos visitantes às suas páginas até que eles deem seus nomes ou alguma informação de identificação, como um endereço de e-mail, a profissão, o estado civil ou outra informação útil para suas atividades de marketing.

DICA

Pense no que você quer fazer com os nomes antes de decidir sobre as perguntas que irá fazer às pessoas que acessarem seu site. Caso você queira mandar correspondência ou telefonar para os visitantes, então, peça os endereços completos e os números de telefone.

Para fazer isso, elabore um formulário para que os visitantes preencham e o ligue a um banco de dados que captura cada campo (um *campo* representa um bit específico de informações, como nome, estado civil, nome da rua, estado, código postal, endereço de e-mail, telefone do trabalho, telefone pessoal).

LEMBRE-SE

As pessoas não irão se registrar em seu web site central a não ser que você lhes ofereça algo que a) reduza a sensação de risco que eles possam sentir ao lhe fornecer qualquer informação pessoal e b) faça valer à pena o tempo perdido para o registro. Um site confiável e bem projetado aliado a uma marca ou uma empresa famosa reduz essa sensação de risco.

Caso você tenha informações úteis, permita que as pessoas as acessem depois que se registrarem. Se normalmente você cobra uma taxa para algum de seus serviços, ofereça um desconto para os visitantes que se registrarem.

Fazendo Com Que Seu Site Seja Notado Pelos Mecanismos de Busca

A *Search Engine Optimization*-SEO (Otimização do Mecanismo de Busca) é a prática de tornar seu web site o mais visível possível para os mecanismos de busca da Internet. Existem vários consultores especializados em SEO e, caso o tráfego em seu web site esteja muito devagar, você pode contatá-los para pedir algumas propostas. Entretanto, há algumas coisas que você pode fazer antes e que podem ser suficientes para aumentar o tráfego em seu web site por meio dos mecanismos de busca. As seções a seguir lhe darão algumas dicas.

Tire o máximo proveito do header e das META tags

Para fazer com que seu site fique fácil de ser encontrado, encha-o com tags com títulos e termos apropriados que descrevam seu conteúdo para que os vários mecanismos de busca o selecionem.

A primeira coisa que você precisa é um *header block* ou *head* – uma seção técnica que contém informações descritivas sobre sua web page (ela não é considerada parte do conteúdo visível da página). Sua página deve ter heads que incluam um título.

Cada página precisa de um título que seja relevante a seu conteúdo exclusivo (e não uma cópia do header da primeira página) e tem uma tag H1 ao seu redor (um identificador que fala ao Google e aos outros mecanismos de busca o que ele é). Por exemplo: <h1> Aumentar o Tráfego em seu Site por meio de Técnicas da Otimização do Mecanismo de Busca </h1>. Se você estiver trabalhando a partir de um modelo, o código para a tag H1 já deve estar presente, assim, tudo o que você precisa fazer é digitar a header descritiva no local correto. Limite seu header a 66 caracteres, pois o Google irá cortá-lo se ele for maior.

Em seguida, o desenvolvedor de seu web site (ou você, caso esteja tentando desenvolver um web site sozinho) precisa pensar nas META tags necessárias ao seu site. As META tags são linhas de código HTML que identificam as propriedades do documento – normalmente por meio do uso de palavras-chave que possam solucionar uma busca.

CUIDADO

Não espere que suas META tags lhe garantam que as pessoas que estiverem usando qualquer um dos mecanismos de busca mais comuns consigam ver seu site. Atualmente, existem muitos sites lá fora e o seu pode ser listado na 15ª página, depois de 140 outros sites listados. As META tags podem lhe ajudar a se colocar no páreo, mas não lhe garantem o primeiro lugar nos resultados de um site de busca. É preciso combiná-las a outras táticas de otimização do mecanismo de busca.

Aumentando a visibilidade nos mecanismos de busca

Todos os dias, os mecanismos de busca *localizam* (ou indexam) bilhões de sites a partir das consultas dos usuários. Consequentemente, você é uma agulha em um imenso palheiro. Veja aqui algumas estratégias para aumentar a visibilidade de seu web site nos mecanismos de busca e para os usuários da web em geral.

- **Tenha uma forte presença na web e, então, gerencie essa presença.** Uma marca forte e consistente, com endereços de web bem selecionados e outros nomes de identificação (tal como nomes de usuários no MySpace, YouTube, Facebook, em um hospedeiro de blogs de sua escolha e no Flickr) podem lhe ajudar a ficar visível na web. Consulte a seção anterior "Criando e Gerenciando uma Identidade Web" para saber mais.

DICA

- **Forneça um mapa do site.** Quanto menos links um site de busca tiver que navegar para encontrar o conteúdo relevante para uma determinada pesquisa, maior será a chance de ele indexar seu site. Um mapa do site bem projetado corta a jornada do site de busca para apenas dois links.

- **Comunique-se diretamente com seu cliente para gerar tráfego.** Os sites de busca analisam o tráfego de uma página na hora de indexá-la. Assim, qualquer coisa que você fizer por meio da comunicação direta com seus clientes, para aumentar o tráfego de sua página, pode ajudar. Ofereça conteúdo informativo ou de entretenimento gratuito para que as pessoas visitem e façam downloads.

- **Colete, poste e atualize uma página de links a sites relacionados para melhorar sua classificação.** Insira um botão ou uma aba em sua home page denominada Links ou, caso queira estimular seu apelo, nomeie-a de Os Melhores Links, Links Recomendados, Links Úteis ou qualquer coisa do tipo. Para encontrar sites
- aos quais se ligar, faça sua própria pesquisa e veja quais aparecem entre os dez mais listados. Depois, visite cada um deles e veja se você consegue encontrar locais e formas apropriadas de se ligar a eles a partir de seu web site (e vice-versa, se possível).
- **Construa uma família de sites e de páginas em redes de relacionamento ao redor de seu site central.** Ao fazer isso, você conseguirá capturar o tráfego fora de sua presença e direcioná-lo a seu site principal. Inclua páginas com um único propósito, páginas satélites com um único tópico e aperfeiçoe as META tags para essas páginas para que elas sejam melhor classificadas que seu site principal em relação às pesquisas específicas sobre seus tópicos.
- **Anuncie para construir tráfego.** O tráfego melhora sua posição no ranking da maioria dos mecanismos de busca. Portanto, uma promoção que direcione tráfego a seu web site é amplificada pelo tráfego que vem com a visibilidade nos mecanismos de busca, que por sua vez cria mais visibilidade.

Direcionando tráfego com conteúdo

Para aumentar o tempo gasto pelos usuários em seu web site, e para garantir um maior envolvimento e o retorno das visitas, é preciso pensar como um editor e não um publicitário. Por essa razão, considero que um conteúdo forte deve ser o fator surpresa para o aumento do tráfego de um web site. A não ser que você tenha um conteúdo valioso e atraente, talvez encontre dificuldades para aumentar o tráfego em seu site. Se você não sabe como escrever (ou filmar) e publicar um grande conteúdo para a web, contrate a ajuda de jovens e ávidos escritores, videógrafos e outros para fazer isso.

LEMBRE-SE

Basicamente, existem dois tipos de conteúdo que você pode oferecer em seu site. Eu cunhei esses termos, pois, aparentemente, eles não são termos apropriados ao léxico da web.

- **Conteúdo durável:** segura seu valor e pode ser mantido em seu site em um arquivo de fácil acesso.
- **Conteúdo efêmero:** é utilizado de alguns dias a uma semana, mas tem que ser substituído regularmente; caso contrário, ele dá a seu site um aspecto de abandono e negligência.

DICA

Sugiro que você tente fazer uma mescla de conteúdo durável (como fatos úteis para seus clientes) e conteúdo efêmero (como comentários a respeito de eventos recentes). Atualize o conteúdo durável por pelo menos uma vez ao ano e reveja o conteúdo efêmero todos os dias ou semanas, apagando o conteúdo desatualizado à medida que inserir as novidades.

Se você não tem tempo o bastante para ficar atualizando o conteúdo efêmero de seu site, foque na inserção de conteúdos duráveis. Esse tipo de informação se acumula em seu site e constrói um tráfego de maior durabilidade do que o conteúdo efêmero. Seu conteúdo durável deve incluir materiais de referência para o uso de seus clientes, tais como:

- Um glossário de termos técnicos;
- Uma lista de leitura, páginas na web e outras referências úteis;
- White paper, páginas com instruções passo a passo e blogs;
- Vídeos e fotos instrutivos (os quais você pode postar no YouTube, no Google Vídeos ou no Flickr e chamar para a exibição em seu site).

Alcançando o clímax de seu tráfego

DICA

O conceito de clímax se aplica a visibilidade da web. Inicialmente, você precisará trabalhar muito para construir o tráfego em seu site e esse trabalho geralmente parecerá difícil e custoso. Mas, assim que você começar a ter um dos sites mais visíveis em sua área, o tráfego começará a sustentar a si mesmo.

Obtendo sucesso na web mesmo tendo um nicho muito específico

Se você atua em um mercado específico e precisa ter apenas algumas centenas ou milhares de clientes, as regras para o web marketing de massa não se aplicam a você. Ao invés de construir tráfego, você precisa se concentrar nas pessoas que possam estar interessadas em suas ofertas específicas. Faça isso por meio de meta tags e aposte nos termos de busca do Google que sejam extremamente específicos a seu *nicho* (pequeno, especializado) de mercado e que, portanto, custem menos.

Uma vez que você atua em um mercado pequeno, talvez seja mais eficiente enfatizar a sua experiência para anunciar sua marca. Faça um blog com seu próprio nome e poste um pequeno vídeo seminário ou um demonstrativo no YouTube. Não se preocupe se a média dos espectadores do YouTube acharem seu vídeo chato ou não conseguirem segui-lo tecnicamente, dando-lhe, por isso, notas baixas; afinal, você está focado nas pessoas que fazem parte de seu nicho e não em todos os que visitam o YouTube.

E se você fizer tudo o que estiver a seu alcance para construir o tráfego em seu web site, mas se mesmo assim ele continuar a ser ignorado? Então, talvez fique tentado a contratar uma das várias empresas especializadas que oferecem serviços de otimização do mecanismo de busca (SEO).

Adicionando Satélites ao Redor de Seu Site Central para Atrair Visitantes

Existem muitas oportunidades para aumentar o alcance e a presença de seu web site. Para começar, você pode colocar web site e páginas menores e mais especializadas ao redor de seu site principal para atrair tipos diferentes de visitantes e direcioná-los a seu site principal. Está interessado em saber como tais sites satélites podem ajudar seu site principal? Então siga as próximas seções.

Usando as landing pages de forma eficiente

Se você anuncia na web (e eu recomendo que você o faça; veja a seção "Como Anunciar na Web" ainda neste capítulo), então, provavelmente precisará de uma página satélite para cada campanha. Uma campanha é uma *colocação*, também conhecida como um *voo*, de anúncios que transmitem a mesma mensagem básica ou oferta, mas podem fazer isso em muitos formatos ou estilos diferentes, dependendo de onde são colocados. Uma vez que a campanha tem a mesma mensagem ou oferta básica, todos os anúncios podem incluir um link para uma *landing page* ou *página de entrada* (o nome dado a um web site satélite que suporta uma campanha publicitária).

Existem dois tipos de landing pages. Escolha a que melhor suporta sua campanha:

- A *Landing page transacional* (também chamada de *lead capture page*) termina o trabalho que os anúncios começaram através da persuasão dos visitantes para completar algum tipo de transação, tais como fazer uma compra ou fazer uma assinatura para se tornar membro de um clube ou receber uma oferta especial. As ofertas especiais são geralmente eficientes nas landing pages transacionais. Escreva uma landing page transacional como você escreveria qualquer bom anúncio ou o texto de um catálogo (consulte os Capítulo 6 e 7), mas mantenha o texto simples e curto, pois as pessoas não gostam de ler textos longos na web.

- A *Landing page de referência* visa à satisfação das necessidades por informação do cliente através de conteúdos úteis, como links, resumos e listas de profissionais. Os anunciantes de associações e de empresas sem fins lucrativos tendem a utilizar as landing pages de referência mais que os anunciantes de empresas com fins lucrativos, porém, esse tipo de página pode ser útil para uma ampla variedade de campanhas publicitárias. Se você construir uma landing page de referência que possua conteúdo interessante o bastante para atrair um fluxo constante de milhares de visitantes por mês, você pode vender anúncios nela e transformá-la em uma fonte de receita.

DICA

Independente do tipo de landing page que você emprega, rastreie as estatísticas de visitantes, ficando de olho na *conversion rate* (taxa de conversão) – a porcentagem de visitantes que se registra em sua lista, aceita sua oferta especial ou realiza uma compra. Seu objetivo final deve ser o de melhorar essa proporção.

LEMBRE-SE

As taxas de conversão em landing pages bem sucedidas podem variar de 1 a 50 por cento, dependendo do tipo de site, oferta e visitante. Portanto, não existe um número mágico, a melhor forma de saber se você está obtendo sucesso é documentar as melhoras sobre o seu próprio desempenho no passado.

Construindo relacionamento através de blogs

Muitos dos meus leitores são especialistas em suas áreas, possuem pontos de vista, experiências e dicas interessantes. Ou seja, são pessoas que podem escrever boas colunas ou blogs. O blog funciona como uma coluna dos tempos modernos postada em um web site ao invés de ser impressa em um jornal. A maioria dos empresários precisa de um *blog profissional*, cuja forma é semelhante a de um blog pessoal, mas o conteúdo é mais consistente e profissional (pense em sugestões, dicas e fatos interessantes direcionados a clientes em potencial).

DICA

Para obter ajuda a fim de iniciar seu blog, compare os serviços de blog (como o `blog.com`) para encontrar um que ofereça a plataforma que você deseja. A maioria é gratuita, mas se você passar para blogs pagos poderá se livrar dos anúncios que aparecem oferecendo serviços – e em um site de uma empresa você não irá querer que os anúncios de outras empresas se misturem às suas mensagens.

Recomendo que você inclua uma opção de assinatura em seu blog para que você possa capturar o nome dos leitores para suas atividades de marketing.

Seja ativo em sites de relacionamento

Se seus produtos se direcionam ao público jovem, uma rede de relacionamentos como o Facebook, o Twitter, MySpace ou LinkedIn pode ser o núcleo de sua estratégia de web marketing. Ainda que você não esteja direcionando seus produtos às pessoas de vinte ou trinta e poucos anos, sugiro que você não subestime o poder dos sites de relacionamento.

CUIDADO

Para construir sua marca através desse tipo de site, faça da honestidade sua prioridade. Os usuários de sites de relacionamento facilmente descobrem perfis falsos e rejeitam os pedidos de amigos inapropriados. Não seja um ***astroturfing***, termo para designar ações publicitárias que tentam criar um falso murmúrio nesses sites de relacionamento.

O fundamento para o desenvolvimento de uma marca em vários sites de relacionamento social é criar e manter páginas com seu próprio nome ou com o nome de sua marca.

CUIDADO

Depois de ter uma ou mais páginas estabelecidas em sites de relacionamento, você pode as utilizar como plataformas para lançar uma *campanha de marketing viral*, que é simplesmente a introdução de uma peça de conteúdo que os outros irão gostar ou achar interessante o suficiente para passar adiante. Uma opção óbvia é um vídeo que demonstre como fazer um ou mais de seus produtos. Poste-o no YouTube e faça um link para seu blog, web site ou página no MySpace.

Como Anunciar na Web

Para fazer com que seu site principal e seus satélites (veja as seções anteriores para ficar por dentro desses sites específicos) sejam visíveis para todos que procurarem por eles, você precisará gastar um pouco com propagandas.

Assim como para todos os outros tipos de propagandas, comece pequeno também com sua campanha na web, procure por retornos rentáveis e *apenas* aumente a escala quando tiver certeza que possui um anúncio que não fará com que você perca dinheiro.

Comece com os anúncios pagos por clique

As pessoas buscam milhões de termos por dia, então, uma ótima forma de atrair potenciais clientes é garantir que seu web site apareça quando eles fizerem uma pesquisa na Internet. Existem milhares de mecanismos de busca, mas os maiores são (em ordem) Google, Yahoo!, MSN e Ask.com.; juntos, esses quatro sites somam mais de 99% de todas as pesquisas em língua inglesa. Para ver o que acontece quando alguém procura por um produto ou empresa como a sua, faça uma lista dos tipos de termos-chave que um cliente em potencial poderia usar e os coloque em qualquer um desses mecanismos de busca. Você terá páginas e mais páginas de listas, sendo algumas de natureza comercial. As listas comerciais são normalmente pagas de acordo com o uso, o que significa que o anunciante paga uma taxa a cada vez que alguém clicar em sua lista.

Os anúncios pagos por clique devem ser a base de seus anúncios na web, pois eles alcançam as pessoas que realmente estão em busca de algo – tanto de uma informação quanto de um produto ou serviço.

Veja a seguir como os anúncios pagos por clique geralmente funcionam:

1. **Você escreve um texto bem curto (apenas uma linha) com a descrição de seu produto, serviço ou oferta especial.**

   Esse é o fundamento de um anúncio pago por clique.

2. **Você liga seu anúncio às palavras-chave que acredita serem usadas pelas pessoas em suas buscas.**

   Para fazer isso, siga as instruções de um determinado mecanismo de busca para os anunciantes e digite seus lances para termos de pesquisa específicos no formulário adequado.

3. **Você define o quanto irá pagar por um clique em seu anúncio**

   Esse é o seu *lance*. Por exemplo, eu poderia me comprometer com um lance de 50 centavos para um clique no termo de busca "consultores de marketing". Portanto, se alguém seguir meu link a partir de sua busca até meu web site, eu devo ao Google 50 centavos. Se meu lance for maior do que o lance de todos, o meu anúncio aparece antes de qualquer outro comercial no topo da tela do site de busca, o que aumenta a probabilidade daquela pessoa clicar em meu anúncio.

4. **Relaxe e rastreie os resultados**

   De acordo com seus achados, talvez seja preciso ajustar o texto de seu anúncio, a seleção dos termos-chave e o valor de seu lance. Tente experimentar dia a dia até encontrar uma fórmula que funcione para você. Depois, revisite sua fórmula uma vez por semana ou mais para realizar mais alguns pequenos ajustes quando necessário.

Todos os mecanismos de busca da internet hoje em dia oferecem os anúncios pagos por clique. Sugiro que você comece experimentando o Google AdWords (`adwords.google.com`).

Adicionando os anúncios banner ao seu repertório

Os anúncios banner (aqueles retângulos brilhantes no topo das páginas mais populares) são as respostas da web à exibição de propagandas impressas ou em outdoors. Eles funcionam muito bem na criação do reconhecimento de sua marca, mas não vão muito além.

Pense no design de um anúncio banner da mesma forma que você projetaria um outdoor (veja o Capítulo 8) – como uma forma de transmitir uma mensagem muito simples, clara e persuasiva. Utilize apenas um cabeçalho breve, talvez apoiado por logo e duas linhas de textos.

Faça o que fizer, não deixe que seu anúncio banner fique muito longo; os internautas não querem ler uma tonelada de texto e você perderá o interesse deles em um piscar de olhos se usar mais que meia dúzia de palavras persuasivas.

Para criar seus próprios banners, basta você procurar e selecionar um dos vários modelos de anúncios banners que estão à venda na Internet. Ou você pode contratar uma empresa de web design para criar um banner que se encaixe ao seu programa de marketing mais exatamente.

Se você decidir usar um banner para uma propaganda de ação direta, tenha o cuidado de incluir uma call to action que seja clara. Os banners da web geralmente não fornecem informações suficientes acerca de um produto que estimulem o desejo por uma ação imediata. Nem facilitam a tomada de uma ação.

Depois de projetar um bom anúncio banner, você ainda precisa dar mais atenção ao local para onde ele levará os interessados. Geralmente, utiliza-se uma landing page. Você também deverá determinar os melhores sites onde colocar o seu anúncio banner. Os três critérios que você deve ter em mente são: o tráfego (favoreça os site com muitos visitantes), uma boa relação com o que você faz (favoreça os sites onde seus clientes provavelmente estarão) e o custo (compare os sites onde o tráfego é alto e a relação é boa e pesquise até encontrar os melhores preços).

DICA

A capacidade do MySpace em comunicar um perfil específico o torna um bom local para experimentar alguns anúncios banners. Procure por "MyAds on MySpace" para um link atual ou tente `advertise.myspace.com` para informações específicas e instruções. Você pode, então, direcionar o MyAd a um perfil específico que consista em idade, sexo, localização, hobbies e outras variáveis.

Promovendo a sua campanha na web com anúncios criativos

Antigamente, as campanhas publicitárias na web costumavam se basear quase totalmente em banners (uma forma de web display advertising). Agora, as melhores campanhas integram múltiplas formas de anunciar, incluindo:

- **Botões:** pequenos anúncios que podem ser clicados.
- **Meio-banners:** anúncios com a metade do tamanho dos banners normais que providenciam uma economia bastante significativa.
- **Pop-up**: esses anúncios se abrem no topo de uma página ativa em pequenas janelas.
- **Pop-under:** esses se abrem em grandes janelas abaixo do conteúdo da página ativa.
- **Arranha-céu:** esses são anúncios altos e finos que parecem com banners verticais.

Além disso, as agências de propaganda na web oferecem milhares de novas opções criativas, incluindo os anúncios interativos, como os *widgets*, que são banners com um pop-up interativo que geralmente pede um endereço de e-mail em troca de uma chance de participar de um sorteio ou de ganhar um prêmio.

DICA

Se suas primeiras tentativas com os anúncios na web (anúncios pagos por clique, banners e outros anúncios gráficos) tiverem sido encorajadoras, considere a possibilidade de contratar um web designer e uma agência de propagandas para desenvolver um programa mais extenso que inclua uma ampla variedade de anúncios na web.

Com relação a onde colocar seus anúncios gráficos, siga os mesmos critérios que você teria para a colocação de banner na web (veja a seção anterior): concentre-se em sites com mais movimento cujo conteúdo se relacione bem com a sua marca e cujos preços sejam competitivos.

Sabendo o Quanto Investir

Quando me perguntam o quanto do orçamento de marketing deve ser destinado ao web marketing, respondo que entre 10% e 25%. Entretanto, essa margem é um pouco ampla demais. Já sugeri a alguns clientes que gastassem 100% de seu lucro líquido no web marketing durante um ou dois anos a fim de elevar sua visibilidade nacional e internacional. Para clientes cujas empresas dependem mais da propaganda boca a boca, recomendei que gastassem no máximo entre 1% ou 2% de suas receitas.

Para determinar qual porcentagem é a correta para o seu caso, você deve experimentar diferentes iniciativas de marketing e ver o que acontece. Se, no momento, você tem apenas uma pequena empresa e coloca um banner que lhe atola com muitas oportunidades e encomendas, então, talvez você deva emprestar dinheiro e colocar esse banner em todos os lugares possíveis, além de aumentar a escala de sua empresa para atender a demanda.

LEMBRE-SE

A única coisa que posso dizer com certeza absoluta com relação ao orçamento é a seguinte: Não gaste mais dinheiro depois de ter perdido. Se você colocou anúncios, investiu em um web site ou fez qualquer outro tipo de web marketing que não aumentou suas oportunidades de negócios e nem consolidou sua marca, admita seu erro e se recuse a gastar mais nos mesmos tipos de atividades.

Entendendo a Etiqueta dos E-mails

Você pode criar ou contratar um web site designer para criar um e-mail que se pareça com uma página da web bem projetada, cheia de animações, botões e links para seu site. Depois, tudo o que você precisa fazer é enviá-lo a milhões de endereços de e-mails e com certeza fará milhões da noite para o dia.

Não tão rápido! OK, então você tem essa maravilhosa mensagem de marketing ou apelo de venda e quer enviá-los a todos que possuam um endereço de e-mail. Você até pode fazer isso, mas eu não aconselho. Quanto mais específico e direcionado for o seu uso do e-mail para fins de marketing, melhor.

Enviando e-mails individuais

LEMBRE-SE

O melhor e-mail de marketing é uma comunicação pessoal com um cliente que você conhece. Envie individualmente a partir de um e-mail que possa receber resposta e que contenha seu nome, o nome de sua empresa, um endereço para correspondências e um número de telefone. Veja, a seguir, como esse e-mail deve ser:

Assunto: Obrigado por seu pedido!

Caro fulano,

Quis acompanhar a sua compra do (nome do produto) em (data) para ver se está tudo certo e lhe agradecer por você ter comprado nosso produto. Caso você tenha alguma dúvida, por favor, retorne esse e-mail ou sinta-se à vontade para ligar para meu celular pessoal, (XX) – XXXX-XXXX. Obrigado!

Atenciosamente,

Seu nome

DICA

Use os e-mails o máximo que você puder para um contato pessoal, útil e legítimo e também para oferecer suporte aos clientes ou possíveis compradores.

Indo além das instruções para os e-mails de massa

Às vezes, enviar um e-mail para uma lista em vez de enviá-lo a um indivíduo é o mais apropriado. Porém, certifique-se de que você tenha um propósito claro que beneficie a todos naquela lista.

A lista a seguir possui algumas orientações extras para um bom envio de e-mails em massa que, em minha opinião, todos os empresários deveriam seguir. Minha inspiração vem da Association for Interactive Marketing e da Direct Marketing Association, que possuem manuais para o uso responsável do e-mail. Esses manuais também abordam as regulamentações federais dos Estados Unidos:

DICA

- **Envie e-mails apenas para as pessoas que pedirem.** Seus e-mails devem ser enviados apenas para as pessoas que lhe deram permissão para que você as contate. A forma mais sólida do consentimento é quando alguém lhe pede para ser incluído em sua lista de e-mails. Para conseguir esses pedidos, crie uma e-newsletter e a anuncie na web sob a assinatura gratuita.
- **Retire os endereços de sua lista assim que as pessoas pedirem para serem retiradas.** Por quê? Reveja a regra de não irritar seus clientes e lembre-se de que nos Estados Unidos, recusar-se em permitir que as pessoas optem por sair de sua lista é ilegal. Além disso, as pessoas possuem uma desconfiança generalizada com relação aos anunciantes da web e, portanto, você deveria escrever um e-mail individual e breve (identifique-se para criar credibilidade), para avisar ao cliente que você já o retirou de sua lista e pedir desculpas caso tenha sido inconveniente.
- **Teste as listas de e-mails antes de usá-las**. Essa instrução se aplica apenas quando você insiste em comprar uma lista. Se o fizer, tente enviar mensagens bem simples e que não sejam irritantes para essa lista, como oferecer o envio de catálogos ou amostras grátis e pedir uma avaliação com resposta. Veja o que acontece. Retire da lista todas as pessoas que se irritarem. Agora ela está um pouco melhor do que a lista original.

LEMBRE-SE

- **Respeite a privacidade.** As pessoas não gostam de se sentirem espionadas. Afinal de contas, existem pessoas de verdade por trás desses endereços de e-mail e que merecem ser tratadas como tal! Nunca envie e-mails para uma lista que você teria problemas em admitir onde conseguiu os nomes.

- **Envie seus e-mails de massa da mesma forma que envia os individuais.** Utilize um e-mail real e que possa receber respostas.

- **Inclua o nome de sua empresa e um endereço de e-mail verdadeiro.** Se você estiver nos Estados Unidos, as leis federais agora requerem que você inclua essa informação de contato. Também forneça aos destinatários uma maneira fácil de optar por não receber outros e-mails – outro requisito legal nos Estados Unidos.

- **Verifique se o assunto do e-mail não é enganoso.** Uma lei nos Estados Unidos agora requer que você se certifique de que o assunto de seu e-mail seja direto (o que, a propósito, é uma questão de bom senso).

LEMBRE-SE

- **Atualize sempre sua lista de e-mails**. Quando você receber uma mensagem de impossibilidade de entrega a um determinado endereço, remova-o e atualize sua lista de e-mails para os próximos envios.

  As pessoas mudam seus endereços de e-mails ou seus servidores, portanto, você pode receber mensagens de impossibilidade de entrega de e-mails de pessoas que ainda podem ser bons clientes ou possíveis compradores. Pelo menos uma vez ao ano, verifique esses nomes inativos e tente contatá-los por telefone ou correspondência comum para atualizar seus endereços de e-mail.

DICA

Caso esteja enviando e-mails para uma lista de pessoas que já compraram de você, foram ao seu seminário ou lhe pediram informações no passado, relembre-os de sua relação com eles no e-mail. Talvez, eles tenham se esquecido.

Interpretando as estatísticas de cliques

Talvez você ache as *estatísticas de cliques* (dados sobre o número de pessoas que realmente selecionaram e clicaram em seus anúncios) um indicador útil e fácil de ser obtido para demonstrar o desempenho de um anúncio ou site de busca. Se muitas pessoas estiverem clicando em seu site a partir de um anúncio, aquele anúncio está claramente cumprindo seu papel de atrair tráfego para seu site. Assim, se tudo mais permanecer igual, quanto mais cliques, melhor.

Entretanto, "se tudo mais" não permanece igual o tempo todo. Veja aqui algumas questões que você deve ter em mente ao interpretar as taxas de cliques:

- ✓ Quando um pop-up se abre, as empresas onde você compra o espaço do anúncio geralmente o relatam como um clique. Porém, não acredite nos números, pois não há nenhuma indicação de que aquele pop-up realmente foi lido.
- ✓ Alguns anúncios possuem vários elementos que são carregados em sequência, gerando um clique a cada carregamento. Assim, um único anúncio pode gerar vários cliques. Esse método de contagem pode levar-lhe a pensar que quanto mais complexo o anúncio, melhor. Porém, esse número alto pode ser apenas um artifício para contagem de cliques.
- ✓ A qualidade é mais importante que a quantidade. Quem são essas pessoas que estão clicando em seu site? Essa informação é difícil de ser obtida, mas é a mais importante. Em um de meus sites, o `trainerspectrum.com`, procuro por compradores de materiais e programas de treinamento gerencial e de capacitação de funcionários sediados na América do Norte. Se eu conseguir mil cliques em uma semana, ótimo – mas eles incluem os possíveis compradores? Só conseguirei essa informação se vasculhar em relatórios mais detalhados sobre quem acessa, onde acessa e o que procura em meu site, além das informações sobre que tipos de perguntas recebo por e-mail e a média de pedidos naquela determinada semana.
- ✓ Se a qualidade de seus cliques não estiver boa, você precisará tentar colocar anúncios em outros locais ou recriar seus anúncios a fim de conseguir um foco mais específico para seu público-alvo.

Você pode avaliar o desempenho de seus anúncios na web todos os dias ou semanalmente e também pode conseguir estatísticas sobre todos os anúncios que postar. Portanto, utilize esses dados de forma inteligente para experimentar e ajustar seu enfoque.

Como se tornar um vendedor no eBay

A maneira mais fácil e mais barata de ter um loja na web é se tornando um vendedor no eBay[1]. A maioria de seus custos é variável (você os tem quando anuncia ou vende algum item) e os custos iniciais são relativamente baixos. Como retorno, você recebe o carrinho de compras mais completo e a possibilidade de colocar itens para leilão ou oferecer itens com preços determinados em sua própria loja.

Veja aqui algumas das estratégias-chave para vender bem no eBay:

- ✓ Construa uma loja com seus produtos principais, coloque preços razoáveis juntamente com textos claros, precisos e informativos e adicione várias fotografias de boa qualidade do produto.
- ✓ Descreva-se melhor do que os outros vendedores do eBay. Os compradores confiarão em você se você disser quem é.
- ✓ Anuncie *chamarizes* (itens muito baratos que servem para atrair os compradores) que comecem com lances bem baixos para chamar a atenção para a sua loja.
- ✓ Contate os compradores assim que seus lances ganharem e os avise sobre a progressão de seus pedidos. Os e-mails curtos, educados, frequentes e pessoais ajudam a construir bons relacionamentos com clientes e garantem 100% das avaliações positivas.
- ✓ Não venda a ninguém que tenha um histórico ruim no eBay. É possível localizar os caloteiros e clientes invocados a partir de seus perfis e avaliações. Reserve-se ao direito de se recusar a vender (escreva isso no texto de seu anúncio, embaixo do termo de Políticas da Loja ou em qualquer outro lugar) caso não se sinta à vontade com o perfil de um cliente ou por falta de histórico no eBay.
- ✓ Complete todas as transações! Mesmo se você achar que seu produto deveria ter sido vendido a um preço muito mais alto, você tem que enviá-lo como prometido.

No eBay, a maioria dos vendedores utilizam o PayPal (`www.paypal.com`) para realizar as transações bancárias. Eu recomendo o PayPal e sugiro que você registre uma conta antes de começar a vender qualquer coisa no eBay.

---

1 No Brasil, o site eBay é pouco expressivo, porém, o seu equivalente seria o (`www.mercadolivre`), que possui parceria com o eBay nos EUA.

Capítulo 11

Fazendo uma Boa Impressão sem Gastar Muito

Neste Capítulo:

- Utilizando o marketing viral para gerar propaganda boca a boca;
- Pensando como um jornalista para conseguir boa publicidade;
- Aprendendo a escolher brindes de qualidade e de alto impacto.

Se você conseguir entrar em um ambiente frequentado por clientes em potencial, de forma positiva e que não tenha os custos e a estridência das propagandas, poderá fazer um impacto positivo de forma eficiente e barata. Neste capítulo, apresento três formas complementares de ganhar o direito de ser visível e apreciado.

- A *propaganda boca a boca* é o que as pessoas dizem sobre você para outras pessoas. Se você oferece um bom serviço e passa uma impressão positiva e simpática para as pessoas, elas se sentirão motivadas para compartilhar seu entusiasmo com outras pessoas.

- A *publicidade* lhe coloca na parte editorial da mídia, onde a exposição ou menção a sua empresa, serviço ou produto pode ser tornar parte das notícias.
- Os *brindes* são produtos identificados com a sua marca (e geralmente com as informações de contato de sua empresa). Quando as pessoas gostam dos brindes, elas os guardam e os compartilham, gerando, assim, exposições positivas, sem que você tenha que pagar cada exposição.

LEMBRE-SE

As três táticas possuem um fator poderoso em comum: elas fazem as pessoas comentarem sobre seu produto ou marca. Muitos empresários ignoram ou dão pouca atenção a elas, mas todas as três pertencem às linhas de frente de seu programa de marketing em virtude da facilidade de seu uso, sua simplicidade, seu baixo custo e seu grande potencial.

Aproveitando ao Máximo o Boca a boca

Se você fizer uma pesquisa com os clientes para saber o motivo que os levou a comprar um produto, provavelmente irá descobrir que respostas como "meu amigo me falou a respeito" ultrapassam as respostas como "eu vi um anúncio" em dez para uma. Quando os clientes falam os outros clientes escutam.

LEMBRE-SE

A propaganda boca a boca dá ao consumidor a fonte mais confiável de informação sobre os produtos, além das reais experiências com tais produtos.

As seções a seguir lhe dão o fundamento do boca a boca e lhe explicam o que você pode fazer para manter algum controle sobre ele. Também abordarei o fenômeno do marketing viral.

Gerenciando a propaganda boca a boca

Muitos empresários acreditam que não existe um modo eficaz de encorajar os consumidores a dizer coisas boas sobre um produto ou evitar que eles o difamem. No entanto, na verdade, é possível influenciar o boca a boca até um grau considerável.

DICA

Veja aqui algumas ideias de como gerenciar as comunicações boca a boca a respeito de um produto:

- **Torne seu produto especial.** Um produto ou serviço que surpreenda as pessoas em virtude de sua boa qualidade se torna especial o bastante para que as pessoas o comentem.
- **Faça algo notável em nome de seu produto ou empresa.** Se seu produto ou serviço não possuírem aspectos inacreditavelmente maravilhosos e surpreendentes, realize uma atividade legal e a associe ao seu produto ou serviço. Use sua criatividade e pense em um modo de ajudar a melhorar o seu mundo, que surpreenda as pessoas e as faça notar o bem que você está fazendo em nome de seu produto.
- **Use brindes e promoções de venda instigantes.** Um cupom de desconto de 24 centavos não é algo que vale à pena ser comentado. Porém, um sorteio no qual os ganhadores poderão passar um dia com a celebridade de sua escolha realmente pode deixar os clientes agitadíssimos.

Capturando o poder do marketing viral

A última palavra da moda para a propaganda boca a boca é o *marketing viral*. OK, tecnicamente isso não é uma palavra, mas um termo. Então o correto seria algo como o termo da moda? De qualquer forma, o *marketing viral* se concentra na construção da propaganda boca a boca ao presentear as pessoas com algo (tanto no mundo real quanto no virtual) que elas apreciem tanto ao ponto de passarem a várias outras pessoas.

LEMBRE-SE

As boas campanhas de marketing viral se direcionam aos formadores de opinião, também conhecidos como alfas. Estes são pessoas cujas opiniões importam muito. Em um mercado business-to-business, os formadores de opinião geralmente são óbvios. Alguns executivos proeminentes, alguns editores que trabalham para revistas de negócios e alguns dos funcionários de associações comerciais provavelmente exercem grande influência sobre as opiniões dos demais.

DICA

Para tirar proveito dos formadores de opinião, faça uma lista das pessoas que se enquadram nessa categoria para o seu produto ou serviço e, então, trace um plano para cativá-los. Apresente-os a gerentes e vendedores que possam levá-los para almoçar ou participar de eventos.

Por outro lado, por que não considerar a possibilidade de desenvolver uma série de brindes e malas-diretas informativas para enviar a essas pessoas? Por exemplo, se você quiser introduzir uma nova chuteira no mercado direcionada a jovens jogadores, envie amostras para jovens treinadores.

MUNDO REAL

A honestidade vale à pena

Uma semana depois de ter comprado meu carro novo, recebi uma surpresa em meio às minhas correspondências – uma mensagem da vendedora que me atendeu se desculpando por um erro no sistema e um cheque de uma pequena quantia para reembolsar a diferença. Eu contei essa história a tantas pessoas que muitas delas foram até a concessionária para comprar um carro por causa de minha história sobre o tratamento atencioso dos funcionários. Mais uma prova do poder da propaganda boca a boca – e da honestidade.

Você pode alcançar os formadores de opinião de seu conteúdo viral através de qualquer mídia, desde a web e brindes até os jornais locais e as vendas de produtos que contenham ou exibam seu conteúdo viral.

Veja alguns exemplos de marketing viral:

- Um design fascinante que incorpore seu logo e arte e texto que as pessoas achem moderno e elegante o suficiente para usar em público (pense em camisetas, tatuagens temporárias, mochilas ou bonés). Se o design "criar pernas" e começar a se tornar algo na moda, todos irão querer um e, em breve, seu logo será visto no peito de adolescentes de todos os lugares.
- Um vídeo digital engraçado, fascinante ou bonito de um a três minutos que atraia um grande número de espectadores e imitadores.

Esses exemplos de marketing viral ilustram a simplicidade do marketing viral e sua gama de possibilidades.

Usando a Publicidade a Seu Favor

A publicidade é a cobertura de seu produto ou de sua empresa no editorial de algum meio de notícia. Se, por exemplo, a Consumer Reports lança um artigo elogiando o seu produto como o melhor em sua categoria, isso é publicidade. E das boas. Se, por outro lado, o telejornal da noite mostrar uma reportagem falando que especialistas acreditam que seu produto causa inúmeros acidentes, isso também é publicidade – do pior tipo.

As relações públicas (RP) são a busca ativa da publicidade para fins de marketing. Você usa a RP para gerar boa publicidade e diminuir a publicidade ruim. Por exemplo, você pode enviar aos editores um *press release*, uma carta que resume a sugestão para uma notícia.

Muitas empresas contratam publicitários ou empresas de relações públicas – especialistas que fazem RP como freelancers ou consultores.

As seções a seguir lhe ajudarão a identificar quais histórias valem à pena serem promovidas e como fazer para redigir um press release que gere os resultados esperados.

Farejando boas histórias

Para um jornalista, uma boa história é qualquer coisa que gere interesse suficiente do público para atrair leitores, espectadores, ouvintes e segurar sua atenção. Sinto lhe dizer que a maioria das coisas que você quer comunicar ao seu mercado (as grandes propriedades de seu produto, o porquê seu serviço é melhor do que o da concorrência e etc.) não se enquadra na categoria de uma boa história.

DICA

Para conseguir uma boa publicidade, você tem que dar aos repórteres o que eles querem. Fareje uma boa história, adicione informações o bastante para corroborá-la e redija uma versão da história que os repórteres de sua mídia-alvo possam publicar sem ter muito trabalho.

LEMBRE-SE

Embora os detalhes desejados pelo seu jornalista-alvo possam variar dependendo do assunto que ele cobre, veja aqui algumas características padrões de uma boa história:

- **Conformidade:** preste atenção às tendências e aos eventos atuais e ajuste seu produto ou serviço a eles;
- **Informação sólida:** a história que você quer transmitir precisa ter os fatos corretos e citações dentro de uma narrativa clara e bem redigida;
- **Novidade:** sua história deve ser algo que ainda não foi falado. Caso já tenha sido abordada, dê a ela um ar de novidade. Notícias antigas não interessam.

Os jornalistas e os editores não querem histórias sobre:

- Seu novo produto e como ele se diferencia dos modelos anteriores ou dos produtos e serviços de seus concorrentes (a não ser que isso seja a especialidade de sua cobertura);
- O porquê você e o diretor de sua empresa acreditam que seus produtos sejam realmente maravilhosos;
- Sua versão a respeito de uma história antiga – uma que eles já cobriram da mesma forma antes;

- Qualquer coisa que pareça chata ou interessante apenas para alguém que não trabalhe para sua empresa.

Encontrando um furo: pense como um jornalista

O jornalismo se resume a encontrar um furo de reportagem que transforme sua história em algo atraente. Basicamente, o *furo* é uma informação nova e interessante que chama e prende a atenção. Quando você começa a farejar boas histórias, precisa procurar por algo interessante, novo e que valha à pena virar notícia ou fofoca, pois sem um furo, você não tem uma verdadeira notícia e a imprensa provavelmente não escolherá a sua história.

Então, qual é o segredo, a chave, a essência para uma boa publicidade? Desenvolver histórias com furos e dá-las a jornalistas e blogueiros, que avidamente aceitam ajuda de tempos em tempos.

Seus furos devem ser iguais aos que atraem sua atenção para as novas e interessantes histórias, com uma exceção: você precisa, de alguma forma, associá-los a seu marketing.

Você precisa se certificar de que ao menos uma linha conecte o furo à identidade de sua marca. A notícia de que você acaba de introduzir um novo produto, ou qualquer outra coisa que você queira que o público conheça.

Experimente fazer esse simples exercício para lhe ajudar a ter uma ideia para o furo de sua história. Veja o jornal de hoje (qualquer um que você goste de ler) e classifique as cinco melhores histórias, baseando-se em seu interesse pessoal por elas. Agora analise cada uma delas a fim de identificar a única coisa que fez aquela história interessante o bastante para prender sua atenção. Os furos irão se diferenciar, mas toda história terá um. E eu ainda garanto que cada um dos cinco furos que você encontrar apresentará certos elementos em comum:

- Os furos, em geral, apresentam novas informações (informações que você não conhecia ou das quais não tinha certeza);
- Os furos transformam aquela nova informação em atividades ou interesses;
- Os furos chamam sua atenção, geralmente por lhe surpreender com algo que você não esperava;
- Os furos lhe prometem alguns benefícios – embora eles possam ser indiretos – ao lhe ajudar a entender o mundo melhor, evitar algo indesejado ou simplesmente lhe divertir durante sua leitura.

DICA

Se a criação de um furo que valha à pena virar notícia se mostrar um desafio para você (e você não tiver o orçamento necessário para a contratação de um especialista em RP) considere a possibilidade de contratar um jornalista que já tenha escrito algumas histórias para uma ou mais mídias.

Comunicando uma história à mídia

Para comunicar sua história de forma eficaz à mídia, você precisa levar em consideração tanto o formato quanto o conteúdo. Coloque sua história em um formato profissional e adequado para que os repórteres e editores possam saber qual é o assunto da história e encontrem uma maneira fácil de trabalhar com ela. O formato mais importante e mais básico para comunicar uma história é o *press release* (também conhecido como *comunicado de imprensa*), um breve documento por escrito com um cabeçalho objetivo, cheio de fatos e citações para sustentar a notícia, um breve histórico sobre a empresa/produto envolvidos, uma data e informações de contato para os jornalistas que queiram telefonar para mais informações ou marcar uma entrevista.

Os repórteres e editores jogam fora mais de 90% dos comunicados de imprensa que recebem. Portanto, para vencer as estatísticas, você precisa escrever um comunicado que se destaque do lixo que enche suas caixas de e-mail.

1º de setembro de 2009

PARA LANÇAMENTO IMEDIATO

Para mais informações, entre em contato com Stephanie Sousbies, (877) 549-5200 ou stephanie@tspectrum.com

Web Site Gratuito Ensina Autodefesa Verbal Contra "Tubarões"

A Trainer's Spectrum anunciou que começará a oferecer seu popular workshop "Negociando com Tubarões" gratuitamente em seu web site, www.negotiatingwithsharks.com. "Pesquisas mostram que uma em cinco pessoas se comporta de forma traiçoeira, enganosa ou extremamente competitiva ao negociar e que as demais se sentem ameaçadas por elas", segundo Alex Hian, autor do workshop Negotiating with Sharks e do web site.

Figura 11-1: Um exemplo de comunicado de imprensa certeiro.

LEMBRE-SE

Além de um bom formato, seu comunicado de imprensa também deve apresentar um bom conteúdo (assim como o já mencionado neste capítulo). Sempre faça o seguinte para lhe ajudar a garantir a cobertura da imprensa:

- **Inclua algo que a mídia possa utilizar como citação, como uma lista de dicas, regras ou princípios.** Por exemplo, um massoterapeuta dever oferecer cinco maneiras de evitar dores nas costas, ou uma empresa de inspeção residencial poderia oferecer dez dicas para evitar as surpresas onerosas ao comprar uma casa;

- **Ofereça-se** como um comentarista especializado em questões relacionadas ao seu mercado, caso o repórter necessite de uma citação para outro artigo. Talvez o jornalista inclua apenas uma frase sua, mas se ela mencionar o nome de sua empresa, você já conseguiu uma boa publicidade;

- **Mantenha-se breve**. Os jornalistas geralmente entendem tudo e trabalham muito rapidamente, sendo assim, deixe que eles entrem em contato caso precisem de mais informações;

- **Poste seus comunicados de imprensa em seu web site.** Seus press releases podem cumprir duas tarefas na web: providenciar informações para os jornalistas curiosos e também para seus clientes em potencial;

- **Envie os comunicados para todos os editores em sua área, independente do tamanho da publicação.** A cobertura local é normalmente mais atingível que a cobertura regional ou nacional.

- **Envie os comunicados por e-mails, como anexos, a não ser que você saiba que determinado jornalista ou editor prefira recebê-los como correspondência tradicional.** A maioria dos jornalistas prefere o formato digital, pois podem copiar e colar partes do texto;

- **Reúna bons exemplos de reportagens do tipo de seu produto ou serviço e faça uma lista de endereços de jornalistas e das mídias que cobrem as atividades em seu campo.** Enviar os comunicados a essas pessoas faz sentido, uma vez que elas já mostraram interesse por histórias semelhantes;

- **Verifique os bancos de dados eletrônicos que contêm os contatos de mídias e veja se você pode enviar seus comunicados de imprensa para mais nomes.** Para expandir sua lista, use os serviços, como Cision MediaSource (`uscision.com/products_services`) e Burrelles*Luce* (`www.burelleluce.com/Media_Contacts`).

Independente do que você fizer, evite estes erros comuns sobre os quais os jornalistas reclamam:

- **Não envie comunicados inadequados ou atrasados.** Concentre-se nos contatos corretos. Um crítico de culinária não se interessará por um comunicado sobre uma fábrica de robôs. E, caso suas instalações já tenham sido inauguradas há dois meses, um jornalista de negócios não precisará de seu comunicado, mesmo porque isso já não é mais novidade.

  DICA

  Gaste um pouco de tempo para criar um banco de dados com contatos das mídias adequadas e envie seu comunicado de imprensa com aviso de recebimento (com o aviso de recebimento, você receberá os envelopes de volta, caso o endereço não seja válido; no caso de e-mails, você receberá uma mensagem avisando sobre a impossibilidade de entrega da mensagem eletrônica ao destinatário).

- **Não cometa erros.** Erros colocam os fatos em dúvida.
- **Não dê informações de contato incompletas.** Sempre inclua nomes, endereços e números de telefones atualizados.
- **Não ignore as necessidades de pesquisa dos jornalistas.** Quanto mais suporte você lhes fornece, maiores são as chances de que eles cubram sua história. Inclua fotos de especialistas que você cita em seu comunicado enviando por correio (inclua a data, o nome da pessoa e informações sobre a fonte da foto, na parte de trás da foto ou na margem). Caso você queira enviar uma foto por e-mail, envie-a em formato TIFF com resolução de 300 dpi ou maior.
- **Não incomode os jornalistas.** Você não conseguirá que sua história vire uma notícia se tentar vendê-la. Depois que os jornalistas ou editores tiverem selecionado sua história, deixe-os trabalhar em paz, não os interrompa com telefonemas.
- **Não amole os repórteres que realmente irão relatar sua história.** Os jornalistas não querem enviar a você os artigos que eles escreveram. Portanto, não os amole com pedidos.

- **Não se esqueça de que os jornalistas trabalham em um fuso horário mais adiantado que o seu.** Quando um jornalista lhe telefona a respeito de um press release, retorne a ligação (ou verifique se alguém a retornou) dentro de algumas horas, e não dentro de alguns dias, pois, caso isso aconteça, provavelmente ele já terá encontrado outra fonte quando você retornar a ligação.

Mesclando vídeos release e agências de notícia

Enviar o seu press release por e-mail ou por correspondência a um repórter não é a única maneira de conseguir virar notícia. Você pode fazer um vídeo release com cenas que possam interessar a um produtor de televisão e serem exibidas como parte de uma notícia. Os vídeos funcionam muito bem com reportagens que tenham um forte componente visual. Opte pelos vídeos apenas se conseguir fornecer à mídia cenas que os espectadores possam achar extremamente atraentes.

LEMBRE-SE

Em se tratando da distribuição online de notícias, fotos ou vídeos como um modo de atrair a atenção, ela funcionará se (e somente se) realmente existir algo que valha à pena ser ilustrado.

PR Newswire e Business Wire

Quer uma forma barata de distribuir seus comunicados de imprensa? Visite o site, `prtoolkit.prnewswire.com` para obter instruções de como criar e distribuir seus próprios comunicados de imprensa. Para informações sobre preço, vá ao site principal, `www.prnewswire.com`, clique em Our Products no topo da página e, depois, no link Rate Cards (encontrado na barra de navegação à esquerda, na página Our Services). Um serviço semelhante por um preço ligeiramente mais alto pode ser encontrado no site, `www.businesswire.com`. A Business Wire fornece uma cobertura semelhante, portanto, basta você comparar os preços ou procurar por uma oferta especial de uma das duas empresas.

Brindes: O Meio Mais Usado e Abusado de Todos!

O ***brinde promocional*** ou simplesmente, ***brinde***, é qualquer produto com uma mensagem de marketing que você dá como lembrança. Os brindes clássicos incluem camisetas, canecas, canetas, calendários e bonés com o nome ou o logo de sua empresa. Mas você não precisa se prender a essas opções. Na verdade, as empresas têm usado esses clássicos há anos e, portanto, a oferta de algo mais inovador pode ser justamente o caminho que você quer seguir. As próximas duas seções focam na identificação dos brindes que funcionam melhor e como garantir que as pessoas notem o brinde pelo qual você se decidir.

Usando brindes para criar impacto

Para que um brinde realmente funcione, você precisa pensar em uma *situação de impacto*, ou seja, um contexto realista sobre o brinde e o seu usuário no qual o brinde, de alguma forma, influencie o comportamento de compra de seu usuário.

LEMBRE-SE

Uma situação de impacto começa com uma lista do que o cliente-alvo deveria entender ou fazer. Ela termina com você pensando em um modo de fazer com que os brindes possam alcançar os objetivos de sua lista. Por exemplo, talvez seu objetivo seja o de estimular e fortalecer o sentimento de orgulho em sua marca. Se você estiver fazendo o marketing de uma faculdade ou museu, o simples fato de colocar o nome e o logo da instituição em uma caneca pode fazer com que você cumpra seu objetivo.

Digamos que você esteja fazendo o marketing de uma nova gama de serviços bancários para pequenas empresas e queira espalhar a notícia sobre esses novos serviços para os pequenos empresários que no momento possuem contas correntes em seu banco.

Por que não colocar o logo e o nome do banco juntamente com o slogan "Servindo melhor as pequenas empresas" em canetas, que poderão ser distribuídas juntamente com os próximos extratos de conta? Parece que esse brinde lhe proporcionará uma tática de marketing fácil e barata, mas tente imaginar o contexto antes de colocar seu plano em prática:

> *Os pequenos empresários abrem seus extratos e encontram uma caneta. Eles olham a caneta e ansiosamente leem o slogan. Em seguida, curiosos com relação ao significado do slogan, imediatamente ligam para sua agência e pacientemente esperam alguns minutos. Quando eles finalmente conseguem que alguém os atenda, dizem: "Olha, eu recebi uma caneta junto com meu extrato e gostaria que você me dissesse tudo a respeito dos novos serviços para pequenas empresas!".*

De alguma forma, o contexto acima não parece muito plausível. Na verdade, eu acho que a maioria das pessoas simplesmente colocaria a caneta dentro de uma gaveta ou a jogaria em uma lata de lixo sem ler a mensagem ou pensar sobre a que o slogan se refere.

No exemplo anterior, uma caneca funcionaria melhor que uma caneta. A caneca lhe proporciona espaço para escrever mais informações sobre os serviços que está oferecendo, como um título "Você sabia?" seguido por tópicos curtos sobre problemas que o banco pode resolver para um pequeno empresário ("Pagamento automático de contas" entre outros).

Preferindo a qualidade à quantidade

Um brinde funciona como um presente seu ao seu cliente – ou seja, ele representa ao seu cliente coisas boas a seu respeito e também o que você pensa de seus clientes. Um presente barato e cafona pode parecer bom quando olhamos apenas os números, mas, com certeza, não parecerá bom ao cliente que o receber.

Surpresa em três dimensões: faça um brinde interativo

Um brinde interessante e interativo pode criar envolvimento e transmitir informações. Atualmente, existe uma grande variedade de fontes para brindes interativos, como a empresa sediada em Illinois, a American Slide Chart Corporation (`www.americanslidechart.com`; 800-323-4433). Ela fabrica tabelas customizadas, roletas ou brindes em três dimensões (quando você o abre, ele se desdobra para virar um objeto tridimensional) que você pode incluir em sua próxima mala-direta. Por exemplo, um banco poderia enviar aos seus clientes uma tabela que diz "Como Resolver os Cinco Problemas Financeiros Mais Comuns das Pequenas Empresas" juntamente com uma lista desses cinco problemas. Internamente, há uma seta que aponta para as soluções (cada solução, obviamente, envolve o uso de um dos novos serviços do banco).

Veja a situação de impacto para essa tabela interativa: a pessoa que a recebe retira um objeto estranho de dentro do envelope, observa-o (o desconhecido provoca a curiosidade), vê que o objeto promete resolver os problemas financeiros de pequenas empresas e – pelo menos às vezes – começa a brincar com a tabela. De repente, o cliente decide selecionar um dos problemas – provavelmente o mais relevante para sua situação – e agora lê na janela de exibição como um dos novos serviços de seu banco pode resolver o problema dele imediatamente. Pode até ser que o cliente pegue uma caneta (sem se dar conta que é um brinde do banco concorrente), preencha a carta-resposta que vem junto com a tabela e a coloque na caixa do correio.

DICA

Você pode fazer com que seus brindes se destaquem ao simplesmente escolher um item com qualidade superior aos demais. O cliente se lembrará mais facilmente de um bom presente e, por sua vez, esse presente irá criar uma imagem mais forte e positiva da empresa.

É claro que um brinde de boa qualidade geralmente custa mais caro. Porém, você pode justificar esse preço ao escolher um brinde que cause um grande impacto – e reduza o custo ao ser distribuído a uma lista mais seletiva e de melhor qualidade. Considere os exemplos a seguir:

- **Brinde A (brinde barato enviado por mala-direta)**
  - Custo do brinde A = $5 cada, ou $5.000 para a distribuição de 1.000 unidades.
  - Taxa de Resposta (pedidos de clientes dentro de um mês) = 1,5 por cento, ou 15 por cento a cada mil.
  - Se o lucro obtido de cada pedido é de $1.000, *ganho bruto do brinde* = $ 15.000.
  - Retorno = bruto de $15.000 a cada mil menos o custo de $5.000 a cada mil = $10.000 a cada mil brindes.
- **Brinde B (brinde caro enviado por mala-direta)**
  - Custo do brinde B = $25 cada, ou $25.000 para a distribuição de 1.000 unidades.
  - Taxa de Resposta (pedidos de clientes dentro de um mês) = 12 por cento, ou 120 a cada mil.
  - Se o lucro obtido de cada pedido é de $1.000, o *ganho bruto do brinde* = $120.000.
  - Retorno – bruto de $120.000 a cada mil menos o custo de $25.000 a cada mil = $95.000 a cada mil brindes.

Assim, o retorno é em geral significativamente mais alto com um brinde de qualidade superior – desde que você o forneça aos clientes adequados (aqueles que provavelmente responderão de acordo com seu contexto) e não o distribua para uma lista de baixa qualidade.

Capítulo 12

Alavancando as Oportunidades de Marketing Cara a Cara

Neste Capítulo:

- Fazendo o marketing cara a cara funcionar para sua empresa;
- Patrocinando o evento especial de outra pessoa;
- Criando seus próprios eventos;
- Fazendo marketing pessoalmente em feiras de negócios.

Um velho ditado diz o seguinte: Metade do segredo da vida é simplesmente aparecer. Isso pode não ser válido para todos os aspectos da vida, mas certamente se aplica ao marketing. Para que sua empresa obtenha sucesso, você precisa estar onde as coisas estão acontecendo e se fazer visível e acessível tanto para os clientes em potencial quanto para os outros envolvidos em seu mercado e comunidade. Caso você não saiba como aumentar a visibilidade de sua marca, não entre em pânico. Este capítulo lhe dá o fundamento de como tirar o maior proveito das oportunidades de marketing cara a cara com seus clientes atuais e com os clientes em potencial.

Aproveitando o Poder do Marketing Cara a Cara

O marketing cara a cara possui um elemento pessoal, acolhedor e humano que lhe confere uma força de marketing especial e um considerável poder de atração. Pensando-o como uma peça de teatro – um espetáculo que diverte ou estimula as pessoas de uma forma prazerosa (e que às vezes pode incluir as pessoas como participantes e não apenas espectadores).

As seções seguintes lhe ajudam a começar a tirar o máximo de proveito de suas interações cara a cara com os clientes ao destacar algumas opções que você pode experimentar e ao lhe mostrar como manter os eventos de marketing interessantes.

Considere suas opções

O marketing cara a cara pode tomar inúmeras formas, que podem ser simplificadas ao serem colocadas em uma de duas categorias: você pode participar no evento de outra pessoa (como uma feira de negócios) ou organizar seu próprio evento. Veja aqui várias ideias de marketing cara a cara que talvez você possa promover:

- **Uma feira de negócios:** as feiras de negócios lhe permitem comprar um espaço para exibição e ficar diante de milhares de clientes em potencial. Se você não puder pagar por um stand, planeje uma forma de comparecer de qualquer maneira e fazer um monte de contatos.
- **Um evento apreciado por seus clientes:** uma festa direcionada ao entretenimento de seus clientes pode ser uma ótima maneira de fortalecer suas relações. Se você convidar várias pessoas, talvez elas gostem do clima de amizade e das oportunidades de fazer contatos oferecidos pelo evento.

- **Um musical:** patrocinar um show que seus clientes e possíveis compradores gostem ou organizar seu próprio show ou outro tipo de espetáculo pode ser uma ótima forma de chamar a atenção da multidão e ter uma chance de se misturar aos clientes em potencial.
- **Um final de semana em um resort de golfe para seus clientes mais importantes, além da distribuição de prêmios para os melhores jogadores – e para todos os demais:** muitos empresários que no mercado do business-to-business acham que seus clientes em potencial apreciam jogar golfe e acreditam que esse tipo de evento é uma oportunidade para se socializar.
- **Um jantar para arrecadar fundos para uma instituição de caridade.** A filantropia é uma ótima forma de reunir as pessoas e fazer com que elas se sintam bem por terem contribuído. Participe ou patrocine eventos sociais que beneficiem instituições sem fins lucrativos e talvez você possa ver que a visibilidade de sua marca e as oportunidades de network valeram à pena.
- **Um evento da comunidade, como uma feira ou um workshop com crianças:** se seus produtos são voltados às famílias, os eventos que atraem e divertem ou educam as crianças são uma ótima oportunidade para patrocínio e voluntariado, pois eles o colocam bem diante de seu público-alvo e de uma forma muito positiva.
- **Um show de talento na comunidade:** a ideia é pensar em eventos criativos que atraiam publicidade e que chamem a multidão, aumentando, assim, sua visibilidade e gerando oportunidades naturais para firmar relações e construir seu network.
- **Um conselho formado por clientes:** convide um seleto grupo de bons clientes para se juntar ao seu conselho e lhes ofereça jantares em bons restaurantes (preferencialmente em salas privadas) em troca de seus feedbacks e ideias.

- **Um vídeo com instruções passo a passo ou com o comentário de um especialista em seu blog:** a web expandiu o marketing cara a cara ao trazer seu rosto sorridente aos clientes em potencial ou outros interessados. Entretanto, um vídeo não é interativo, então, convide as pessoas a lhe enviarem e-mails com perguntas.
- **Um workshop em que você compartilha suas experiências ou resolve os problemas dos participantes:** esse workshop pode ser pessoalmente ou via web. Por exemplo, se você tem uma loja, você pode trazer um especialista e fazer um workshop de um dia ou de um fim de semana.

LEMBRE-SE

Seja qual for seu evento voltado a empresas, lembre-se de que você ainda está tentando atrair e prender a atenção de pessoas, e não de um negócio. O seu interesse está nas pessoas responsáveis pelas decisões de compra de uma empresa. Então, acima de tudo, certifique-se de que seu evento seja interessante para as pessoas envolvidas.

Evitando o tédio para garantir eventos interessantes

Caso você esteja planejando seu próprio evento e queira atrair a atenção de seus clientes, tenha em mente que ele tem que ser um entretenimento, mas também tem que ser profissional e informativo. É muito fácil conseguir um monte de informações e ficar com uma aparência profissional, mas ninguém realmente quer encarar dois dias de palestras sobre o impacto das novas tecnologias no mercado. Seria melhor que você oferecesse, como opcional, debates de uma hora sobre o assunto, amparados por esportes ao ar livre e eventos recreativos ou uma visita ao campo de golfe mais próximo.

LEMBRE-SE

Alguns eventos e patrocínios se tornam comuns e ganham visibilidade e impacto a cada repetição. Entretanto, a maioria dos eventos cara a cara serve para apenas uma vez; não os repita, pois eles podem não conseguir atrair muita atenção depois que as pessoas os virem como desatualizados ou quando estiverem desgastados.

Patrocinando um Evento Especial

Uma ótima forma de criar oportunidades de marketing cara a cara é patrocinando um evento especial. (Pense no patrocínio de eventos como o que carrega os demais investimentos).

Os eventos esportivos são os que recebem a maior parte dos gastos com patrocínio (cerca de 70%), mas existem muitas outras opções também, incluindo entretenimento, turismo, atrações, festivais, feiras e as artes. Para decidir qual tipo de evento se encaixa melhor ao seu programa de marketing, pense em seus clientes e a quais eventos ele gosta de ir ou assistir.

As seções a seguir dividem as quatro ações que você deve tomar caso esteja considerando a possibilidade de patrocinar um evento especial. Se você as seguir, as chances de sua experiência valer à pena serão maiores.

LEMBRE-SE

Seja qual for o evento que você decidir patrocinar, exija um contrato por escrito sobre onde, como e com que frequência o evento identificará sua marca. Tal identificação é o retorno de seu investimento.

Conheça suas opções

O primeiro passo para determinar se um patrocínio é um bom investimento é analisar todas as suas opções. Quanto mais bem informado você estiver, melhor será sua decisão. As fontes a seguir podem lhe ajudar a descobrir e identificar suas opções:

- **IEG:** é a sigla para International Events Groups. Esse grupo publica um livro listando muitas das opções de eventos especiais, incluindo quase todos os eventos em grande escala. Acesse o site `www.sponsorship.com` para mais informações. (**Observação:** a ênfase do IEG é nas oportunidades de patrocínio nos Estados Unidos).

- **Câmaras de comércio local:** as câmaras oferecem lista de eventos locais que podem ser os maiores eventos em uma cidade, mesmo que você nunca tenha ouvido falar sobre eles.
- **Organizações que pareçam combinar bem com seu produto ou carteira de clientes:** esses grupos podem ter informações ou organizar eventos especiais que sejam adequados ao seu patrocínio.
- **Escolas e faculdades:** essas instituições geralmente possuem uma base forte de apoio nas comunidades e algumas ainda possuem um alcance maior por meio de seus alunos, equipes esportivas, desempenho proeminente e outros.
- **A Internet:** atualmente, inúmeras empresas virtuais lhe ajudam a localizar possíveis eventos para patrocinar. Por exemplo, acesse `www.eventcrazy.com` para visualizar as centenas de oportunidades em tudo que inclua desde esportes e artes até museus.
- **Estações de televisão local:** telefone para as estações de televisão local e lhes pergunte a respeito de quais eventos eles esperam cobrir no próximo ano.

Analise os números

Ao se decidir em relação ao patrocínio de um evento especial, você precisa tomar o cuidado de escolher um que alcance seu público-alvo de forma eficiente. Analise minuciosamente o impacto de marketing de cada candidato ao seu patrocínio. Corte todos de sua lista cujo público não combine com seu mercado-alvo. Agora, para comparar o que sobrou, calcule seu custo por mil exposições para cada um.

Patrocine os eventos relacionados a uma causa

Você conseguirá atrair muita atenção da mídia e da comunidade ao patrocinar um evento para arrecadação de fundos para uma instituição de caridade. Esse tipo de patrocínio de eventos é, por razões obvias, chamado de patrocínio de eventos relacionados a uma causa.

Tenha a cautela de selecionar as causas que sejam interessantes não só a você e aos seus colaboradores, mas também ao seu público-alvo. Não jogue dinheiro fora pelo simples fato de ter esquecido de levar em consideração as causas pelas quais os seus clientes lutam.

Cuidado: Examine com cuidado o livro contábil da instituição de caridade e seu status com relação às isenções de impostos antes de patrociná-la ou organizar um evento em seu benefício. Você não vai querer patrocinar uma instituição de caridade que, na verdade, é uma empresa desonesta. Os registros e o movimento financeiro da instituição devem ficar disponíveis para a inspeção pública, então, tudo o que você tem a fazer é pedir para analisá-los. Se uma organização hesitar em compartilhar essas informações, não se envolva com ela.

Dica: Se você achar que o patrocínio de um evento é mais confiável e convincente que um anúncio em virtude de sua afiliação com uma causa realmente cativante, você pode ajustar seus custos para compensá-lo. Essa prática é chamada de *pesagem da exposição.*

Você não tem o orçamento para patrocinar um evento de caridade? Então, doe o seu tempo. Você pode se juntar ao conselho de uma instituição de caridade e oferecer sua energia e conhecimento em administração ao invés de seu dinheiro.

DICA

Como qualquer comunicação de marketing, o patrocínio de um evento precisa lhe fornecer alcance a um custo razoável. Então, pergunte-se quantas pessoas comparecerão ao evento ou saberão de seu patrocínio. Depois, pergunte-se qual a porcentagem desse total que provavelmente faça parte de seu mercado-alvo. Esse será o seu *alcance*. Divida seu custo por esse número, multiplique-o por 1000 e você terá o custo de seu alcance por mil.

Analise a relevância

A relevância se refere à proximidade do evento em relação ao seu produto e seu uso pelos clientes, além disso, ela é o fato mais importante, apesar de ser o menos considerado. Uma chance de usar o produto, ou pelo menos ver o produto em uso, faz qualquer evento ser altamente relevante. E quanto mais relevante for um evento, mais relevantes serão as exposições. Escolha eventos que se relacionem com seu produto ou serviço de alguma forma óbvia.

Às vezes, não há problema algum em ir além da chamada relevância direta, mas sempre considere os prós e contras antes. Por exemplo, a agência de um banco pode patrocinar o time de futebol local, pois muitos de seus clientes têm filhos participando dos campeonatos e ao fazer isso, ela conseguirá conquistar a simpatia da comunidade.

Expresse seus valores e convicções

Seja qual for a instituição de caridade que você decidir patrocinar, tenha certeza de que ela trabalhe em questões que lhe interessem. O patrocínio é uma grande forma de alinhar seus valores pessoais com seus interesses comerciais.

Organizando Seu Próprio Evento Público

Às vezes, a melhor alternativa é organizar o seu próprio evento especial. Talvez, nenhuma das opções para patrocínio se enquadre a seus requisitos.

Vendendo os direitos de patrocínio

Muitos dos eventos que você possa vir a organizar – tais como workshops, open-houses ou seminários – devem ser de pequena escala e fáceis de organizar dentro de um pequeno orçamento. No entanto, caso você queira organizar um evento maior, você inevitavelmente incorrerá em gastos maiores e terá que encontrar maneiras de financiar esses custos. Uma maneira de fazer com que seu evento se pague é encontrar outras empresas que queiram ajudar a patrociná-lo (que não sejam os seus concorrentes, é claro). Muitas empresas geralmente têm interesse pelo mesmo evento que você faz, mas por diferentes razões; essas empresas dão bons copatrocinadores.

DICA

Divulgue bem o seu evento, colocando-o em listas como a Advertising Age (acesse `www.adage.com`), em revistas relacionadas ao seu mercado e na Internet.

Conseguindo ajuda para administrar seu evento

Algumas pessoas se especializam em administrar eventos especiais; eles trabalham como consultores, participando desde as sessões iniciais de brainstorming para garantir que todos compareçam e que tudo corra bem.

DICA

Eu recomendo a contratação de algum tipo de especialista que possa lhe ajudar a projetar e gerenciar qualquer evento que envolva muitas pessoas, shows, discursos, refeições, conferências e reservas em hotéis, segurança, transportes e todos os tipos de detalhes aos quais você deve prestar muita atenção quando estiver organizando um grande evento.

Aparecendo em Feiras de Negócios e Exposições

Uma ótima maneira de conseguir fazer contatos pessoais é através de feiras de negócios e exibições. Caso seu mercado tenha feiras nacionais ou regionais ou outros tipos de eventos profissionais, você precisa participar deles e também deve se apresentar e/ou se exibir em um ou mais deles. Exibir-se é quase sempre necessário, mesmo que seja apenas para evitar que seus concorrentes roubem seus clientes nessas feiras!

Algumas lojas de varejo ou indústrias voltados aos consumidores finais também possuem grandes feiras. Se o mercado em que você atua possui uma feira de importância para o público, realmente recomendo que você tente se expor nela. Envie também convites à sua lista de clientes e amigos – quanto mais visitantes você tiver em seu stand, melhor.

As seções que vêm a seguir explicam como você pode tirar proveito das feiras de negócio a fim de conseguir fazer mais contatos pessoais.

Saiba o que as feiras de negócios podem trazer para você

Você pode criar oportunidades, encontrar novos clientes e manter ou melhorar a percepção de seus clientes atuais nas feiras. Você também pode usar as feiras para introduzir um novo produto ou lançar uma nova estratégia. No mínimo, as feiras de negócio o tornam visível, construindo o reconhecimento de sua marca, o que irá ajudar em futuras vendas. Não se esqueça de levar muitos materiais promocionais e amostras para distribuir (se possível) para lhe ajudar a construir visibilidade e semear futuras vendas.

Utilize as feiras de negócio para se relacionar com seu mercado. Normalmente, você encontra os representantes e vendedores dos melhores fabricantes através de contatos em feiras. As boas informações conseguidas a partir de um network em feiras são geralmente mais valiosas que o preço pago para estar lá. Não se preocupe em vender – saia e converse!

Construindo as bases para um bom stand

Tradicionalmente, os empresários se concentram no stand quando pensam em como participar de uma feira de negócio. Mas você deveria considerar o stand apenas como parte de sua estratégia geral para a feira. Para desenvolver uma estratégia completa para a feira, responda cada uma destas questões:

- Como podemos atrair as pessoas certas para a feira e para nosso stand?
- O que queremos que os visitantes de nosso stand façam na feira e em nosso stand?
- Como podemos nos comunicar e motivar os visitantes quando eles chegarem a nosso stand?
- Como podemos conseguir informações sobre eles, seus interesses e necessidades?
- O que podemos dar a nossos visitantes que irá aumentar as chances de que eles voltem a entrar em contato conosco depois da feira?
- O que podemos fazer depois da feira para construir ou manter a relação com os visitantes de nosso stand?

Sua estratégia deve começar pela atração de muitos clientes e possíveis compradores e a forma mais fácil de fazer isso é seguir o fluxo e selecionar uma feira à qual seus clientes compareçam. Por exemplo, se você importa artigos para presentes e seus clientes incluem os compradores de lojas de presentes, então, onde será que eles vão para fazer suas compras? Também pergunte a seus clientes aonde eles pretendem ir. Lembre-se: você precisa ver números altos para seu público-alvo; caso contrário, a feira será um desperdício de tempo e dinheiro.

DICA

Não subestime o poder de atração das coisas simples, como flores ou comida fresca. Em uma feira recente, onde minha empresa alugou um stand, oferecemos biscoitos assados na hora todos os dias. Foi um gesto simples, mas notavelmente eficiente em se tratando da atrair os visitantes ao nosso stand e deixá-los bem-humorados!

Localizando as feiras

Se você assina revistas especializadas, as feiras em seu mercado vão de encontro a você, pois as revistas vendem suas listas para os organizadores das feiras. Mas não prenda-se a tudo que aparecer no meio de sua correspondência, pois você poderá negligenciar algo mais importante.

Os seus clientes são a sua fonte mais confiável para informações sobre feiras de negócio. O principal objetivo em participar de uma feira é o de alcançá-los, então, por que não perguntar a eles de quais feiras você deve participar?

Veja abaixo mais alguns lugares que você pode checar para obter informações sobre feiras:

- **Tf Logistcs:** a Tf Logisticas gerencia feiras internacionais no Brasil e no exterior há mais de seis anos. No site `www.tflogistics.com.br` você pode conferir a lista de eventos.
- **Beiras do Brasil:** para ter acesso às listas e notícias recentes sobre feiras e outros tipos de eventos, visite a área de feiras e eventos da RP Newswire em `www.prnewswire.com.br`. (ou anuncie seu próprio evento através da distribuição online de comunicados de imprensa da RP Newswire).
- **Associações de Promotores de Feiras:** essas associações podem lhe fornecer informações sobre feiras relacionadas a seu mercado. Esse tipo de associação também oferece grandes fontes de informação e treinamento para designers de stands e participantes. Saiba mais em `www.ubrafe.org.br`.
- **The Ultimate Trade Show Directory:** esse web site (`www.tsnn.com`) é uma mão na roda para fornecedores e empresas envolvidas na indústria de feiras de negócio.

Alugando o stand perfeito

Caso você decida alugar um stand, precisará escolher a localização e o tamanho do stand. Você deve se direcionar a qualquer área próxima à entrada principal, aos stands de comida, sanitários ou qualquer outro local que concentre muitas pessoas. Ficar no final de um corredor também pode ajudar. E, quanto maior, melhor – como regra geral, você deve ficar com o maior stand pelo qual puder pagar.

Optando por outros tipos de expositores

DICA

As empresas que alugam e montam stands para feiras também podem lhe oferecer muitos outros tipos de expositores, como lobby e quiosques e displays de mesa. Esses expositores de menor escala podem ser eficientes se colocados no lugar certo e geralmente custam menos que os stands. Portanto, explore todas as opções antes de decidir o que se enquadra melhor ao seu programa de marketing e orçamento.

A Tabela 12-1 destaca algumas das empresas estabelecidas no Brasil e que oferecem uma variedade de displays e stands para lhe ajudar a começar sua busca.

Tabela 12-1 Empresas de Stands em Feiras

Nome da empresa	*Endereço*	*Telefone*	*Web site*	*Especialidades*
ABC Stúdio A	Rio de janeiro - RJ	(21) - 2220-7214	www.studioa.com.br	Displays dobráveis, Display Rollup display, montagem e showroom
Expo 3	São Paulo - SP Salvador - BA	(11) - 3393-1755	www.espaco3.com.br	Design e projetos, cenografia e displays de venda

Freire Stands	São Paulo - SP	(11) - 3858-0300	www.freirestands.com.br	Eventos e feiras para empresas sem fins lucrativos
Uni artes	São Paulo - SP	(11) - 2296-0645	www.uniartes.com.br	Stands padrão personalizados e mistos

Certifique-se de conseguir opiniões e orçamentos de vários fornecedores (peça por referências e entre em contato com os clientes mais recentes) antes de escolher a empresa correta para fazer o que você quer. Além disso, exponha as limitações de seu orçamento de antemão para saber se a empresa com a qual está conversando é a adequada para você.

Expondo em feiras sem gastar muito

Um bom stand em uma grande convenção nacional ou feira de negócio é muito caro (algo entre $15.000 e $50.000, dependendo da escala). Por isso, caso esses valores estejam muito além de seu orçamento atual, procure por formas mais modestas de participar, tais como as ideias abaixo:

- **Compartilhe um stand.** Você deve considerar a possibilidade de dividir um stand com uma empresa semelhante (mas que não seja um concorrente próximo) se as despesas forem muito altas e você não estiver totalmente certo de que conseguirá bons retornos para compensar o gasto com o stand.
- **Trabalhe com um representante de vendas.** Se seu orçamento não for o bastante nem para compartilhar um stand, ainda assim você poderá comparecer ao hall de exibição de uma feira, trabalhando com representantes de venda. Se sua empresa não possui nenhum representante, considere a contratação de um e deixe que ele apresente seus produtos na próxima feira.

- **Faça uma apresentação na feira.** Apresente uma proposta para falar em um evento. Muitas feiras são recheadas com conferências. Sendo assim, entre em contato com a pessoa responsável por selecionar os conferencistas e ofereça um workshop durante a programação da feira (mas evite os horários do final da manhã de um dia cheio de conferências, pois, nesses horários, o comparecimento é geralmente menor).

Distribuindo brindes

Os *artigos para brindes*, como as empresas costumam chamá-los, são presentes que você dá a seus clientes, clientes em potencial ou funcionários. Os stands de feiras geralmente distribuem brindes e, por isso, você precisa pensar no que pode dar se participar de uma convenção ou de uma feira de negócios. Eu recomendo que você dê um brinde divertido ou interessante (um quebra-cabeças, um livro de piadas ou um brinquedo, por exemplo) em agradecimento pelo preenchimento de um formulário de registro.

Dar um brinde a todos os que passarem por seu stand é uma atitude imatura e requer um volume tão grande de brindes que você dificilmente conseguirá pagar por alguma coisa realmente boa. Mas há exceções a essa regra. Garrafas de água mineral e biscoitos podem ser oferecidos a todos como forma de atrair as pessoas para seu stand.

Você está escolhendo artigos para brindes para uma feira ou outro tipo de evento ao qual as pessoas geralmente viajam longas distâncias para comparecer. Portanto, atenha-se a itens que sejam fáceis de ser carregados. Ofereça brindes que sejam pequenos, resistentes e adequados à segurança nos aeroportos.

Demonstrando seus produtos

É preciso ver para crer. Já dizia o velho e sábio ditado. E, se você achar que uma demonstração pode ser aplicada a seu produto ou serviço, você definitivamente deve fazer uma. Geralmente, as demonstrações são formas muito eficientes de introduzir um novo produto no mercado ou, até mesmo, de apresentar um produto antigo a novos clientes.

Você pode fazer uma demonstração em qualquer lugar. Mesmo quando estiver patrocinando o evento de outra pessoa. Se você pedir com antecedência, essa pessoa poderá encontrar um horário e um espaço para que você faça uma demonstração. E quando é você quem controla um evento ou parte dele, tem uma liberdade considerável para projetar suas demonstrações.

Capítulo 13

Indo Direto ao Ponto com Seu Marketing

Neste Capítulo:

- Fazendo com que seu marketing direto seja melhor que o dos demais;
- Projetando propagandas de resposta direta que sejam eficientes;
- Usando a mala-direta;
- Instalando um call center para atender a seus clientes diretos;
- Utilizando o telemarketing para alavancar as vendas.

Fazer marketing direto é fácil, mas fazer um bom marketing direto é difícil. Você deve dominá-lo ao ponto de poder derrotar as probabilidades e obter taxas de resposta mais altas que a média. Neste capítulo, compartilho com você inúmeras maneiras de atingir esse objetivo, ao mesmo tempo em que lhe ajudo a rever os vários problemas e as práticas de marketing direto. Este capítulo foca na mídia de propaganda tradicional: anúncios impressos, correspondência convencional (***versus*** e-mail; que é abordado no Capítulo 10) e o telefone. Todas essas mídias podem ser integradas com o (ou, em alguns casos, substituídas pelo) marketing na web, sobre o qual já falei no Capítulo 10.

Derrotando as Probabilidades com o Marketing Direto

Marketing direto, marketing de relacionamento, marketing interativo e marketing de um a um. Todos esses termos se referem à mesma coisa, portanto, não me importarei com o termo que você preferir usar. Para mim, o *marketing direto* ocorre sempre que você, o comerciante, coloca-se como o responsável por criar e gerenciar suas transações com os clientes por meio de uma ou mais mídias de propaganda.

CUIDADO

As probabilidades de sucesso no marketing direto não são as melhores. O apelo direto aos consumidores ou outras empresas geralmente ficam sem resposta. Se você conseguir aumentar um pouquinho a taxa de retorno com relação à média, poderá ganhar um bom dinheiro no marketing direto.

Para que você comece com o pé direito, as seções a seguir enfatizam como aumentar seu marketing direto e diminuir seus riscos.

Reconhecendo que a prática leva à perfeição

No marketing direto, a prática leva à perfeição, desde que você registre o que faz e analise os retornos. Dessa forma, você poderá saber quando uma mudança melhora a taxa de retorno. Mesmo que você não tenha nenhuma ou quase nenhuma experiência em marketing direto, tenha fé e acredite que uma pequena iniciativa poderá gerar informações suficientes para você aprender a como direcionar melhor o mercado e em uma escala maior.

DICA

Inicie no marketing direto com um programa modesto para reduzir seus riscos de perda e comece a crescer a partir daí. Esse princípio é válido para uma empresa grande ou pequena, varejista ou atacadista, sem fins lucrativos ou com fins lucrativos. Envie, junto com o produto, um cartão de registro e adicione uma opção de registro ao seu web site para, assim, começar a construir sua lista interna para o envio de mala-direta.

A importância da civilidade no marketing direto

Muitos comerciantes iniciam o marketing direto com a crença de que podem manipular seus clientes melhor que qualquer outro intermediário. Porém, se você não está acostumado a lidar diretamente com seus clientes, você poderá facilmente ofendê-los ao invés de ganhá-los.

Lembre-se: o marketing direto deveria construir uma ponte permanente entre você e o cliente. Independente do tipo de marketing direto que você faz, sempre o mantenha civilizado e cordial. Ao fazer isso, você conseguirá resultados muito melhores.

Você deve fazer uma impressão positiva se quiser alcançar altas taxas de retorno. Portanto, tenha sempre em mente este mantra: é melhor fazer um bom contato com cem pessoas que um péssimo contato com mil pessoas.

Conhecendo o que vem pela frente

O fracasso é o resultado mais comum das propagandas de resposta direta. Portanto, o seu real objetivo é diminuir o fracasso. O marketing direto geralmente não gera taxas de retorno muito altas, o que significa que você precisa fazer projeções realistas antes de decidir pagar por um programa. Consulte essas estatísticas para ver o que você tem pela frente:

LEMBRE-SE

- Um anúncio de página inteira em uma revista normalmente atrai entre 0,05 e 0,2 por cento da circulação (a *taxa de atração* representa a porcentagem de leitores que responderam aos anúncios por meio de ligações ou cartas, de acordo com as instruções no anúncio). Então, você pode esperar apenas duas respostas a cada mil bons anúncios. Bem ruim, não?

- Uma mala-direta endereçada individualmente geralmente atrai entre 0,5 e 5 por cento dos destinatários. Então, você deve esperar, no máximo, 50 resposta a cada mil cartas. Melhor, mas ainda é ruim.
- Uma mala-direta mostrando um portfólio de seus produtos, na forma de um catálogo ou cartas de baralho, atrai ainda menos pessoas. Divida aqueles 50 por mil pelo número de produtos competindo entre si para ter uma vaga ideia da taxa de retorno média (o posicionamento realmente melhora a taxa; assim como também melhora qualquer tendência do cliente de fazer mais de uma compra a partir do catálogo).
- Um centro de telemarketing fazendo ligações para uma lista bem qualificada pode fazer algo um pouco melhor. O centro pode atrair de 0,75 a 5 por cento de consumidores para um produto, mas essa taxa de atração pode chegar de 10 a 15 por cento para as vendas no mercado de business-to-business.

Antes de entrar em desespero, saiba que os bons programas de marketing direto derrotam essas estatísticas e podem ser altamente lucrativos.

Focando em táticas que geram altas taxas de retorno

DICA

Para estimular suas vendas a partir de suas ofertas, você precisa estar focado no objetivo de gerar altas taxas de retorno para seu marketing direto. Veja abaixo algumas dicas que podem lhe ajudar:

- **Envie uma carta, um anúncio especial, um pequeno catálogo ou panfleto em envelopes com aviso de recebimento uma vez ou outra para descobrir como sua mala-direta é recebida.** Assim, você pode remover ou atualizar os endereços de seu banco de dados.
- **Coloque um anúncio bem pequeno em uma revista apropriada.** Limite-se a 15 palavras ou menos. Descreva em um simples título e em uma ou duas pequenas frases o que você quer vender e peça que as pessoas entrem em contato para mais informações.
- **Crie uma landing page na web com um anúncio de resposta direta mais detalhado e faça lances pelas palavras-chave no Google para direcionar os possíveis compradores a sua landing page.**
- **Use testemunhos em sua landing page, em suas cartas e em seus anúncios de resposta direta.** Os testemunhos podem ser citações de clientes satisfeitos elogiando seu produto ou empresa ou de notícias sobre sua empresa ou produto.
- **Comercialize sua lista de clientes com empresas relacionadas para aumentar sua lista sem gastar nada.** Por exemplo, uma revista especializada em seu mercado pode estar disposta a trocar sua lista de assinantes por sua lista de clientes.
- **Dê brindes simples, úteis ou engraçados. Você pode dar o brinde em agradecimento a uma encomenda ou simplesmente como um brinde em sua mala-direta.** Canetas decoradas, lápis, adesivos, imãs de geladeira ou qualquer coisa que seja útil pode estimular as taxas de retorno, uma vez que deixam sua mala-direta mais interessante.
- **Envie uma carta de agradecimento para os clientes por correio ou por e-mail depois que eles realizarem uma compra.** Esse gesto de cordialidade sempre ganha mais uma compra.

- **Envie cumprimentos pelo aniversário ou por alguma data comemorativa na forma de cartões ou presentes para os registros em seu banco de dados.** Se você os considera clientes valiosos, faça com eles saibam disso.
- **De vez em quando, mude a mídia ou a forma de sua comunicação.** Se você sempre envia cartas, tente usar cartões coloridos ou uma newsletter eletrônica de vez em quando.
- **Inclua a foto de uma pessoa simpática olhando diretamente para o leitor em anúncios impressos, malas-diretas, anúncios em banners na web e em landing pages.** A pessoa na foto deve representar o cliente ou um especialista no produto, ou se relacionar ao produto ou ofertar de alguma outra forma.
- **Utilize uma foto nítida e atraente nos anúncios de seu produto, malas-diretas, web banners e landing pages.** Mostrar o que você tem para vender atrai os clientes certos de forma simples e eficiente. E se alguns detalhes não aparecem na foto, adicione closes desses detalhes. Ver é crer e crer é requisito para se comprar algo.
- **Poste um pequeno vídeo na web com instruções ou uma demonstração de como usar seu produto.** O vídeo pode exibir um novo produto e você pode colocar, no final do vídeo, um link para a participação em uma oferta especial.
- **Tente um comercial de rádio com estilo antigo usando vários efeitos sonoros divertidos e pedindo para que as pessoas liguem para um número 0800 ou visitem seu web site.**
- **Coloque seu anúncio de resposta direta nas páginas amarelas de listas telefônicas.** Utilize um número com DDD local para cada lista telefônica em que você anunciar. Converse com a empresa de telefonia para saber como direcionar todas as ligações para seu escritório principal.

LEMBRE-SE

Por trás de todos os programas eficientes de marketing direto, sempre existe um banco de dados de clientes e potenciais clientes bem gerenciado.

Usando bancos de dados computadorizados

Uma gaveta com pastas de clientes e uma caixa com fichas constituem as formas mais simples de um banco de dados de marketing. Porém, atualmente, quase todos os comerciantes e empresários utilizam bancos de dados computadorizados.

Existe uma ampla variedade de plataformas de softwares para o gerenciamento de relações com clientes. Mas veja a seguir uma lista das marcas mais conhecidas a serem consideradas e pelas quais você pode começar.

- ✓ O **Prophet** é líder nesse tipo de programa, que pode ser usado para vendas diretas e também para contatos via correspondência normal ou e-mails.
- ✓ O **Sage** oferece seu ACT! para o gerenciamento de listas de clientes; muitas pequenas empresas parecem achar esse software muito útil.
- ✓ O **MarketingPilot** oferece um hospedeiro de aplicações de softwares especializados para todos os aspectos de marketing, incluindo o gerenciamento de listas.
- ✓ O **Vision 6 Pty Ltd** tem um programa de lista de clientes (nomeado de *Vision 6*) que enfatiza o gerenciamento e o marketing por contato via e-mail.
- ✓ O **E-mail Vision** oferece uma solução para e-marketing chamada *Campaign Commander*.

Se você não está familiarizado com o uso desses programas e de programas de bancos de dados, você deveria fazer um curso sobre o gerenciamento de bancos de dado para fins relacionados ao marketing. Ou consulte a série de livros Para Leigos que contém livros de referências sobre uma grande variedade de programas de computador. No site `www.insightsformarketing.com`, coloquei produtos que acredito serem úteis.

Fazendo com Que Seus Anúncios de Resposta Direta Funcionem

Os anúncios de resposta direta são os que estimulam as pessoas a responderem com uma pergunta ou compra. (Alguns os chamam de *anúncios de ação direta*. Faça a sua escolha.). Além disso, os anúncios e as listas compradas pelos sites de busca na web lhe dão novas e eficientes formas de fazer propagandas de resposta direta (veja o Capítulo 10 para mais detalhes sobre como usá-los).

LEMBRE-SE

As pessoas que respondem às propagandas de resposta direta se autosselecionam como clientes ou clientes em potencial. Você precisará fazer duas coisas com eles:

- Faça o máximo para fechar uma venda;
- Descubra o máximo que puder sobre eles e coloque essas informações em seu banco de dados para as próximas atividades de marketing direto.

Muitas empresas constroem a capacidade de seu marketing direto através desse processo. Elas anunciam na esperança de atingir o seu mercado-alvo e esperam para ver quem responde. Em seguida, elas tentam construir um relacionamento de marketing direto com quem respondeu (por exemplo, eviando-lhes catálogos, e-mails e cartas).

Um anúncio de resposta direta deve criar entusiasmo o suficiente para fazer com que as pessoas fechem uma venda a partir de sua própria iniciativa e o mais rápido possível. Como você pode cumprir esse objetivo? Ao se certificar de que seu anúncio de resposta direta:

- **Seja interessante aos leitores-alvo:** uma boa história, um personagem com o qual eles possam se identificar e queiram ser iguais – esses fatores constituem os elementos de um verdadeiro apelo (Falo sobre o apelo com mais detalhes no Capítulo 6).

- **Sustente, de forma integral, suas principais alegações com relação ao produto:** uma vez que o anúncio deve não apenas iniciar o interesse mas também fechar a venda de um produto, ele precisa fornecer evidências suficientes para vencer quaisquer objeções relevantes por parte do leitor. Se você acha que as virtudes do produto são óbvias, mostre-as em um close do produto.
- **Fale com os leitores usando uma linguagem pessoal e informal:** seu anúncio deve ser natural e confortável para os leitores. Não queira enfeitar demais! Escreva bem, de forma educada e condensada. Procure expressões que chamem a atenção e sejam objetivas. Apenas não seja muito formal ou pomposo.
- **Direcione-se aos leitores mais propensos:** o tipo de leitor de seus anúncios influencia drasticamente a sua taxa de retorno. Na verdade, o mesmo anúncio colocado em duas publicações diferentes pode apresentar taxas de retorno totalmente opostas.

  As publicações e os web sites altamente selecionados funcionam melhor para as propagandas de resposta direta. Uma revista de interesse específico pode oferecer um tipo de leitor muito mais próximo ao seu público-alvo que uma revista ou jornal de interesse geral.
- **Esteja na hora certa:** estar no lugar certo não adiantará nada se você também não estiver na hora certa.
- **Facilite a resposta:** se os leitores podem facilitar uma compra, peça a eles que a facilitem. Se um produto for difícil de ser comprado (por ser muito técnico, por exemplo), então peça às pessoas que entrem em contato com você para pedir mais informações e tente fechar a venda quando eles fizerem isso. Às vezes, você precisará de um *procedimento intermediário* (uma forma do cliente ter mais informações sobre o produto antes de se decidir pela compra).

Tanto os anúncios na imprensa escrita quanto os anúncios na televisão possuem registros razoáveis de sucesso em se tratando de resposta direta. O rádio também pode funcionar, mas você teria que inovar para superar o problema de que as pessoas raramente anotam o que elas ouvem no rádio. Você pode, por exemplo, usar o endereço de um web site que seja fácil de memorizar.

MUNDO REAL

Tirando o chapéu para uma boa propaganda de resposta direta

Um clássico moderno ilustra a capacidade de alguns anúncios de resposta direta em fechar vendas sem a necessidade de procedimentos intermediários. Talvez você ainda encontre este pequeno e simples anúncio em branco e preto, colocado nas últimas páginas da revista *The New York Times Magazine*. O anunciante, David Morgan de Bothell, Washington, um distribuidor dos chapéus Cattleman, um chapéu estilo country tradicionalmente usado por vaqueiros australianos, fabricado pela empresa australiana, Akubra. O anúncio simplesmente mostra a foto de um chapéu, junto com um texto descritivo que inclui informações, como "Pré-moldado com a qualidade do puro feltro de pelo da Akubra". O anúncio também dá o número do artigo e o preço (mais o frete). A empresa oferece um número 0800 para encomendas, um endereço para os que preferirem escrever e ainda dá o e-mail e o endereço do site na Internet. Eu já vi esse anúncio, sem alterações, em várias revistas há vários anos. Isso significa que ele funciona. E funciona mesmo. Por quê? Porque o anúncio apresenta um produto que alguém quer. O anúncio também fornece uma maneira fácil dos leitores entrarem em contato. Todas essas informações são transmitidas em um anúncio preto e branco em uma seção barata de classificados.

Entregando a Mala-direta

A mala-direta é a forma clássica do marketing direto – na realidade, o marketing direto era conhecido como mala-direta até que as mudanças de práticas forçaram os anunciantes a adotarem um termo mais amplo. O termo *mala-direta* se refere ao uso de cartas comerciais personalizadas e já é algo tradicionalmente utilizado.

LEMBRE-SE

Na verdade, uma peça de mala-direta não é bem como *um* anúncio impresso, ela se parece mais com *dois* anúncios impressos:

- **O primeiro anúncio é o que o alvo vê quando a correspondência chega (geralmente um envelope).** Esse anúncio tem que cumprir um objetivo de ação muito difícil: fazer com que o destinatário abra o envelope ao invés de reciclá-lo.
  - Destaque-se (o envelope deve ser chamativo e diferente);
  - Dê aos destinatários um motivo para abri-lo (venda os benefícios ou desperte a curiosidade ou, ainda melhor, prometa uma recompensa).
- **O segundo anúncio só irá funcionar se o primeiro fizer sua parte.** O segundo anúncio se refere ao que está dentro e precisa fazer com que o leitor o responda com uma compra ou questionamento.

Desvendando os segredos para uma mala-direta de sucesso

CUIDADO

Existem inúmeras das chamadas fórmulas de sucesso para as cartas enviadas como mala-direta. Nenhuma delas funciona, por isso, não caia na tentação de transformar suas cartas em algo previsível. Sua carta deve ter um texto e um design muito criativos. Entretanto, certas estratégias podem lhe ajudar a empregar esses princípios para um bom design em uma peça de mala-direta.

As malas-diretas mais eficientes geralmente incluem vários elementos, sendo que cada um desempenha claramente uma função:

- **Isca:** você deve incluir algum tipo de isca que atraia os olhos e a atenção do leitor, fazendo, primeiramente, com que ele leia a carta.
- **Argumento:** em seguida, você tem que providenciar um bom argumento – lógico, emocional ou dos dois tipos – para explicar o porquê o seu produto pode resolver algum problema específico do leitor.
- **Call to action:** por fim, você deve fazer um apelo a uma ação imediata, algo como um gancho que faça o leitor ligar para você, pedir uma amostra, registrar-se para participar de um sorteio, fazer um pedido ou qualquer outra coisa.

Esses três elementos essenciais são às vezes chamados de estrela, corrente e gancho. Embora a terminologia – e metáforas – possa se diferenciar, o conceito básico é o mesmo: você deve incluir algo atraente (a estrela ou a isca) para chamar a atenção e que será seguido por algo substancial para despertar o entusiasmo (a corrente de um argumento que puxa o leitor para o texto) e, para finalizar, algum tipo de call to action que faça com que o leitor tome uma atitude.

Essas fórmulas se referem especificamente ao texto de sua carta propriamente dita, mas isso não significa que você deveria esquecer tudo o mais que se refere à sua mala-direta. A seguir, veja algumas técnicas para fazer com que seu envelope seja sedutor o bastante para ser aberto:

- **O envelope disfarçado:** disfarce sua carta para que ela se pareça com uma conta ou correspondência pessoal – ou de alguma outra forma que ela realmente não possa ser identificada.
- **O envelope que traz benefícios:** inclua um título, talvez um pequeno texto, e até mesmo um pouco de arte para fazer com que as pessoas saibam sobre o que é a sua mala-direta e para resumir o porquê você acha que sua oferta vale à pena.
- **O envelope de oferta especial:** esse envelope seduz o leitor através do call to action – não importa qual seja sua oferta. Mas esse envelope não tenta vender o produto; ele deixa essa tarefa para a carta cuidadosamente elaborada que está dentro dele.
- **O envelope criativo:** se sua mala-direta for original o suficiente, todos irão querer abri-la só para descobrir quem você é e o que está pretendendo. No entanto, essa estratégia é a menos comum, talvez porque os envelopes criativos custem mais. Mas não seja nem mão de vaca e nem esbanjador. Se você gastar 25 por cento a mais para dobrar ou triplicar a taxa de retorno de sua mala-direta, você terá economizado para sua empresa muito dinheiro na mala-direta por ter gasto um pouco a mais no envelope!

O que mais sua mala-direta deve ter? De modo geral, uma carta aliada a uma ***circular*** – uma simples descrição, parecida com um catálogo, de seus produtos – atrai mais que uma única carta.

Também inclua formulários de resposta que permitam que os leitores entrem em contato facilmente com você, utilizando várias formas. Dê aos leitores algumas opções sobre quais ofertas eles querem responder, se possível. As cartas-respostas geralmente garantem taxas de retorno mais altas e, assim, justificam seu custo muito mais alto.

A última etapa é a de decidir como enviar a carta. De modo geral, o serviço padrão é o melhor. E, na média, a correspondência padrão (que custa mais barato) atrai tão bem quanto as enviadas com aviso de recebimento.

DICA

Ao escrever um e-mail de resposta direta, inclua a isca, o argumento e o call to action como você faria ao escrever uma mala-direta tradicional. Entretanto, ao escrever o texto, pense em telas de computador, e não em páginas. Então seja mais preciso e conciso, pois, caso contrário, seu e-mail não atrairá tanta atenção quanto o mesmo texto impresso.

Como postar sua mala-direta

Um pequeno detalhe sempre confunde os que enviam malas-diretas pela primeira vez: como realmente fazer com que sua mala-direta seja impressa, dobrada, colocada no envelope e enviada. As listas de telefone local apresentam algumas empresas que fazem esse tipo de trabalho, geralmente classificadas sob o título de Mala-direta ou Marketing. As gráficas geralmente também fazem esse tipo de trabalho e também lidam com pequenas coisas, como um simples envelope, até grandes catálogos. Converse com várias gráficas para ter uma ideia da gama de serviços e preços.

Se você está planejando uma mala-direta de pequena escala – digamos, menos que 2.000 correspondências – então você poderá ver que fazer o trabalho em sua própria empresa lhe oferece uma rota mais rápida e mais barata. Caso você queira fazer isso em sua própria empresa, converse na agência dos correios de sua cidade para saber o que precisa fazer. Também considere a necessidade de ter que comprar alguns equipamentos, como (os seguintes equipamentos conseguem processar malas-diretas de formato padrão) alimentadoras, seladoras, balanças e uma máquina franqueadora.

Comprando listas de mala-direta

Abordo com mais detalhes o tópico sobre as listas para mala-direta em meu livro ***Marketing Kit For Dummies***, 3ª Edição

(Wiley), mas falarei sobre o básico aqui, caso você queira comprar listas para enviar suas malas-diretas a possíveis compradores. Não espere que as listas compradas funcionem bem – as taxas de retorno podem ser muito baixas e as devoluções muito altas. No entanto, isso não é tão ruim quando você estiver utilizando as listas compradas para fazer a sua própria lista de compradores de alta qualidade.

Recomendo que você compre as listas de mala-direta com o direito de uso único com número de telefone (mais e-mail, se for oferecido) para facilitar sua resposta a um contato do cliente.

Compre listas de fornecedores. Você consegue encontrar centenas na Internet (eu mesmo postei alguns no site `www.insightsformarketing.com`). Os fornecedores dessas listas geralmente exigem a compra de uma quantidade mínima. Caso você consiga alguns bons clientes, volte e compre um número maior de nomes, excluindo os que você já usou. Mas se você se desapontar com as respostas, compre uma lista diferente da próxima vez.

Há tantas opções de lista que você pode continuar comprando até encontrar uma que funcione bem para o seu caso. Mas não se esqueça do princípio básico na hora de comprar uma lista: o melhor indicador para a compra futura é a compra passada.

Instalando e Gerenciando um Call Center

Um *call center* é o local onde os telefonemas feitos pelos seus clientes são atendidos. Pode ser um local físico: uma sala enorme cheia de telefones e atendentes. Ou também pode ser um espaço virtual: um número de telefone que aciona qualquer empresa terceirizada que você esteja usando para executar o telemarketing por você.

Todas as empresas são um call center, no entanto, elas não se dão conta disso. Se você tem funcionários fazendo e recebendo ligações, precisará gerenciar esse ponto de contato com o cliente de forma muito cuidadosa.

Quando você utiliza o telefone para seu marketing, precisa seguir os princípios de senso comum que abordo nas seções a seguir.

Disponibilize sua marca por telefone

Nos Estados Unidos, três quartos de todos os consumidores telefonam para um número 0800 pelo menos uma vez por ano. E mais de $ 500 bilhões em vendas aconteceram por telefone. Apesar do crescente domínio do comércio pela web, muitos serviços ainda são comprados por um consumidor que usa as páginas amarelas das listas telefônicas locais e liga para uma empresa que tenha colocado um anúncio atraente.

Embora o telemarketing não requeira nada além de um telefone combinado a um número de discagem gratuita, são as ligações recebidas que normalmente o tornam mais eficiente. A vantagem dos números de discagem gratuita, independente de sua localização, é a de que você, o empresário, responsabiliza-se pelo custo da ligação de seu cliente e, assim, retira qualquer objeção para a realização do telefonema.

Aqui vai uma alternativa pouco conhecida aos números de discagem gratuita que pode ser particularmente eficiente se você tem uma empresa que valoriza as relações locais (como uma empresa de controle de pragas, jardinagem ou de reparos em computadores): você pode fazer com que as empresas de telefonia listem um número local para cada área em que você atua e você paga em sua conta o valor pela transferência da ligação para seu escritório não local.

Esteja disponível aos clientes que querem falar com você

Estar disponível aos seus clientes significa, em parte, possuir funcionários para atender as ligações. Se você negocia com empresas, então você pode usar o horário comercial para atender as ligações dessas empresas (mas certifique-se de cobrir o horário comercial do fuso horário de seus clientes, e não apenas o do seu). Se você atende consumidores, esteja preparado para receber ligações nos horários mais improváveis.

É claro que você também precisa se certificar de que ninguém ligue para um número ocupado. As companhias de telefonia oferecem vários serviços para lhe ajudar a resolver esse problema; consulte-as para mais detalhes. Se você atender o telefone mais rápido que seus concorrentes, poderá ganhar uma parte de seu market share.

Contudo, você inevitavelmente precisará colocar alguns clientes em espera por alguns minutos. Por isso, é essencial que você inclua uma mensagem extrovertida gravada por uma voz agradável que fale o nome de sua marca e agradeça pela ligação.

LEMBRE-SE

Faça o que fizer, sempre meça e reduza o tempo de espera do cliente. Não deixe as pessoas sentadas esperando por mais que elas acreditem ser um tempo razoável de espera. Dependendo da natureza de seu produto e do perfil de seu cliente, esse limite de tempo é provavelmente menor que dois minutos percebidos. Um *minuto percebido* se refere ao período de tempo que o cliente acha que esperou por um minuto – e esse tempo normalmente é de 40 segundos quando você o conta no relógio.

DICA

Caso você não queira instalar um call center sozinho, pode contratar uma consultoria para projetar um ou simplesmente usar uma empresa prestadora desse tipo de serviço para realizar essa função por você. A seguir, veja algumas empresas que recomendo:

- **Sigma Fone:** essa empresa brasileira oferece soluções de telecomunicações e tecnologia da informação para organizações que desejam inserir telemarketing em suas empresas. (41) 3360-6600 ou `www.sigmafone.com`.

- **Total IP:** a Total IP oferece produtos empresariais para a intalação de Call Center e soluções de voz para todo o Brasil. Entre em contato pelo telefone (11) 3355-3400 ou www.totalip.com.br.
- **Del Grande Informática:** essa empresa de telefonia computadorizada oferece recursos de integração entre telefonia e computadores para gestão e monitoramento de call center e sistemas de voz. (48) 3254-8600 ou www.delgrande.com.br.

As associações comerciais também podem lhe fornecer esse tipo de informação, referências e treinamento. Tente entrar em contato com a ABT - Associção Brasileira de Teleserviços (www.abt.org.br) e a Call Center (www.callcenter.inf.br) para obter informações gerais.

Capture as informações úteis de cada ligação e cliente

Uma das funções mais importantes de seu call center é a de satisfazer as perguntas ou receber os pedidos de novos clientes à medida que eles respondem aos seus vários anúncios de resposta direta (pense em seus anúncios em revistas, malas-diretas a listas compradas e web site).

LEMBRE-SE

A melhor forma de capturar as informações dessas pessoas para o seu banco de dados de clientes é fazendo com que os atendentes fiquem online e, assim, possam digitar os dados diretamente em seu banco de dados, conforme os vão obtendo. Ou então, pelo menos, forneça a eles um formulário impresso que eles possam preencher.

Colocar seus atendentes online também resolve o problema relacionado ao reconhecimento de clientes repetidos. Os nomes de clientes repetidos aparecem na tela para o atendente. Dessa forma, eles não farão perguntas estúpidas e até surpreenderão os clientes com seus conhecimentos.

Colete dados sobre a eficiência de anúncios de resposta direta e malas-diretas

DICA

Geralmente fico espantado com as poucas informações que as empresas coletam sobre a eficiência de seus próprios trabalhos. Você pode facilmente descobrir quais anúncios de resposta direta (tanto impressos quanto na web), roteiros de chamadas ou malas-diretas funcionam melhor. Apenas faça com que seus atendentes de call center ou funcionários perguntem a todas as pessoas que ligarem onde ele ou ela ouviu sobre você e perguntem aos que ligarem novamente o que os levou a fazer essa última ligação (para os clientes na Internet, inclua uma lista com opções para que eles possam relatar onde ouviram falar de você pela primeira vez).

LEMBRE-SE

Tudo o que você publicar deve ter seu número de telefone ou o endereço de seu site.

- Primciro, *avalic* suas malas-diretas, páginas na web, embalagens e outras comunicações para saber se você acidentalmente omitiu a informação de contato.
- Em seguida, *encomende* alguns simples adesivos com sua marca ou nome de sua empresa, números de telefone, endereços e informações de seu web site e e-mail. Cole esses adesivos em pastas, caixas, cartões, produtos, ou em qualquer outro lugar que alguém poderia pensar em olhar quando estiver pensando em ligar para você para receber informações ou fazer um pedido.

Fazendo Negócios por Telefone

Caso você tenha decidido fazer novos clientes pelo telefone (ou seja, se você optou por usar o *telemarketing ativo*), poderá fazê-los de duas formas:

- Poderá fazer um pouco de telemarketing ativo de forma informal como parte de uma rotina mais ampla de contatar clientes e gerar oportunidades.
- Poderá ter um programa completo de telemarketing ativo estabelecido em um call center gerenciado por você mesmo ou terceirizado.

As próximas seções explicam com mais detalhes como você pode usar um telefone para conseguir negócios e não transgredir nenhuma lei.

Elaborando uma boa lista

Você poderá melhorar drasticamente a taxa de sucesso de um telemarketing ativo se elaborar uma boa lista antes de começar a fazer as ligações. O ideal é que essa lista tenha os contatos de pessoas com a qual você já teve algum contato antes (pessoas que já compraram seus produtos, responderam a um cartão de registro, experimentaram uma amostra ou responderam a um anúncio). Com uma boa lista, você deve colocar vendedores competentes nos telefones para que assim sua empresa mostre o que tem de melhor.

Escrevendo um roteiro de telemarketing

Antes de ligar para alguém, você deve ter absoluta certeza do que irá dizer – e isso significa que você precisa de um roteiro. Sempre escreva, encene, revise e teste um roteiro antes de pedir para alguém fazer um telefonema ativo. Mantenha seu roteiro alegre, simples, curto e objetivo.

Veja sete elementos para a redação de um simples e eficiente roteiro de telemarketing para a venda de assinaturas de uma revista (mas substitua esse texto por sua própria oferta para fazer com que esse roteiro sirva para seu programa de marketing):

1. **Apresente-se.**

Por exemplo, "Olá, Eu sou (nome completo) e estou ligando em nome (nome da empresa)..."

2. **Dê à pessoa que o atender uma breve explicação sobre o motivo de sua ligação.**

   Por exemplo, "... para lhe oferecer uma chance de prolongar sua assinatura com 50 por cento de desconto."

3. **Peça permissão**.

   "Posso lhe falar sobre nossa oferta especial? Serão necessários apenas 30 segundos."

4. **Caso a pessoa lhe dê permissão, forneça uma explicação longa, mas sucinta sobre o porquê você está ligando.**

   "Quando a sua assinatura acabar em [mês], nós a prorrogaremos por mais um ano pela metade do preço da assinatura normal, se você confirmar agora por telefone. Essa oferta só é válida para os pedidos feitos por telefone, pois, para nós, é mais barato processar as assinaturas dessa forma."

   Se a pessoa lhe der permissão, agradeça-a pelo tempo e seja profissional.

5 **Pare para as perguntas e as responda com simples fatos, sendo o mais educado possível e se lembrando de sorrir enquanto falar.**

   Por exemplo, "Sim, a assinatura normal é de $40 por ano, e com a nossa oferta especial, ela lhe custará apenas $20".

6 **Feche a venda.**

   "Muito bem, então eu posso estender por mais um ano sua assinatura da [nome da revista]?"

7. **Confirme os detalhes.**

   "Certo. Estamos quase acabando. Agora, só preciso confirmar seu nome, endereço e informações do cartão de crédito."

CUIDADO

Ao escrever seu roteiro, tome cuidado para evitar qualquer coisa que seja enganosa ou confusa. Se você não conseguir fazer isso, poderá se encrencar.

Mantenha-se honesto

Certifique-se de estar sendo honesto e preciso com relação a quem está ligando e evite usar roteiros enganosos.

Infelizmente, muitos roteiros de telemarketing são inadequados e podem trazer complicações legais. Por quê? Porque a está aí. Vender qualquer coisa pelo telefone está ficando cada vez mais difícil do que era antes, seja a assinatura de uma revista ou um serviço de chamadas a longa distância. A próxima seção oferece algumas alternativas sensatas para persistir com as ligações quando você achar que está difícil demais fechar uma venda usando listas e roteiros normais.

Analisando as novas estratégias de telemarketing

Os operadores de telemarketing precisam descobrir novas estratégias para seu meio extremamente maduro. Algumas dessas estratégias incluem:

- **Usar o telefone para acompanhar os clientes, e não para encontrá-los:** sempre que possível, use as atividades de seu web site (veja o Capítulo 10), eventos (consulte os Capítulo 12) e propagandas (veja a seção "Derrotando as Probabilidades com o Marketing Direto", já mencionada neste capítulo, mais toda a Parte III deste livro), para gerar vendas pessoais ou por telefone.
- **Não abusar do telefone:** economize os telefonemas para as questões que realmente merecem um contato pessoal do ponto de vista do cliente e, assim, tente ligar para as pessoas que realmente conheçam você ou sua empresa e receberão bem a sua ligação por alguma boa razão. Caso você tenha algo verdadeiramente importante para dizer, então não precisará de um gancho para prender a pessoa no telefone.

- **Redigir uma mensagem para deixar na caixa de mensagens:** escreva uma mensagem curta (menos que 30 segundos) para deixar na caixa de mensagens, na qual você se apresenta, fornece uma breve explicação sobre sua oferta e, depois, deixa duas ou três opções para que a pessoa entre em contato (seu número de telefone, e-mail e o endereço de uma página com detalhes sobre a oferta).

- **Ter respeito:** lembre-se de que você está interrompendo a pessoa para quem telefonar. Se alguém claramente demonstrar que não quer falar com você, não seja inconveniente.

- **Compensar seus vendedores de telemarketing por construir relacionamentos, e não por acabar com eles:** se seus vendedores só receberem pelo que venderem (comissão de vendas), então, com certeza ficarão frustrados e começarão a repreender e desligar o telefone na cara de seus clientes e clientes em potencial.

DICA

- **Proteger os clientes existentes de um mau telemarketing:** as táticas irritantes, enganadoras e de alta para as vendas pelo telefone podem produzir bons relatórios de vendas no final do dia, mas elas são a garantia da rotatividade dos clientes. O melhor é você focar seu telemarketing na fidelização dos clientes já existentes; por exemplo, ligue para ver se você pode melhorar o produto ou a qualidade de seus serviços.

Parte V

Vendendo Bons Produtos para Qualquer Pessoa a Qualquer Hora e em Qualquer Lugar

A 5ª Onda Por Rich Tennant

"Não sei, Art. Acho que você está muito à frente de seu tempo."

Nesta Parte. . .

Se você conseguir desenvolver um grande produto, dar a ele um nome adequado e uma bela embalagem e o entregar a um bom vendedor, então você pode dispensar tudo o mais que este livro aborda. A combinação de um produto ou de uma marca atraente com uma boa equipe de venda e um ótimo atendimento faz o sucesso de um negócio.

Uma vez fui contratado para dar consultoria a um executivo de uma empresa especializada em químicos. Ele queria que eu avaliasse seu plano de negócios e sugerisse formas de fazer com que a empresa crescesse. Depois de analisar as premissas e entrevistar algumas pessoas, descobri algo alarmante: a empresa aparentemente não tinha nenhuma atividade de marketing. Não havia um departamento de marketing, nenhum panfleto, nenhuma propaganda, nenhuma publicidade e nenhum site na Internet. Então, como ela havia sobrevivido até agora e de que lugar do mundo seus clientes vinham? A empresa havia crescido significativamente em virtude da propaganda boca a boca. O primeiro cliente ficou tão satisfeito que ligou para outros, que ligaram e agendaram reuniões para conversar sobre o trabalho e assim por diante. A estratégia da empresa era fazer uma venda tão prestativa que parecia ser mais uma ajuda do que uma venda, pelo menos do ponto de vista dos clientes.

Nesta parte, explicarei os segredos de empresas como essa. Também lhe mostrarei como aumentar o impacto de seus produtos e de suas embalagens, vou lhe falar como fazer o preço de seus produtos e serviços, além de lhe ajudar a não cometer erros comuns associados à distribuição e à colocação de preços, que acabam levando à venda por preços inferiores e, por fim, eu lhe ajudarei a realizar um atendimento como um profissional experiente.

Capítulo 14

Fazendo com que Sua Marca Se Destaque

Neste Capítulo:

- Criando uma identidade forte para sua marca;
- Escolhendo um bom nome para sua marca;
- Enquadrando seus produtos em linhas de marca;
- Enfatizando os produtos já existentes e introduzindo os novos;
- Sabendo qual é o momento de aperfeiçoar ou substituir um produto.

A marca é a alma e o coração de qualquer programa de marketing. Se o produto for bom e tiver uma identidade (marca) forte e atraente, então, o programa de marketing terá mais chances de obter sucesso. Neste livro, uso a palavra *produto* como um termo genérico para me referir a um produto, serviço ou qualquer outra coisa que sua empresa venda. A marca é a identidade especial que você dá a esse produto, ou linha de produtos, através do marketing. Às vezes, você até pode pensar em si mesmo como um produto de marca – por exemplo, quando se candidatar a empregos ou a cargos públicos. A abordagem para a construção da marca dos produtos deve ser forte, e este capítulo apresenta várias ferramentas e técnicas maravilhosas para você usar, seja qual for seu desafio de marketing.

Marcando as Mentes dos Consumidores

O termo *marca*, em inglês *brand*, refere-se à antiga prática de marcar o gado com ferro quente para identificar o rebanho. Hoje o termo é usado de forma um pouco diferente. Uma marca não é mais impressa a ferro quente na pele. No entanto, os empresários ainda esperam imprimir suas marcas na mente dos consumidores.

DICA

Talvez você consiga algumas dicas para marcar seus produtos com êxito se analisar a história da marcação feita pelos proprietários de gado. Uma marca de gado tradicional tinha uma de três possíveis formas: o nome de forma simplificada (geralmente duas iniciais), as iniciais mais um símbolo simples ou apenas um símbolo. As marcas de empresas, consumidores e de instituições sem fins lucrativos ainda tomam uma dessas três formas simples, e você também deve fazer o mesmo. Seja qual for a forma que ela tomar (apenas o nome, o nome mais um símbolo ou apenas um símbolo), sua marca tem que ser clara, distinta, adequada e atraente; você também terá que repeti-la constantemente e frequentemente para que as pessoas possam reconhecê-la instantaneamente.

Esteja você começando seu negócio agora ou já tenha certa experiência, observar mais de perto a sua marca e o como você a usa pode valer à pena. As seções a seguir lhe ajudarão a fazer justamente isso.

Segurando as rédeas da identidade de sua marca

LEMBRE-SE

Muitas empresas falham ao tentar controlar a apresentação de suas marcas e permite mais variações que o necessário para seu marketing. Você precisa ter um padrão para sua marca que seja tão resistente, claro e estável quanto à marcação feita a ferro. Seja firme com sua marca e segure as rédeas!

Estreitando as opções de logo até obter um design forte

A indecisão é a inimiga de um branding (a construção de sua marca) efetivo. Pense nas marcas que você conhece melhor, como a Coca-Cola, a Nike, a Starbucks, ou a IBM. Talvez você veja algumas pequenas variações na apresentação de seus logos (sempre intencionais), mas, geralmente, elas são tão claras e consistentes como se estivessem sido queimadas a ferro. E a sua?

Para garantir que os clientes e potenciais clientes reconheçam sua marca imediatamente, você precisa de um logo forte e exclusivo. Mas antes, você precisa escolher esse design especial a partir de uma variedade de opções. Se você contratar alguém para lhe ajudar a definir ou refinar sua marca, peça a ele para lhe dar uma ampla seleção de possíveis logos.

A Figura 14-1 mostra algumas opções que estiveram sob a análise da Herb Chambers Business Consulting, que estava tentando optar por uma versão atraente, chamativa e clara da identidade de sua marca para usar em todas as suas comunicações de marketing. Embora a Herb Chambers Business Consulting já esteja na estrada há vários anos, a identidade de sua marca nunca tinha sido um empreendimento de marketing e, portanto, a empresa pediu a uma designer gráfica que fizesse algumas sugestões para um novo logo. Antes que a designer começasse seu trabalho, ela sugeriu que a empresa simplificasse seu nome para Chambers Business Consulting. Essa alteração foi aceita pelos membros da empresa, que já haviam abreviado o nome da empresa em muitas de suas comunicações de marketing.

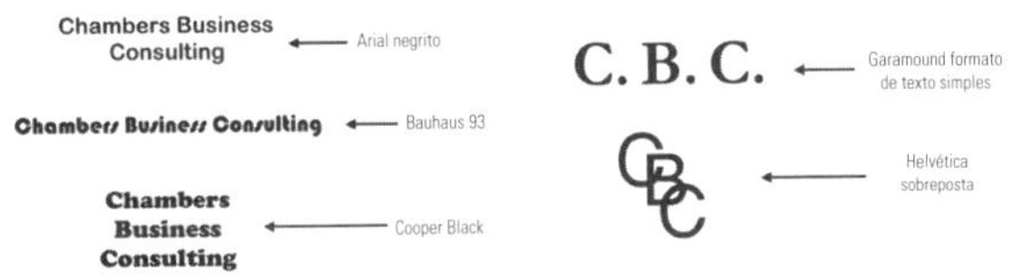

Figura 14-1: Uma seleção de ideias de designs para a construção da marca (branding) de uma empresa de consultoria.

DICA

Depois de ter uma seleção inicial de designs para seu logo, avalie-os durante uma semana ou mais a fim de se certificar de que um realmente se mostre superior e que ele atenda a todas as suas necessidades. Se nenhuma das opções se sobressair, identifique o que você gosta e o que não gosta acerca dos três melhores designs e os envie de volta ao designer para que ele lhe apresente novas opções.

LEMBRE-SE

O logo perfeito deve ser visualmente atraente para todos os envolvidos no marketing, sobressair-se em relação ao dos concorrentes e aos de outras marcas famosas, contribuir para a impressão de uma imagem e personalidade fortes e tornar sua marca memorável.

No caso da Chambers Business Consulting, nenhum dos designs iniciais pareceu funcionar bem e, por isso, eles voltaram para a prancheta de criação.

A Figura 14-2 mostra o design aprovado para a nova identidade da marca da Chambers Business Consulting. Este logo apresenta o nome da empresa em uma fonte chamada Engravers MT, a qual, como seu nome já diz, baseia-se no entalhado em pedras e metal. A ideia era transmitir uma sensação de solidez e de confiabilidade através da aparência da marca. Em papéis timbrados e nos cartões de apresentação, o logo pode ser mostrado em tinta preta. Entretanto, quando a cor for uma opção (como na web, nas apresentações de PowerPoint ou em panfletos coloridos), o logo deve aparecer com se tivesse sido entalhado em uma placa de bronze (a empresa até mesmo usa uma placa de bronze no lobby de seu escritório).

Figura 14-2: O design final foi desenvolvido em cima do conceito das iniciais.

CBC

CHAMBERS BUSINESS CONSULTING

Para que sua marca se mantenha consistente, faça uma planilha de estilo especificando o tamanho e o tipo da fonte e como os elementos do design se relacionam uns com os outros. Não permita nenhuma variação do que esteja especificado nessa planilha; caso contrário, você não conseguirá proteger seu logo.

A Figura 14-3 mostra mais duas identidades de marca para lhe dar mais ideias de como abordar o importante desafio de projetar o logo mais forte possível para sua marca. Note que os dois logos incluem um elemento visual simples e claro juntamente com o nome da marca escrito em um tipo de letra padronizado.

Figura 14-3: Diferentes identidades de marca para pequenas empresas.

Marque todo seu "rebanho"

Você pode pensar em seu "rebanho" dos tempos modernos como todas (possivelmente centenas) as diferentes maneiras utilizadas para se comunicar com clientes, clientes em potencial e com o mundo de um modo geral.

Independente do meio utilizado para se comunicar com os clientes, seja por meio de blogs, vídeos no YouTube, placas, papéis timbrados, panfletos ou outros, você precisa queimar sua marca nessas iniciativas de uma forma clara e forte, que não tenha variações na essência de seu design. Caso você já tenha uma marca especial, apegue-se a ela e se concentre em difundi-la de forma consistente em todos os lugares que puder. Caso ela apresente um design fraco ou é virtualmente desconhecida, faça um novo design antes de difundi-la agressivamente.

LEMBRE-SE

O nome e o logo de sua marca não precisam ser os mais bonitos, sofisticados ou inteligentes para funcionarem. Na realidade, muitas das maiores marcas são extremamente simples. O que as diferencia das demais é o fato de serem reconhecidas e conhecidas, o que, por sua vez, acaba lhes valorizando e as ajuda a vender seus produtos.

A Figura 14-4 mostra o exemplo de um logo no qual estou trabalhando para uma galeria de arte (um projeto que ainda está na fase de design enquanto escrevo este livro). O plano da galeria é o de se promover como fonte líder da arte representacional ou figurativa.

Figura 14-4: Uma identidade de marca sofisticada funciona muito bem quando o produto é sofisticado.

A Figura 14-5 mostra o conceito de um design para o novo site da galeria. Ainda não projetamos o site, mas quisemos antecipá-lo o suficiente para ter certeza de que o design do logo funcionaria tanto na web quanto nos impressos.

Figura 14-5: Certifique-se de que a identidade da marca esteja posicionada em um local privilegiado no design para a web.

Muitos sites não conseguem apresentar uma marca da forma apropriada. Sendo assim, veja se a sua marca não está sendo deteriorada por essa nova mídia. Seu logo deve ficar no topo de sua home page (e de preferência no mesmo lugar em todas as páginas). Não permita que o web designer altere seu logo simplesmente para seguir alguma nova tendência de web design ou combinação de cores.

Dando um Nome para Sua Marca

Para marcar a sua empresa ou novo produto, você deve lhe dar um nome que os clientes possam facilmente relacionar a você. Vários fatores importantes deverão ser considerados e as seções a seguir poderão lhe ajudar.

Nomeando sua marca com personalidade

Ao nomear sua marca, você deve lhe dar uma personalidade objetiva que se torne a sua assinatura. Os clientes não veem a personalidade diretamente, mas sabem que ela está lá porque ela está refletida em tudo, desde a escolha das fontes e cores até o estilo e a abordagem do texto de propaganda.

MUNDO REAL

O Ford Mustang, uma marca de sucesso absoluto, usou essa estratégia. Os responsáveis pelo marketing apresentaram o carro como tendo a personalidade do pequeno e resistente mustang, cavalo encontrado nas planícies americanas e do qual o carro herdou seu nome. O departamento de marketing esperava que o motorista se visse como um cowboy dos tempos modernos, semelhante aos verdadeiros cowboys que treinavam e utilizavam os cavalos da raça mustang para seu trabalho.

DICA

Então, como garantir que o nome de sua marca projete uma personalidade vencedora? Experimente um desses dois simples exercícios que podem lhe ajudar a começar a definir a personalidade de sua marca:

- **Escolha um animal que mais se pareça com sua marca ou que você queira que a sua marca seja.** Em que animal você pensou? Em um elefante – grande, forte, inteligente e de vida longa? Em uma abelha – sempre atarefada e trabalhadora? Em um gato – rápido, curioso, atraente e esperto? Muitas marcas recebem as personalidades normalmente atribuídas a animais.
- **Pergunte-se como seria sua marca caso ela fosse uma pessoa.** Ela seria uma mulher ou um homem? Um adolescente aventureiro ou um sábio idoso? Que personalidade ela teria?

Identificando os traços da personalidade de sua marca

Para definir a personalidade de sua marca, use as ferramentas da psicologia moderna. Gosto de usar um *instrumento de autoavaliação de personalidade* – um nome difícil dado a um formulário em forma de enquete no qual você seleciona descrições ou adjetivos que combinem com você e então chega à conclusão de seu *tipo* (ou perfil) de acordo com suas respostas.

Para definir sua marca de forma mais clara, você pode descrevê-la usando esses cinco fatores da personalidade humana: extroversão, condescendência, consciência, estabilidade emocional e receptividade à experiência.

A Tabela 14-1 mostra uma variedade de opções. Assinale uma das duas colunas para cada linha para definir as características da personalidade de sua marca. Então, use essa tabela como referência para qualquer design que você fizer, desde um logo até uma carta, e certifique-se de que suas comunicações estejam consistentes com a personalidade que você escolheu para sua marca.

Tabela 14-1 Definindo a Personalidade Única de sua Marca

Sua Marca Aparenta Ser...	*Sua Resposta*	
Extrovertida. É divertida. Faz amigos facilmente. É social. Tem espírito de liderança.	Sim	Não
Condescendente. Faz com que as pessoas se sintam confortadas. Está bem com quase todo mundo. Confia nas pessoas. Pensa primeiro nos outros.	Sim	Não
Consciente. Faz um trabalho minucioso. Está bem preparada. Realiza as tarefas de forma rápida. Faz as coisas sempre seguindo um planejamento.	Sim	Não
Estável emocionalmente. Tranquila. Calma. Controla bem o estresse. Não se chateia facilmente.	Sim	Não
Aberta a experiências. Imaginativa. Criativa, Inteligente. Possui muitos interesses. Entende as coisas rapidamente.	Sim	Não

Fonte: Alex Hian, The Big Five Personality Test, Trainer's Spectrum, 2009, www.tspectrum.com

LEMBRE-SE

Diferentemente dos humanos, as marcas podem ter personalidades simples, de apenas uma dimensão. Então, se você marcar apenas um "sim" na Tabela 14-1, tudo bem. Talvez, você defina a sua marca como simplesmente consciente, por exemplo. Ou você pode criar uma personalidade mais rica ao adicionar um ou dois traços extras (sua linha de armários para arquivos também poderia ser estável emocionalmente).

Escolhendo um nome memorável e significativo

"O que há num simples nome? O que chamamos de rosa com outro nome não teria igual perfume?" Em poemas talvez, mas não em marketing. O nome rosa é uma identidade de marca maravilhosa para a flor. É curta e simples, embora sua pronúncia seja suave e prazerosa e, além disso, foi associada à mais romântica e popular das flores. Mas e se o nome de sua marca não for tão atraente? Como escolher um novo nome ou melhorar o seu para que sua marca seja tão cativante quanto uma rosa?

DICA

A seguir, veja algumas abordagens que você pode adotar para nomear sua marca de modo que os leitores possam memorizá-la e identificá-la:

- **Dê a sua marca um nome informativo**. Essa abordagem ajuda a facilitar a difusão de suas ofertas. Por exemplo, o nome Amherst Gallery of Figurative Art se refere claramente a uma galeria de arte que vende trabalhos figurativos. Se você conseguir adicionar mais informações ao nome de sua marca sem deixá-lo extenso demais, faça-o.
- **Escolha um nome para sua marca que seja claro, simples, curto e fácil de ser pronunciado**. Como uma marca soa quando é pronunciada é muito importante. Diga "Coca-Cola" e pense na sensação em sua boca quando você a pronuncia. É gostoso de falar.

- **Escolha um nome que tenha um bom apelo visual**. A aparência de uma marca também é importante. Por isso, preste muita atenção à imagem evocada por um nome e escolha um que tenha boas associações visuais. As pessoas são muito visuais e, por isso, o reconhecimento e o apelo visual somam significativamente para o impacto de uma marca. A Companhia de Petróleo Shell se beneficia do enorme apelo visual de seu logo, uma concha dourada e contornada de vermelho (visite `www.shell.com` para ver como o logo está sempre colocado bem acima do nome da empresa).
- **Invente uma palavra nova que não tenha recebido nenhum significado ainda e que não tenha sido usada**. Essa abordagem lhe dá algo que você pode proteger como direito autoral de forma mais fácil, mas não é necessariamente eficiente para a comunicação do caráter de seu produto.

  Quando você utiliza componentes significativos para seus nomes inventados, eles são chamados de *morfemas*, os quais a NameLab Inc (empresa líder no desenvolvimento de tais nomes com sede em São Francisco) define como núcleo semântico das palavras.

Projetando uma Linha de Produtos

Uma linha de produtos pode ser qualquer grupo lógico de produtos oferecidos aos clientes. (Lembre-se: os produtos podem ser mercadorias, serviços, ideias ou até mesmo pessoas – como, por exemplo, um candidato político ou estrelas de cinema). Geralmente, as linhas de produtos são identificadas por uma marca genérica que abriga identidades individuais. Depois de estabelecer uma marca forte (veja as seções anteriores neste capítulo para lhe ajudar a fazer isso), você poderá estendê-la para uma linha de produtos.

As seções seguintes oferecem insights valiosos sobre o que deve ser considerado no momento do desenvolvimento de sua linha de produtos, como gerenciar a linha de produtos depois que você a tiver desenvolvido e o que fazer para proteger sua identidade.

Fique de olho na profundidade e na amplitude

Você tem duas questões-chave a considerar no momento em que desenvolver sua linha de produtos:

- **Profundidade:** quantas alternativas você deveria oferecer ao cliente dentro de uma única categoria? Por exemplo, você deveria fazer um único design de camiseta para vários tamanhos? Que tal oferecer o design em uma variedade de cores? Essas duas opções aumentam a profundidade, pois dão aos consumidores mais opções.

  DICA

  Aumente a profundidade quando você estiver perdendo clientes por não ter um produto para eles. O aumento da profundidade diminui as chances de desapontar um cliente.

- **Amplitude:** a amplitude se refere à oferta de mais tipos ou categorias de produtos. Por exemplo, se você comercializa camisetas com um único design, para aumentar a amplitude da sua linha de produtos, você pode oferecer camisetas com outros designs ou (para ir ainda mais longe) oferecer abrigos, bonés e outros itens que possam usar o mesmo design da camiseta. Quando você adiciona qualquer coisa que o cliente entende como uma escolha separada, e não uma variante da mesma escolha, você está adicionando amplitude a sua linha de produtos.

  DICA

  Aumente a amplitude de sua linha sempre que conseguir pensar em um novo produto que combine com linha de produtos e que você acredita que irá aumentar suas vendas sem sacrificar os lucros. Quando digo *combinar,* quero me referir a um produto que os clientes possam relacionar obviamente à linha. Não misture produtos que não se relacionam – assim você não terá uma linha de produtos, pois ela não terá uma identidade clara e lógica para os clientes. Mas continue expandindo uma linha bem sucedida desde que as vendas continuem a crescer. Fazer isso só faz sentido por causa de um simples motivo: você vende novos produtos a clientes antigos.

Gerenciando sua linha de produtos de forma eficiente

O segredo para o bom gerenciamento de produtos é o lema " Não deixar muito sozinho". Mas se você continuar a aumentar suas linhas de produtos, obviamente, depois de um tempo, irá esbarrar em algumas restrições práticas. Como saber quando o pêndulo irá balançar para o outro lado – qual é o momento certo de fazer uma faxina geral?

Você deve diminuir a profundidade ou a amplitude (ou as duas; veja a seção anterior para saber mais sobre esses conceitos) se achar que certos itens nunca ou quase nunca são vendidos. Também apare sua linha se seus canais de distribuição não estiverem expondo toda a linha de produto aos clientes.

Quando prestei consultoria para a Kellogg Brush Company há alguns anos, fiquei impressionado ao saber que ela produzia centenas de diferentes itens. Embora os supermercados e as lojas de ferragem que vendiam seus produtos nunca mostrassem mais que algumas dezenas de itens. Obviamente, a linha de produtos da empresa era muito mais ampla e profunda que os consumidores finais podiam imaginar. Sugeri que a empresa desenvolvesse um canal de distribuição direto pela Internet que disponibilizasse essas opções para os clientes ou que cortasse a linha de seus produtos aos 20 ou 30 itens mais comprados pelos lojistas e tentasse fabricá-los com mais qualidade e menos custo. (Eles optaram pela segunda sugestão).

Protegendo sua linha de produtos e sua marca

Você pode adquirir proteção legal para um produto, uma linha específica de produtos ou até mesmo para toda sua empresa pelo uso e obtenção de um reconhecimento legal para identificador exclusivo. Essa proteção pode se aplicar aos nomes, às pequenas descrições visuais e aos símbolos visuais. Todas essas formas de identificação são marcas que podem representar a identidade do objeto ao qual você as aplica. O nome tangível de um produto e/ou um símbolo visual é uma *marca registrada*. O nome de um serviço recebe o termo de *marca de serviço* (as leis americanas consideram a marca de serviço como uma marca registrada). O nome de uma empresa é um *nome fantasia* (e também recebe proteção legal nos Estados Unidos).

Nos Estados Unidos, você estabelece e protege seus diretos ao uso exclusivo de qualquer marca registrada simplesmente pelo fato de usá-la. Sim, você deve registrá-la (no U.S. Patent and Trademark Office – entre em contato com uma empresa de direito especializada em direitos de propriedade intelectual para saber como fazer isso).

Para mais informações sobre como estabelecer e fortalecer marcas registradas, entre em contato com seu advogado, com alguma agência de propagandas que faça marketing de marcas ou com um laboratório de nomes. Para entrar em contato com o Instituto Nacional de Marcas e Patentes e solicitar informações sobre registros, legalização ou tirar dúvidas, ligue para (21) 2139-3000 ou vá ao INPI na rua Rua Mayrink Veiga, nº 9 - Centro - Rio de Janeiro/RJ - Cep: 20090-910 ou Praça Mauá, nº 7 - Centro - Rio de Janeiro/RJ - Cep: 20081-240.

Para registrar sua marca em outros países, você deve entrar em contato com um advogado especializado em propriedade intelectual.

Fortalecendo um Produto Existente

Seus produtos existentes já possuem um certo grau de identidade de marca e uma certa quantidade de clientes fiéis. Geralmente, seu melhor investimento é o de aumentar a força da imagem de suas marcas ou melhorar seus designs e embalagens.

Veja aqui uma lista de ações simples e rápidas que você pode tomar para fidelizar seus clientes e aumentar suas vendas ao aperfeiçoar seu produto:

- **Atualize a aparência.** Muitas empresas apresentam bons produtos ao mundo em péssimos designs externos que não os vestem para o sucesso.
- **Renove a embalagem:** um produto que fica exposto em uma prateleira esperando ser comprado deveria ser altamente visível e chamativo. Se você puder, deve usar embalagens verdes (recicladas ou recicláveis) e promover esse fato na própria embalagem. Cada vez mais os consumidores estão buscando por marcas ecologicamente corretas.
- **Certifique-se de que o produto seja chamativo e fácil de usar.** Seu produto deve ser agradável – suave, polido, macio ou qualquer outra textura que for apropriada ao uso de seu produto.
- **Renove todos os materiais impressos que acompanhem o produto.** Você pode melhorar a aparência deles? Vesti-los melhor? Fazer com que fiquem mais claros e mais úteis? Faça o que for, mas, por favor, certifique-se de que esses materiais estimulem o orgulho pela propriedade do produto.
- **Escolha a melhor qualidade de seus produtos.** Redija uma pequena frase para comunicar essa melhor qualidade ao consumidor e a coloque em locais de destaque no produto e na embalagem.
- **Elimine confusões sobre qual produto faz o que e para quem.** Se você tem mais de um produto, esclareça as diferenças e os usos dos produtos ao colocar nomes e preços diferentes em cada um deles (para deixá-los obviamente diferentes).
- **Faça um logo bonito.** A Apple Computer Inc. mudou a versão da cor de seu logo para uma versão sofisticada feita com um painel de plástico claro iluminado por uma luz branca difundida. Esse logo está na tampa de todos seus novos notebooks, dando aos computadores um ar de mais sofisticação.

- **Escolha um produto relacionado, mas que não seja concorrente de uma outra empresa, embale-o e o distribua como sendo parte de sua linha de produtos.** A adição de um outro bom produto, do qual os clientes gostem, pode aumentar o tamanho médio de suas compras significativamente. Recomendo que você seja um distribuidor, pois assim, você eliminará o investimento necessário para o desenvolvimento de produtos e conseguirá uma boa forma de expandir rapidamente a sua linha de produtos.

Espero que essa lista de simples ações mantenha seu sangue de marketing circulando! Como você pode ver, é possível fazer muitas coisas com e para os seus produtos, mesmo que você não tenha o orçamento ou tempo necessário para desenvolver e introduzir um produto completamente novo.

Identificando Quando e Como Introduzir um Novo Produto

Se seu mercado é como a maioria, as inovações lhe garantem uma fonte importante de vantagens competitivas. A introdução de um novo produto concorrente provavelmente altera a face do mercado – e derruba suas projeções de vendas e margens de lucro – pelo menos uma vez a cada ano. Sendo assim, você não pode ignorar a importância do desenvolvimento de um novo produto. Você deve introduzir novos produtos sempre que puder arcar com os gastos necessários.

As seções a seguir destacam várias formas de ter ideias para novos produtos, bem como uma sugestão para fazer com que seu novo produto apareça como algo realmente novo e diferente.

Transformando o velho em novo de novo

As ***velhas ideias*** podem ser qualquer conceito de produto que você ou outra empresa tenha abandonado. Elas podem ter sido consideradas, mas depois rejeitadas antes de terem sido comercializadas ou, ainda, podem ser produtos antigos que tenham caído em desuso, mas podem ser ressuscitados com um toque especial.

Geralmente, as empresas não conseguem manter bons registros, então você terá que entrevistar funcionários antigos e investigar arquivos empoeirados ou catálogos arquivados para descobrir essas velhas ideias. As ideias antigas podem ser um verdadeiro tesouro, pois os avanços técnicos ou as novas preferências dos clientes podem transformar as ideias malucas de ontem nas ideias práticas de hoje.

Roubando – opa, pegando emprestado ideias

Às vezes é possível lucrar com a ideia de outra pessoa através das licenças. Pode ser que um inventor particular tenha um grande conceito e a patente para um novo produto, mas talvez lhe faltem os mecanismos de marketing e o capital necessário para introduzir o produto no mercado. Você pode entrar com o marketing e pagar 5% ou 10% do faturamento líquido como recompensa por sua inspiração.

LEMBRE-SE

De forma não oficial, você pode simplesmente roubar ideias. Agora, quando eu digo roubar, não me refiro a se apropriar ilegalmente de qualquer coisa que não seja sua. Uma patente protege um design; uma marca registrada protege um nome ou um logo; os direitos autorais protegem obras literárias, trabalhos de arte, espetáculos e softwares. Você deve respeitar esses direitos legais que protegem as expressões de ideias de outras pessoas. Mas geralmente, o aproveitamento de ideias é algo legal desde que você as implante de formas diferentes (quando estiver em dúvida, consulte um advogado!).

CUIDADO

Se as ideias chegarem a seus ouvidos ou olhos através de um canal de comunicação público, então você poderá usá-las sempre. Só não vá espionar a sede de seu concorrente, vasculhar sua lata de lixo ou embebedar seus engenheiros.

Embora um concorrente possa ficar descontente ao ver que você está tendo êxito ou melhorando graças a sua última ideia, nada pode pará-lo desde que sua fonte tenha sido pública (não secreta) e que você não esteja violando uma patente, marca registrada ou direito autoral.

Pedindo ajuda aos seus clientes

Uma fonte final de ideias para novos produtos vem de seus clientes. Os clientes são, na verdade, a melhor fonte, mas não sabem disso. Peça a um cliente para lhe descrever um produto brilhante que você deve fornecer a ele e você terá um olhar vazio ou algo pior.

DICA

Como extrair as necessidades dos clientes, muitas delas latentes ou escondidas? Colecionar as palavras dos clientes ajuda você a ganhar insight de como eles pensam – então, converse com eles e faça anotações usando citações ou grave e transcreva seus comentários. Faça com que eles falem e deixe que divaguem para que você tenha uma chance de descobrir o inesperado. Além disso, observe os clientes enquanto eles estiverem comprando e usando seus produtos.

Usando a significativa estratégia da diferença

O desenvolvimento dos novos produtos tem um ponto fraco: quase todos os novos produtos não dão certo. Para realmente obter sucesso, você deve apresentar algo que realmente pareça novo e diferente para o mercado. Os pesquisadores que estudam o sucesso dos novos produtos utilizam o termo *intensidade* para descrever esse fenômeno. Quanto mais intensa a diferença entre seu novo e velho produto, maiores suas chances de fazer sucesso.

Quando Aperfeiçoar um Produto Existente

Alguns produtos são tão perfeitos que eles naturalmente combinam com seus clientes e você não deve alterá-los. Por exemplo... bom, eu suponho que a fórmula da Coca-Cola é um exemplo, mas seria muito difícil pensar em mais algum. Esse não alterar lhe diz algo importante sobre o gerenciamento de produtos: é melhor modificar seus produtos para melhorar seu desempenho, valor e qualidade a cada nova estação e novo plano de marketing.

LEMBRE-SE

Você está competindo em um campo em constante mudança. Seus competidores estão se esforçando para fazer produtos melhores e você deve fazer o mesmo. Sempre busque insights sobre como melhorar seu produto. As próximas duas seções descrevem os testes pelos quais um produto deve passar para permanecer visível.

DICA

Caso você precise de mais informações sobre como substituir um produto antigo e desenvolver e introduzir um novo, consulte o site `www.insightsformarketing.com`, onde você poderá fazer o download de um white paper sobre o tópico.

Passando no teste da diferenciação

No ponto de compra – o local ou o momento em que os clientes fazem suas reais decisões de compra – seu produto precisa ter algo especial. Ele deve passar no teste de diferenciação ao alcançar pelo menos uma porção do mercado e ser melhor que seu concorrente em certos critérios relacionados às propriedades inerentes do design. Ou ele precisa ser tão bom quanto o resto, mas possuir um valor melhor, que lhe dê uma vantagem de custo sustentável.

LEMBRE-SE

A falta de propriedades especiais de seu produto não significa necessariamente que ele não seja especial. Você pode ser especial pelo simples fato de estar presente no momento e no local onde os clientes precisam de seu produto. É possível justificar a sobrevivência de um produto apenas por encontrar uma forma de conseguir manter sua vantagem de distribuição.

Se seus clientes não acham que seu produto seja único em nenhum aspecto, então, talvez, você deva matá-lo. Mas não prepare a forca assim tão rapidamente. Primeiro, veja o que pode ser trabalhado para diferenciá-lo de alguma forma.

Passando no teste de campeão

Os *campeões* são aqueles produtos que os clientes realmente adoram, insistem em comprar e recomendam aos seus amigos e funcionários. É ótimo ter campeões, no entanto, eles são muito raros.

O teste de competição é mais difícil que o teste de diferenciação, (descrito na seção anterior). Muitos produtos não conseguem ser campeões, mas, quando um consegue – quando alguns clientes em algum local dos canais de distribuição realmente o apreciam – então, esse produto com certeza terá uma vida longa e bem sucedida.

Os produtos campeões ganham uma incrível propaganda boca a boca e suas vendas e market share crescem por causa dela. E o que é melhor, as pessoas continuam comprando fielmente os produtos que adoram e essa repetição garante à sua empresa vendas altamente lucrativas, comparadas aos custos mais altos associados à descoberta de novos clientes.

O gancho? O comprador deve desejar repetir sua compra. Ele precisa se tornar um fã devotado do produto.

Se seu produto parece não ser um campeão e as vendas não estiverem crescendo, o produto propriamente dito pode estar segurando a identidade de sua marca. O aperfeiçoamento da imagem de sua marca em seu marketing pode não ser o bastante. Talvez você tenha que melhorar ou substituir os produtos antigos para realmente passar ao cliente o entusiasmo prometido pela identidade de sua marca.

Capítulo 15

Encontrando a Abordagem Correta de Definição de Preço

Neste Capítulo:

- Encarando os fatos sobre a definição de preços;
- Estabelecendo ou modificando sua tabela de preços;
- Elaborando ofertas especiais baseadas em preços;
- Ficando longe de problemas.

Conseguir o preço certo é a tarefa mais difícil que você pode enfrentar sendo um empresário, mas encontrar a abordagem certa de marcação de preço faz com que o sucesso seja obtido muito mais facilmente. O princípio é que o cliente precisa pagar – de boa vontade e, preferencialmente, o mais rápido possível – por seus produtos e serviços. Acertar na parte do preço de seu plano de marketing não é fácil, mas este capítulo lhe ajudará ao dar uma ideia mais clara sobre as muitas questões que você possa ter sobre a marcação de preços e o que ela representa para seus resultados finais.

Observando as Oportunidades e as Limitações de Preço

Muitas empresas ainda acreditam no mito de que os clientes escolhem um produto de acordo com sua *tabela de preço* (o preço de venda publicado em um catálogo, em uma lista de preço ou no próprio produto). Fazer com que sua lista tenha preços mais baixos que o necessário é realmente tentador. As seções a seguir fornecem algumas estratégias que podem ser usadas para a marcação de preços, incluindo o aumento de preços para vender mais, a prevenção de preços muito inferiores e a análise de como a marcação de preços influencia o que seu cliente compra. O objetivo é sentir que você está no comando de suas margens e é capaz de realizar muitas vendas ao nível de preço que você escolher.

Aumentando seu preço e vendendo mais

Se você insistir em vender seu produto ou serviço na base do preço baixo, seus clientes se acostumarão a procurar o preço mais baixo. Para reagir a isso, tome uma ação adequada, combinando a marcação de preços conservadora a uma estratégia agressiva de *branding* a fim de obter preços líquidos mais altos e uma margem de lucros mais alta.

Para aumentar seu preço e *ainda* vender mais, você deve decidir:

- **Construir a equidade de marca:** as marcas mais conhecidas comandam os preços.
- **Aumentar a qualidade:** as pessoas fazem muitos comentários sobre um bom produto e essa propaganda boca a boca garante ao produto um preço de 5% a 10% mais alto que o do concorrente.
- **Usar a marcação de preço para ganhar prestígio:** dar ao seu produto uma imagem de classe alta pode aumentar seu preço de 20% a 100%.
- **Criar um valor extra através da disponibilidade e acessibilidade:** os clientes consideram muito mais os produto com disponibilidade aos que não chegam até eles quando necessário.

Às vezes, meus leitores me dizem que a concorrência e/ou seus distribuidores os forçam a baixar os preços a níveis em que eles mal conseguem lucrar. Caso você esteja vivendo essa situação, então, encare o fato de que você perdeu o controle sobre seus próprios preços. Ou você sai dessa linha de negócios imediatamente ou diminui seus custos trocando o modelo de seu negócio (corte o cliente da classe média, por exemplo).

Evitando os preços muito baixos

É sempre muito mais fácil diminuir um preço que aumentá-lo. De modo geral, você deve fazer um preço um pouco acima e ver o que acontece. Você pode consertar um aumento de preço com sua subsequente diminuição – basta ter cuidado para não colocar preços muito baixos em seus produtos ou serviços, pois poderá acabar descobrindo que doou seus lucros.

Investigando o impacto dos preços sobre as compras dos clientes

A *sensibilidade ao preço* representa o grau em que as compras são influenciadas pelo nível do preço. É preciso estimar a sensibilidade ao preço de seus clientes. O que você precisa ser capaz de fazer é prever quantas vendas irá perder ou ganhar com um determinado aumento ou diminuição do preço de venda.

É possível estimar a sensibilidade do cliente ao preço através de observações e testes. Por exemplo, se você acha que um aumento de 5 por cento nos preços não afetará suas vendas, teste esse aumento em um mercado ou durante um curto período de tempo, mantendo o resto constante. Estava certo? Se sim, difunda o aumento para todo país (ou para toda sua cidade, caso você tenha um pequeno negócio).

Se os clientes acham que seus preços são razoáveis e se não há concorrentes mais baratos com os quais possam fazer comparações, então eles não serão sensíveis ao preço.

Entretanto, se você se deparar com novos concorrentes com preços mais baixos que o seu e que estejam roubando alguns de seus clientes, então poderá concluir que seus clientes são sensíveis ao preço e precisará se adequar aos preços da concorrência a fim de não perder mais clientes.

Lucrando sem aumentar os preços

DICA

Quando você pensar em lucros, talvez assuma que seu foco deva estar no preço. Mas são muitos os fatores que conduzem o fluxo de caixa e os lucros de sua empresa, e não apenas sua tabela de preços. Veja aqui algumas formas de estimular os lucros sem aumentar os preços:

- **Verifique o prazo dado para os pagamentos.** O corte desse prazo pode trazer os lucros necessários sem nenhum aumento de preço.
- **Analise todos os descontos e tolerâncias que você oferece.** Esses fatores influenciam seu faturamento e lucros, por isso, você precisa revisá-los antes de assumir que o preço é o culpado.
- **Examine como você avalia as taxas.** Talvez sua empresa não esteja conseguindo cobrar as taxas adequadas para alguns casos.
- **Determine se sua estrutura de taxas está desatualizada.** Se estiver, a sua estrutura de custos provavelmente não está refletida de forma correta. Por exemplo, um banco que cobra um preço baixo para as contas correntes padrão mais uma taxa por extrato talvez veja seus lucros desmoronarem, uma vez que os clientes começarem a optar pelo extrato automático gratuito nos caixas eletrônicos.

Estabelecendo ou Modificando Sua Tabela de Preços

Se você precisa estabelecer um preço, tem em suas mãos uma das tarefas mais difíceis que alguém pode fazer no mundo dos negócios. As seções a seguir lhe mostram o processo de estabelecer ou modificar seus preços de forma lógica e passo a passo. (A Figura 15-1 ilustra o processo que descrevo nas seguintes seções).

Determinando as estruturas de descontos

Veja aqui como calcular preços e descontos para um complexo canal de distribuição: digamos que você descubra que a estrutura de descontos mais comum no mercado onde você queira introduzir seu produto é 30/10/5. O que isso significa? Se você começa com um preço de $100, o lojista o paga com um desconto de 30% da tabela (0,30 × $100 = $70). O lojista que pagou $70 pelo produto irá vendê-lo por (aproximadamente) $100 e ter cerca de $30 de lucro bruto.

A estrutura de desconto 30/10/5 lhe indica que existem outros intermediários – um para cada desconto listado. O distribuidor que vendeu o produto para o lojista, tem um desconto de 10% do preço que cobrou do lojista, ou seja, 0,10 × $70 = $7 de lucro bruto para o distribuidor. E esse distribuidor deve ter pago $70 – $7, ou $63, pelo produto a outro intermediário (provavelmente um representante do fabricante ou um atacadista). E o fabricante vende a esse intermediário. A estrutura 30/10/5 mostra que esse intermediário recebe um desconto de 5%: 0,05 × $63 = $3,15 de lucro para ele.

Subtraindo novamente, você também poderá determinar que o fabricante deve vender seu produto ao seu primeiro intermediário por $63 – $3,15, ou $59,85. Você, sendo o fabricante, terá doado mais de 40% daquele preço de $100 para intermediários se usar a estrutura de desconto 30/10/5. Então deverá calcular os lucros gerados pelo preço de $100 como custos subtraídos de seu líquido de $59,85, pois isso será tudo o que você vai ver daqueles $100!

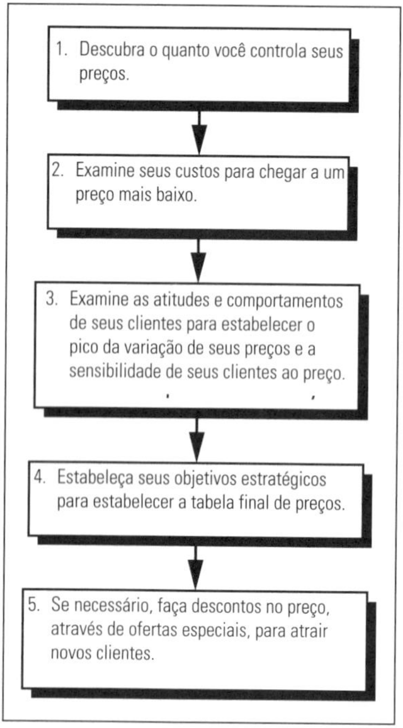

Figura 15-1: Processo de marcação de preço.

1° Passo: Descubra quem é que estabelece os preços

O passo da determinação do preço não é assim tão óbvio quanto parece. Você, sendo o fabricante, pode estabelecer uma tabela de preços. Mas o cliente pode acabar não pagando o seu preço. Você pode se deparar com um distribuidor ou atacadista, bem como com um varejista, todos fazendo seus *mark-ups* (definição do preço a ser praticado). Sendo assim, sua tabela de preços, na verdade é apenas uma sugestão, não uma ordem.

À medida que você determina o preço de seu produto, envolva essas partes em seu processo de decisão, perguntando-lhes o que eles acham a respeito da marcação de preço do seu produto. Talvez eles possam lhe dizer que você tem algumas limitações a serem consideradas. Conheça essas limitações antes de começar.

As empresas que operam em ou por meio de um ***canal de distribuição multinível***, ou seja, empresas que têm distribuidores, atacadistas, ***rack jobbers*** (empresas que possuem garantia do espaço de venda, geralmente uma parte das prateleiras), varejistas, corretores ou qualquer outro tipo de intermediários, precisam estabelecer uma estrutura de desconto comercial. Os ***descontos comerciais*** (também conhecidos como ***descontos funcionais***) representam o que você dá a esses intermediários. Porém, você faz o desconto em cima do preço resultante do desconto anterior, e não da tabela de preço original. Consulte o quadro anterior para mais detalhes.

2° Passo: Examine seus custos

Na prática, talvez você não tenha informações boas e precisas sobre os verdadeiros custos de um determinado produto ou serviço. É por isso que precisará examinar cuidadosamente seus custos.

Depois de examinar cuidadosamente os seus custos, você deveria ter uma ideia razoavelmente precisa sobre o mínimo que pode cobrar – no mínimo do mínimo, esse valor deve ser o seu custo atual. Em geral, você precisa de um preço que inclua o custo mais uma margem de lucro – digamos, 20% ou 30%. Isso significa que você deve tratar seus custos como sendo 70% ou 80% do preço e somar a isso uma margem de 20% ou 30%, de acordo com os requisitos de sua empresa.

Essa soma entre custo e lucro é a base para sua variação de preços (veja a Figura 15-2). Agora é preciso ver se os clientes lhe permitem cobrar esse preço – ou até mesmo (se você for uma pessoa de sorte), se eles lhe permitem cobrar um valor mais alto.

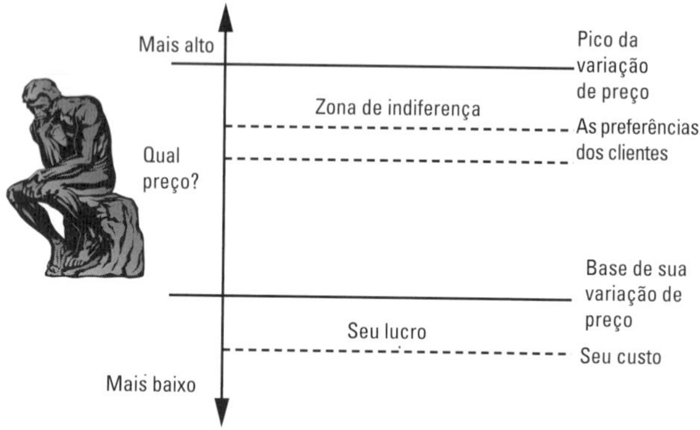

Figura 15-2: Definindo a variação de seu preço.

3° Passo: Avalie as preferências de preço dos clientes

Seus custos e requerimentos de lucros impõem um limite mais baixo em seus preços, mas as preferências de seus clientes impõem um limite mais alto. É preciso que você defina esses dois limites para realmente saber a possível variação de seus preços.

Na Figura 15-2, chamei o preço que os clientes favorecem de *preferência dos clientes.* Observe que a preferência do cliente não deve ser o limite superior. Se seus clientes não forem sensíveis ao preço, eles mal perceberão se você ajusta seu preço em algum ponto acima do preço que eles preferem.

Os especialistas em marcação de preço às vezes chamam a diferença entre o preço desejado pelo cliente e um preço notavelmente mais alto de zona da indiferença. Dentro dessa zona, os clientes são indiferentes tanto ao aumento quanto à diminuição dos preços. No entanto, a zona fica menor (em termos de porcentagem) conforme o preço de um produto aumenta.

DICA

Você também pode perceber a preferência dos clientes se analisar a atual estrutura de preços em seu mercado.

Vá às compras para descobrir a estrutura de preço existente; dessa forma você terá ótimas pistas de como o cliente pode reagir diante de diferentes preços para seu produto.

DICA

Em muitos mercados, os preços praticados na Internet estão começando a estabelecer os padrões, uma vez que cortam os tradicionais custos com distribuição enquanto ainda mantêm a qualidade.

Através desse tipo de atividade, acredito que você tenha, pelo menos, uma vaga ideia do preço preferido por seus clientes e o quanto você pode elevar o seu preço sem chamar muita atenção.

A abordagem mais simples para a marcação de preços é a de colocar seu preço no ponto mais alto da variação. Desde que a variação de preço esteja acima de seu limite inferior (dede que o preço preferido mais a zona de indiferença sejam iguais ou maiores que seu custo mais o lucro requerido), você não terá problemas.

4° Passo: Considere influências secundárias sobre o preço

Seus custos e os preços preferidos pelos clientes não são as únicas coisas a serem consideradas quando você tentar estabelecer ou modificar sua tabela de preços. Sim, com certeza, estas são suas considerações primárias, mas você também terá que examinar algumas influências secundárias.

A seguir, veja as principais influências secundárias a serem consideradas:

- **Questões de concorrência:** Você precisa ganhar market share de um concorrente próximo? Se esse for o caso, mantenha seus preços igualados ao de seu concorrente e faça um marketing agressivo ou ajuste seu preço para que ele fique ligeiramente (mas visivelmente) abaixo do preço do concorrente.

- Caso você se sinta tentado a oferecer um preço mais baixo que o de seu concorrente principal, tome cuidado para não iniciar uma guerra de preços na qual você e seu concorrente fiquem tentando sabotar o preço um do outro até acabarem doando seus produtos.
- **Tendências prováveis para o futuro dos preços:** A tendência dos preços é diminuir? Então você precisa diminuir um pouco os seus números para ficar em sincronia com seu mercado.
- **Flutuações da moeda:** qualquer flutuação na moeda pode afetar seus custos e, consequentemente, suas opções de marcação de preço. Se você estiver consciente de que pode levar uma rasteira da taxa de câmbio, é melhor se prevenir do que remediar, por isso, marque seus preços na extremidade mais alta de sua variação.
- **Gerenciamento da linha de produtos:** esse fator pode ditar um ligeiro aumento ou redução do preço de um produto. Por exemplo, talvez seja preciso dar um preço significativamente mais alto a um produto top de linha só para deixar claro ao cliente que aquele produto está um passo a frente de seus concorrentes.

5° Passo: Estabeleça seus objetivos estratégicos

Você deve ter outros objetivos além de faturamento e maximização dos lucros. Isso é ótimo, mas você precisa entender claramente quais são esses outros objetivos. Por exemplo, muitas empresas colocam seus preços muito próximos ao limite inferior da variação com o propósito de aumentar seu market share.

No entanto, a estratégia de preços baixos só é eficiente se o cliente demonstra certa sensibilidade ao preço. Caso contrário, você estará jogando fora possíveis receitas sem ter uma chance real de ganho de cotas do mercado.

Em alguns casos, as empresas oferecem preços muito baixos, pois querem reduzir o volume unitário, como quando estão introduzindo um novo produto. Talvez eles não tenham tido a capacidade de vender o produto para um mercado de massa, então eles ***desnatam o mercado***, ou seja, vendem o produto a um preço tão alto que apenas os clientes com maior poder aquisitivo ou menos sensíveis ao preço o comprarão.

Não utilize a estratégia de ***skimming de mercado*** (ou ***desnatamento do mercado***) a não ser que tenha certeza de que está a salvo de uma concorrência agressiva a curto prazo.

6° Passo: Domine a psicologia dos preços

Para estabelecer ou modificar seus preços de forma efetiva, você deve possuir um entendimento claro de como os clientes percebem o preço. As seções a seguir lhe ajudam a entender a psicologia por trás dos três diferentes métodos de marcação de preço disponíveis.

Se você estiver no setor de serviços, estabeleça um preço que seja consistente com sua qualidade. Não barateie acidentalmente a percepção da qualidade de seu serviço ao estabelecer um preço baixo demais.

Odd-even pricing (preço psicológico)

O método do preço psicológico consiste na diminuição do arredondamento do preço de um objeto em um centavo ou mais, o que as pessoas percebem como uma significativa redução com relação ao preço arredondado. Por exemplo, se o limite superior da variação de seu preço para um novo brinquedo é de $10, você deve abaixar esse preço para $9,99, pois muitos clientes acham esse preço muito mais barato.

Os preços psicológicos costumavam se restringir às compras rápidas, nas quais os consumidores olhavam os preços de relance e não registravam os detalhes, de modo que apenas os números iniciais ficavam em suas memórias. Assim, eles não o arredondavam e não se davam conta de que estavam pagando mais.

O único problema em usar os preços psicológicos é o de que alguns clientes, às vezes, associam os preços acabados em 9 com produtos baratos e de baixa qualidade que são promovidos através de propagandas agressivas. Então, não utilize os preços psicológicos quando seus clientes forem cautelosos e sensíveis à qualidade.

Price lining

O método do price lining encaixa seu produto a uma variedade de alternativas, dando ao produto um espaço lógico na mente dos consumidores. Ao ajustar seu preço para que ele se encaixe à sua linha de produtos ou a uma variedade de produtos vendida por seus varejistas ou distribuidores, você deixa claro qual é o concorrente e como os consumidores deveriam analisar o valor do produto.

Quando você pesquisa os preços de um notebook MacBook Pro (fabricado pela Apple Computer Inc), descobre que a marcação de preço é relativamente fácil de ser compreendida. Uma série de produtos fornece uma quantidade crescente de potência do computador, do tamanho da tela e de outras características importantes e, por isso, recebe os preços de acordo com elas. Use essa dica da Apple e apresente aos seus clientes opções simples e claras de vários pontos de preços de acordo com sua variável de custo mais alta (o que depende do que você produz e vende).

Obseve que a Apple também usa duas outras estratégias juntamente com a do price lining – e você também pode fazer o mesmo. Primeiro, a Apple utiliza o preço psicológico para os preços individuais ($2.499 ao invés de $2.500). Com isso, ela consegue fazer com que a linha de seus produtos pareça mais acessível financeiramente. Em segundo, a Apple usa a frase “preços a partir de” para descrever sua tabela de preços. Ao fazer isso, ela encoraja os consumidores a adicionar extras, como memórias e softwares que, geralmente, somam centenas ao preço de tabela.

Preços competitivos

O *método do preço* competitivo requer que você estabeleça seu preço em relação ao preço de um importante concorrente ou de um conjunto de concorrentes. Seus preços devem ficar acima ou abaixo do preço de um forte concorrente? Essa decisão depende da quantidade de benefícios que você oferece e da sua qualidade. Também poderá depender do valor relativo de sua marca.

LEMBRE-SE

No modelo do preço competitivo, se você oferecer poucos benefícios ou uma qualidade inferior, você deve fazer um preço significativamente mais baixo para parecer mais valioso. Mas, se você oferece bons benefícios, pode deixar seu preço um pouco mais alto para indicar esse fato – mas não alto demais, pois você deve garantir que seu produto pareça valer mais à pena que o do concorrente.

MUNDO REAL

Caso você queira parecer significativamente superior ao seu concorrente, faça com que seus preços sejam significativamente mais altos. Se a Tiffany & Co vendesse suas jóias a preços muito baixos, seus produtos perderiam o prestígio de sua imagem.

Alguns concorrentes tentam convencer seus clientes que seu produto é melhor, mas custa menos que os produtos de outros concorrentes. Ninguém acredita nesse argumento – a não ser que você apresente uma evidência. Se você apresentar, os clientes irão amar você. Afinal de contas, todos querem mais por menos! Mas certifique-se de sustentar seus argumentos, pois, caso contrário, o cliente pode assumir que seus preços mais baixos significam que seu produto é inferior.

DICA

Caso você esteja em um mercado extremamente competitivo, deveria exercitar o preço competitivo. Decida qual produto da concorrência os clientes possam ver como o mais próximo ao seu e, então, faça com que seu preço seja suficientemente mais alto ou mais baixo para diferenciar seu produto.

Projetando Ofertas Especiais

As *ofertas especiais* funcionam como indutores temporários para fazer com que os clientes comprem por causa do preço. Independente da forma em que a oferta especial aparece (normalmente na forma de vale desconto), ela providencia aos clientes ou intermediários uma maneira de levar o produto por menos – pelo menos enquanto a oferta durar. Quando você for elaborar uma oferta especial, como um desconto temporário ou um cupom resgatável, faça com que a oferta seja tão grande – mas apenas tão grande – quanto o necessário para atrair a atenção e estimular o aumento das compras. As seções a seguir abordam alguns tipos de ofertas especiais que você pode experimentar, além de como usá-las, como determinar seus custos e quando acabar com elas.

Criando vales e outros descontos

Você pode oferecer vales, reembolsos, brindes, produtos extras de graça, amostras grátis, sorteios, qualquer outro plano voltado ao ganho de prêmios e qualquer outra oferta especial que você possa imaginar – só não se esqueça de consultar seus advogados para garantir que a promoção seja legal.

A grande maioria das ofertas especiais leva a forma de vales (qualquer tipo de certificado que dá a seu detentor o direito de obter um preço reduzido) e, por isso, eu me concentrarei nelas para explicar como elaborar ofertas especiais.

Escolha seu meio

O design de seu vale depende do meio que você quer usar para alcançar seu público-alvo. O *meio* é o canal de comunicação; ele pode ser um jornal, uma revista, um fax, uma mala-direta ou um vale enviado por e-mail ou disponibilizado em seu web site e que possa ser impresso.

Ao escolher seu meio, certifique-se de escolher um veículo (como um jornal ou web site) que você saiba que possa alcançar um grande número de seus possíveis compradores. A maior variável é a porcentagem de audiência que faz parte de seu público-alvo, assim, examine o perfil dos leitores ou as estatísticas de uso para decidir qual meio é o mais eficiente no seu caso.

Embora os jornais fossem o meio mais comum para distribuir um cupom para os clientes, no mundo tecnológico de hoje, a Internet tornou a distribuição desses cupons e vales mais fácil e mais eficiente. Quando um cliente fizer uma pesquisa utilizando palavras-chave em um site de busca na Internet, você poderá fazer com que sua oferta apareça em sua tela.

Você também pode usar malas-diretas e e-mails para fazer uma oferta; essas opções geralmente funcionam melhor para ofertas com descontos maiores ou para um pacote de ofertas, pois você precisa ter algo que valha à pena ser escrito.

Fique atento no visual e conteúdo

Para conseguir algumas boas opções e abordagens para seus vales, reúna vários de seus vales recentes e também de outros setores. E não se esqueça de fazer uma pesquisa com termos-chave na Internet, da mesma forma que seus clientes possam fazer, para ver que ofertas especiais pipocarão em sua tela.

LEMBRE-SE

Sua oferta precisa parecer atraente dentro do contexto das atividades de marketing recentemente realizadas por seus concorrentes.

Apele a intermediários

Se você estiver fazendo promoções para *o trade*, nome dado aos intermediários como atacadistas e varejistas, então, poderá oferecer mercadorias, desconto em novas compras, expor e anunciar esses descontos e ajudá-los com os custos de seus anúncios (o chamado *anúncio cooperativo*).

LEMBRE-SE

Qualquer oferta que ajudar um de seus intermediários a gerar mais lucros, também irá ajudá-lo a movimentar seu produto. Sendo assim, não deixe de ser criativo na maneira como irá elaborar suas ofertas especiais para o trade.

Saiba o quanto ofertar

Quanto você deve ofertar aos seus clientes em um cupom ou por meio de outra oferta especial qualquer? A resposta depende de quanta atenção você quer.

Você pode aumentar em muito o alcance de sua oferta especial simplesmente ao tornar a oferta mais generosa (é claro que quanto maior for a sensibilidade dos clientes ao preço, mais visibilidade você terá). Para os bens não duráveis, seja uma pasta de dentes ou uma sopa enlatada, as pesquisas clássicas demonstram que você tem que oferecer pelo menos 50 centavos de desconto para atrair muita atenção.

Eu acho (e discordo com muitos marqueteiros nesse ponto) que é melhor usar poucas, mas grandes ofertas ao invés de esparramar milhares de cupons com pequenos descontos.

Projetando o índice de regaste

Fazer o design de sua oferta não é a pior parte. O grande problema está na estimativa do *índice de resgate* (ou porcentagem de pessoas que usam o cupom). Você amplia suas fronteiras quando usa ofertas grandes, o que acaba dificultando as projeções (boa sorte ao tentar projetar esses índices). Primeiro, teste uma oferta em uma pequena escala e reúna alguns dados reais sobre seu funcionamento. E, então, use as informações nesta seção para lhe ajudar a estimar com um pouco mais de precisão.

Em média, nos Estados Unidos, os clientes resgatam um pouco mais que 3 por cento dos cupons (e as ofertas, em média, ficam em torno de 50 centavos de desconto da tabela normal). Você pode usar essa estatística como um bom ponto de partida para sua estimativa, mas a variação é ampla.

Para prever se seu cupom terá um alto ou baixo índice de resgate, compare-o a outros. Você está oferecendo algo mais generoso ou mais fácil de ser resgatado do que o que você já tenha oferecido? Ou do que os seus concorrentes oferecem? Se sua reposta for sim, você pode esperar obter índices de resgate significativamente mais altos que a média – talvez o dobro ou mais.

Se você sempre usou cupons, sua empresa deve ter informações importantes a respeito das taxas de retorno. Apenas certifique-se de examinar cuidadosamente as ofertas passadas para escolher aquelas que realmente combinam com a oferta atual antes de assumir que a mesma taxa de resposta possa se repetir.

Existem muitas fórmulas matemáticas por aí para a estimativa do efeito de um desconto ou de um cupom, mas elas são complexas e difíceis de serem usadas, além disso, elas tendem a ser mais teóricas que práticas. A melhor forma de saber o efeito que uma oferta tem é testando-a em uma pequena escala.

Depois de encontrar uma oferta que produza vendas extras, verifique se ela é lucrativa. Se as vendas aumentarem apenas um pouco, mas você verificar que muitos de seus clientes regulares compraram com desconto, então isso significa que você não lucrará nada com a oferta. O seu objetivo é atrair muitos clientes novos que comecem a comprar por causa da oferta e que, depois, acabem se tornando usuários regulares.

Muitos cupons não alteram o preço muito além da zona de indiferença (veja a seção "3° Passo: Avalie as preferências de preço dos clientes", já mencionada nesse capítulo) – e por isso eles geralmente atraem o grupo de consumidores que compram por causa do preço, mas não atraem os clientes fiéis de outras marcas. É por isso também que a média dos índices de resgate é baixa.

Prevendo o custo das ofertas especiais

Depois de pensar sobre o índice de resgate, que abordei na seção anterior a esta, você precisa determinar quais serão os custos de sua oferta especial. Por exemplo, digamos que você acredita que 4% dos clientes irão resgatar um cupom que oferece 10 por cento de desconto para um produto. Para estimar o custo de seu programa de cupons, primeiro, você deve decidir se esses 4 por cento de clientes contabilizarão apenas 4% das vendas de seu produto durante o período em que o cupom for usado.

Se você acha que os clientes comprarão duas vezes mais que de costume (esse é um número muito alto, mas é só uma simples ilustração), basta dobrar o tamanho médio das compras. Quanto em vendas pode produzir quatro por cento de clientes comprando o dobro que costumam comprar em um mês (se esse for o termo da oferta)? Agora, aplique a taxa de desconto ao valor das vendas para descobrir quanto a oferta especial pode lhe custar.

DICA

Alguns marqueteiros têm um pássaro na mão e não deixam os outros dois voando, quando se trata de ofertas especiais. Eles usam *self-liquidating premiums* (brindes cujo valor é autoamortizável), que, a longo prazo, não lhes custará nada. Digamos que você promova um sorteio em que alguns clientes, ao abrirem a embalagem do produto, poderão encontrar um bilhete premiado, que deverá ser enviado em um envelope com $4,95 para que recebam um prêmio especial. Se seus *custos diretos* (o preço de atacado mais alguma despesa com o envio) com o prêmio forem de $4,95, você não terá que pagar do seu bolso pelo que o cliente poderá ver como um benefício divertido e valioso.

Mantendo as ofertas especiais realmente especiais

Reduzir um preço é fácil, o difícil é voltá-lo ao normal. A oferta especial lhe permite fazer descontos no preço de seu produto ou serviço enquanto ainda mantém a tabela de preços em seu nível antigo. Quando a oferta acaba, a tabela de preços é a mesma – você não doa nada permanentemente.

Veja aqui alguns casos nos quais manter sua tabela de preços é importante:

- Quando a sua razão para querer cortar o preço é temporária, como para se contrapor a uma oferta especial de um concorrente ou para reagir à introdução de um novo produto.
- Quando você quiser fazer experiências com o preço (para descobrir a sensibilidade de seu cliente ao preço) sem se comprometer com um corte permanente dos preços até analisar os dados.
- Quando você quiser estimular os consumidores a experimentarem seu produto ou serviço, pois acredita que depois que eles o provarem ficarão satisfeitos o bastante para comprá-lo novamente, pagando o preço total.
- Quando sua lista precisa se manter alta a fim de mostrar qualidade (*preço de prestígio*) ou ser consistente com outros preços em sua linha de produtos (a estratégia de *price lining*).
- Quando todos os seus competidores estiverem oferecendo preços baixos e você achar que não tem outra opção, pois os consumidores começam a esperar pelas ofertas especiais.

CUIDADO

Às vezes, a concorrência faz um uso tão pesado das ofertas especiais que os consumidores começam a contar com elas a todo o momento e esperam por uma antes de comprar. Esses concorrentes abaixaram seus preços de forma eficiente, pois os consumidores não estão mais dispostos a pagar o preço da tabela e imaginam que nunca mais terão que pagá-lo.

Quando os concorrentes ficam muito focados em realizar ou acompanhar as ofertas especiais uns dos outros, eles acabam bombardeando seus clientes com promoções baseadas em preços. Os descontos e outros brindes começam então a superar as mensagens de marketing voltadas à construção da marca, focando mais a atenção dos clientes nos preços que na marca e em benefícios. As promoções especiais podem e realmente aumentam a sensibilidade do cliente ao preço. Elas atraem os *price switchers*, pessoas que não são fiéis a nenhuma marca e só compram por causa do preço.

Ficando Longe de Problemas com a Justiça

CUIDADO

Ao promover ofertas especiais, você deve verificar se estará do lado certo da lei. Embora eu sugira que você consulte seu advogado antes de tomar qualquer decisão final referente a ofertas especiais, essa pequena lista inclui algumas das práticas ilegais mais comuns, conforme as leis federais dos Estados Unidos. Permita-me reiterar – cuidado para *nunca* se comprometer com qualquer uma das seguintes práticas:

- **Fixação de preços:** não faça acordos (e nem fale a respeito) de preços com outras empresas. Exceto com aquelas para as quais você vende – mas não se esqueça de que você não pode forçar nenhuma empresa a revender seu produto a um determinado preço.

- **Fixação de preços disfarçada:** marqueteiros desonestos têm tentado várias ideias, mas nenhuma funcionou até agora. Se seus concorrentes lhe procurarem para lhe pedir que faça o mesmo desconto, comece suas negociações a partir da mesma tabela de preços deles, use um contrato padronizado para a extensão de crédito ou forme uma joint venture para distribuir todos os seus produtos (com o mesmo preço), saiba reconhecer essas sugestões aparentemente amigáveis pelo que elas realmente são – formas de fixação de preço. Simplesmente diga não.

- **Fixação de preços pelos compradores:** se os varejistas para os quais você vende estiverem se unindo com a finalidade de ditar o preço de atacado que eles querem que você faça, essa situação também pode ser considerada como uma tentativa de fixação de preços. Consulte um advogado para rever esses planos.

- **Troca de informações sobre preços:** você não pode falar com seus competidores a respeito de preços. Nunca. OK? Se ficarem sabendo que alguém de sua empresa passou informações sobre a marcação de preços e, em troca, também recebeu informações, você estará em uma grande enrascada, mesmo se você não pretender usar a informação recebida.

- **Prática de cartel em licitações (bid rigging):** se você estiver participando de uma licitação, as questões anteriores também se aplicam a você. Não compartilhe nenhuma informação com ninguém mais. Não jogue com o processo de licitações de modo algum, caso contrário, você será processado por prática de cartel em licitações.

- **Preços paralelos:** em alguns casos, nos Estados Unidos, a justiça americana pode lhe acusar de fixação de preços, mesmo que você não tenha conversado com seus competidores, apenas por causa de estruturas de preços muito semelhantes. Para se assegurar, evite se espelhar muito nos preços de seus concorrentes.

- **Price squeeze, preço predatório, preço limite e dumping:** para os empresários em geral, essas quatro ações ilegais são consideradas iguais (embora sejam testadas sob diferentes regulamentos da lei americana). A seguir, veja uma breve explicação para cada uma dessas ações:

  - O clássico ***price squeeze*** se constitui pela marcação de preços muito altos para pequenos pedidos. Isso resulta na falência dos pequenos varejistas, dando uma vantagem injusta às grandes redes de compradores, os únicos que podem se qualificar para um desconto por volume.

- No varejo, o ***preço predatório*** envolve a prática de preços tão baixos que os concorrentes locais não conseguem suportar. O preço predatório também é usado pelas redes de lojas e multinacionais para fazer com que seus concorrentes locais deixem o mercado.
- Da mesma forma, se seus preços forem tão agressivos ao ponto de expulsar outros concorrentes do mercado (mesmo se o preço estiver acima de seus custos), então você provavelmente será acusado de exercer a prática de ***preço limite***.
- Uma variante do preço limite é o ***dumping***, ação pela qual você tenta ganhar espaço no mercado ao introduzir muitos produtos a preços artificialmente baixos. Nunca faça isso.

Uma vez que muitas das técnicas de precificação são ilegais, muitas pessoas jogam tudo para o alto e entram em desespero. Elas se perguntam, "O que posso fazer então?". Bom, tentar influenciar os preços usando algumas formas não é ilegal. Você pode oferecer descontos por volume para encorajar pedidos maiores, desde que esses descontos não tirem ninguém do mercado.

Além disso, você sempre poderá oferecer uma redução de preços eficiente aos consumidores através de vales descontos ou outro tipo de oferta especial (como o já explicado neste capítulo). Os varejistas geralmente concordam em honrar tais ofertas (consulte uma agência de propaganda, os varejistas ou um advogado para saber como fazer tais contratos). Teste essas ofertas para ver como seus revendedores reagirão antes de assumir que a oferta irá realmente alcançar os consumidores finais.

LEMBRE-SE

Por fim, saiba que você realmente tem muita influência sobre os preços de seus produtos. Apenas tenha cuidado para evitar ações ilegais de precificação. Consulte um advogado competente para se resguardar de qualquer coisa que possa ser ilegal.

Capítulo 16

Distribuindo Seus Produtos Onde Seus Clientes Estão

Neste Capítulo:

- Edificando seu negócio através de fortes estratégias de distribuição;
- Encontrando distribuidores e revendedores;
- Considerando a melhor estrutura de canais de marketing e aumentando as vendas no varejo;
- Pensando a respeito de displays e incentivos nos pontos de compra.

As empresas que possuem as maiores redes de distribuição são as mais bem sucedidas, já que o sistema de distribuição lhes proporciona o acesso a muitos clientes em potencial. Com frequência, a forma mais fácil de aumentar suas vendas e lucros é melhorando seus sistemas de distribuição. Elevar o número de revendedores e aumentar sua acessibilidade na web são duas boas formas de expandir sua distribuição.

Tomando uma Abordagem Estratégica

Primeiramente, você precisa decidir a amplitude da distribuição de seus produtos (ou serviço). Para fazer isso, você deve ter um bom domínio das opções de distribuição disponíveis para você. A seguir, veja algumas das principais estratégias de distribuição, além de algumas sugestões com relação ao quando e ao porque você deveria implantá-las:

- **Estratégia de distribuição seletiva:** essa estratégia foca um pequeno número de lojas e, frequentemente, cria a sensação de escassez, permitido que você pratique preços mais altos e garanta prestígio à sua marca. Mas essa estratégia se encaixa ao seu modelo de marketing e à sua marca? Ela lhe trará vendas o suficiente ou você precisará de mais volume?
- **Estratégia de distribuição exclusiva:** essa estratégia é a versão radical da estratégia seletiva, na qual você vende somente por meio de um ou de alguns poucos distribuidores especializados. Essa é uma estratégia de baixo custo que lhe permite praticar preços relativamente mais altos e, por isso, pode ser muito lucrativa – mas apenas se seu produto for especial o bastante para fazer com que os clientes queiram procurar por ele.
- **Estratégia de distribuição intensiva:** essa estratégia (o oposto da distribuição seletiva) almeja bombardear o mercado ao espalhar seu produto para o maior número de lojas possível. Se você comercializa um produto de varejo, a distribuição intensiva provavelmente requer que você entre para o rol dos fornecedores aceitos por uma ou mais das gigantescas redes de varejo. Alcançar a escala necessária para fazer negócio com essas redes gigantes vai lhe custar caro especialmente se você for uma pequena empresa. Portanto, você deve começar com a estratégia da distribuição seletiva até ganhar um pouco de experiência e sucesso antes de se aproximar das maiores redes de varejo de seu mercado.
- **Estratégia 80/20:** essa estratégia se aplica aos distribuidores. Você obtém 80% ou mais de suas vendas de apenas 20% de seus distribuidores. Uma boa estratégia é oferecer a esses esforçados distribuidores muita atenção, um atendimento de primeira e ótimos acordos (veja o Capítulo 15). Depois de dar muita atenção aos seus melhores distribuidores, concentre-se nos menos produtivos e veja se você conseguirá colocá-los na categoria dos mais produtivos.

Você também deve decidir se vai querer desenvolver *canais de distribuição paralela*, também conhecidos como *canais competitivos*. Tradicionalmente, um fabricante nunca venderia diretamente ao consumidor se também vendesse através de atacadistas e varejistas para evitar a concorrência com seus próprios distribuidores que ficariam irritados e parariam de vender seus produtos. Porém, os canais paralelos estão ficando cada vez mais comuns e aceitados.

Com frequência, os canais de distribuição paralela provocam problemas e tensões entre as vendas dos parceiros e as vendas diretas realizadas pela empresa, mas se você fizer um esforço para se comunicar frequentemente e negociar com boa fé, tais problemas quase sempre podem ser resolvidos.

DICA

Veja aqui mais formas de tirar o máximo de proveito de seu programa de distribuição:

- **Expanda sua rede de distribuição.** Se você conseguir somar mais distribuidores ou obter mais resultados dos que você já tem, poderá ser capaz de disponibilizar seu produto a mais pessoas e aumentar suas vendas.

- **Faça seu estoque se movimentar rápido.** Aumentar a disponibilidade de seus produtos em seus canais de distribuição também pode lhe ajudar a estimular as vendas e os lucros. Você consegue encontrar formas de colocar mais de seus produtos aí fora? Você consegue fazer com que seus produtos cheguem mais rápido até seus clientes de modo que eles possam encontrá-los mais facilmente quando precisarem deles?

- **Aumente sua visibilidade.** Outra forma de usar as estratégias de distribuição para estimular as vendas é aumentando a visibilidade de seu produto ou serviço dentro de seu atual canal de distribuição ao certificar-se de que ele será exibido ou comunicado de uma forma melhor. Muitas redes de lojas fornecem locais melhores (como displays na ponta do corredor ou prateleiras sinalizadas ao nível dos olhos) se você lhes oferecer descontos promocionais ou taxas de anúncios cooperativos.

- **Volte-se para clientes maiores e mais lucrativos.** Talvez você consiga encontrar uma forma de sutilmente alterar sua distribuição com a finalidade de ganhar acesso a clientes mais lucrativos. Uma consultora que conheço e que ajuda pequenas empresas com suas questões trabalhistas e de contratação está começando a visitar os diretores de recursos humanos de grandes empresas em sua área para explorar o que ela tem a lhes oferecer.

Aproximando-se de seu cliente no eBay[1]

Para distribuir usando o eBay, primeiramente, você precisa fazer com que seu preço ou lance inicial seja visto. O objetivo é fazer com que ele pipoque próximo da parte superior da tela quando os clientes em potencial fizerem uma busca no eBay. O problema é que outras milhares de listas também competem por um lugar na primeira ou segunda página dos resultados da busca. Estas dicas poderão lhe ajudar a colocar sua lista onde as pessoas irão vê-la:

- **Faça uma descrição detalhada no título.** Descreva exatamente o que você está vendendo *em detalhes* (por exemplo, "Bota feminina estilo country, 37, nova").

- **Preencha todos os campos de especificações dos itens.** Seja muito detalhista e minucioso ao preencher os campos de especificação dos itens de sua lista.

- **Coloque seu produto em duas categorias, caso os clientes não saibam em qual devem buscar.** Dessa forma, você ficará visível independente da categoria escolhida para a busca. Mas saiba que você terá que pagar duas inserções quando listar em duas categorias, mais algum tipo de aperfeiçoamento para as duas listas (como o custo adicional de um título em negrito).

- **Ofereça frete grátis.** O eBay prefere os anúncios com frete grátis e lhe dá preferência na ordem de classificação dos resultados de busca. O eBay estimula o frete grátis, pois essa prática requer que você integre os custos da entrega ao seu preço, do qual o eBay recebe uma comissão.

- **Evite o keyword spamming.** O keyword spamming é quando você coloca uma palavra-chave popular na descrição de seu item, mesmo que ela não pertença a ele.

- **Seja um PowerSeller.** Os vendedores de volumes altos com 98 por cento ou mais de avaliações positivas são promovidos à categoria de PowerSellers, fazendo com que suas listas fiquem mais proeminentes. Liste vários produtos, mesmo que você tenha que rechear sua lista com coisas que terá que vender a preço de custo, a fim de alcançar um alto volume de vendas.

✓ **Abra uma loja no eBay.** Dessa forma, você poderá cruzar suas promoções de modo que os compradores que virem uma de suas listas também possam ver outras listas relevantes.

Observe que o eBay não é um serviço gratuito para vendedores. Você tem que pagar para colocar seus produtos e também tem que pagar uma comissão de venda. De modo geral, considere que você gastará 10 por cento da venda com taxas e comissões do eBay e, por isso, integre esses custos ao seu preço.

[1] No Brasil, o site eBay é pouco expressivo, porém, o seu equivalente seria o (`www.mercadolivre.com.br`), que possui parceria com o eBay nos EUA.

Rastreando os Distribuidores Ideais

Os distribuidores querem produtos que sejam fáceis de serem vendidos, pois os clientes querem comprá-los. Simples assim. Então, o primeiro passo para que os clientes fiquem ao seu lado é certificar-se de que seu produto é cativante. (Consulte o Capítulo 14 para saber como fazer com que sua marca se sobressaia). Depois de ter certeza de que você tem algo que vale à pena ser vendido, pergunte-se quais distribuidores poderiam vendê-lo da melhor forma. Em quase todas as regiões dos Estados Unidos, as empresas de telefonia geralmente publicam listas com os telefones de empresas no mercado business-to-business por região (ligue para o escritório local da empresa de telefonia de sua região e peça uma); essas listas normalmente mostram a categoria de intermediários que você procura nas seções das páginas amarelas. Ou navegue pela Internet para rastrear mais rapidamente seus possíveis distribuidores.

Veja aqui algumas sugestões extras para localizar os distribuidores de seus sonhos:

- **Procure as associações comerciais ou participe de feiras de negócios especializadas em distribuidores de seu setor.** Por exemplo, a International Foodservice Distributors Association (`www.ifdaonline.org`) organiza uma conferência anual para distribuidores de alimentos.
- **Participe das principais convenções em seu setor.** Entre em um avião, leve amostras de seus produtos e panfletos, use calçados confortáveis e ande pelos corredores da convenção até encontrar os distribuidores certos.
- **Entre em contanto com a American Wholesale Marketers Association.** A AWMA publica uma lista de seus membros e organiza inúmeras conferências e exposições.
- **Consulte as listas de associações.** Tais listas podem ser encontradas nas seções de referências de muitas bibliotecas.

DICA

Quer encontrar varejistas que possam lhe ajudar a vender? A boa notícia é que você conseguirá encontrá-los mais facilmente por causa de uma simples razão: o negócio deles é ser encontrado. Você pode encontrar listas de lojas de venda ao varejo nas páginas amarelas das listas telefônicas de qualquer área metropolitana que possa lhe interessar.

Entendendo a Estrutura do Canal

A eficiência é o princípio locomotor por trás do design de um canal de distribuição (***Canal*** se refere aos caminhos que você cria para fazer com que seu produto deixe sua empresa e chegue às mãos dos consumidores). Tradicionalmente, os canais têm evoluído para reduzir o número de transações, pois quanto menor for o número de transações, maior será a eficiência do canal.

Como mostra a Figura 16-1, um canal em que 4 produtores e 4 clientes fazem negócios diretamente tem 16 (4 × 4) possíveis transações, pois cada produtor tem que fazer quatro transações separadas para que seus produtos cheguem a todos os clientes.

Você diminui o número de transações de forma significativa quando introduz um *intermediário* (alguém que faça as transações comerciais por você), pois agora basta você fazer uma simples operação de adição ao invés de uma multiplicação. No exemplo mostrado pela Figura 16-1, você precisará apenas de 8 (4 + 4) transações para ligar todos os 4 clientes com todos os 4 produtores através de um intermediário.

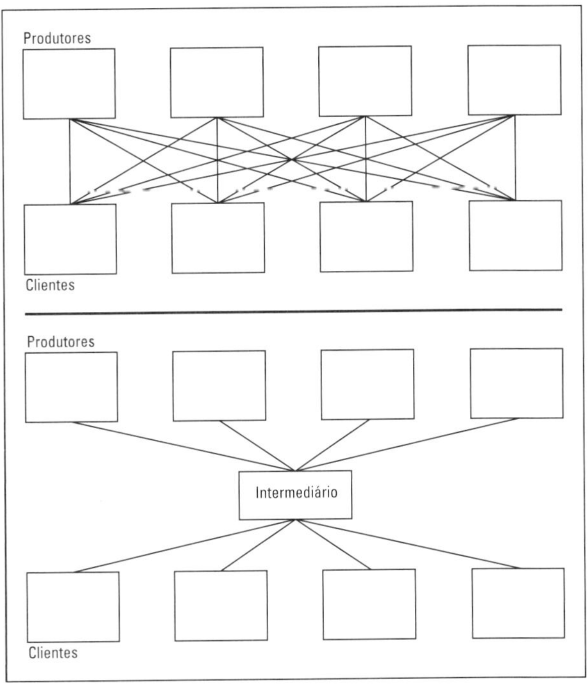

Figura 16-1: Redução do número de transações por meio dos intermediários.

Embora os intermediários adicionem seus markups aos preços, eles geralmente reduzem os custos totais da distribuição por causa de seu efeito sobre o número de transações.

Esse exemplo é bastante simples, mas você pode ver como a lógica se aplica a canais de distribuição maiores e mais complexos. Introduza um monte de clientes e produtores, ligue-os através de vários intermediários (talvez você tenha que adicionar uma segunda ou terceira camada de intermediários) e você tem um típico ***canal de marketing indireto*** (um canal que envolve intermediários ao contrário de um ***canal de marketing direto***, onde você comercializa diretamente com seus clientes).

Muitos canais são mais simples e mais curtos do que costumavam ser, pois o gerenciamento de inúmeras transações está mais fácil do que constumava ser.

LEMBRE-SE

A tendência aponta para canais mais diretos e mais simples, e você precisa estar preparado para gerenciar um grande número de transações com clientes se quiser seguir a tendência. Como regra geral, você deve apenas usar o número de intermediários que pareça absolutamente necessário para alcançar seus clientes.

DICA

Ao decidir que tipo de canais de distribuição funcionará melhor para o seu produto, eu sugiro que você rascunhe uma lista de tarefas que gostaria que os distribuidores cumprissem. Veja a seguir uma lista de partida das funções que você pode pedir para que seu distribuidor faça; você também pode adicionar outras funções:

- Encontrar mais clientes para seus produtos que os que você consegue encontrar sozinho;
- Pesquisar os desejos e o comportamento dos clientes;
- Fracionar produtos a granel e revender;

- Gerenciar as promoções nos pontos de compra (tópico que abordo em "Estimulando as Vendas nos Pontos de Compra" ainda neste capítulo);
- Anunciar em nível local (*pull advertising,* propaganda elaborada para trazer as pessoas a uma loja ou outro tipo de estabelecimento comercial);
- Transportar os produtos;
- Qualificar os possíveis clientes (separando os clientes de má qualidade dos clientes realmente interessantes);
- Compartilhar os riscos das transações comerciais;

Revisando as Estratégias e Táticas de Varejo

Se você optar por melhorar suas vendas em uma loja de varejo e contratar um consultor especializado, em breve, você poderá estar desenhando *planogramas* de suas prateleiras (diagramas mostrando como fazer o lay out e expor as mercadorias em uma loja) e contando *SKUs* (sigla em inglês para stock-keeping units – unidades mantidas em estoque – um código único de estoque para cada item que você estocar). No entanto, tenho que lhe avisar que, embora uma abordagem técnica sempre seja bem-vinda, você não pode usar esse método para criar um caso de sucesso no varejo. As próximas seções lhe mostrarão porque o fluxo de tráfego é tão importante e como aproveitar esse tráfego através das estratégias adequadas de promoção, do ambiente da loja e dos preços.

LEMBRE-SE

Os verdadeiros vencedores no varejo são o resultado do pensamento criativo aliado à escolha de um bom local – nessa ordem. As duas grandes questões que determinam se sua loja terá um desempenho alto ou baixo são a criatividade, uma loja atraente e um local que tenha o tipo (e o tamanho) certo de movimento.

Procurando por um tráfego pesado

O *tráfego* é o fluxo de clientes-alvo perto o bastante de sua loja para que os displays externos e propagandas locais possam atraí-los para dentro dela. Os clientes não entrarão em uma loja ou acessarão um web site em grandes números a não ser que você tenha muitas pessoas para atrair.

Uma velha piada sobre a venda no varejo diz o seguinte: "O sucesso de uma loja tem três segredos – a localização, a localização e a localização". Escolha cuidadosamente um local, certificando-se de que você terá um excesso do tipo certo de tráfego. Compare a elaboração de uma loja ao escavamento de um tanque. Você não escavaria um tanque a não ser que tenha água corrente por perto para enchê-lo.

Você deve adequar sua loja ao tamanho e ao tipo de tráfego da área – ou então encontrar um tráfego mais adequado. Se você estiver em uma cidade pequena, não abra uma loja altamente especializada e que seja atraente apenas para uma pequena porcentagem de compradores, pois assim você não terá clientes o bastante para se manter no mercado. Se, no entanto, você estiver determinado a abrir uma loja especializada, tal como uma loja para colecionadores de pedras ou uma boutique especializada em moda para gestantes, então procure por uma localização com tráfego mais intenso em uma cidade maior ou em um centro comercial de uma cidade de médio ou grande porte.

Você pode otimizar seu estabelecimento em qualquer localização ao fazer com que sua loja tenha apelo suficiente para atrair uma cota saudável do tráfego de compras daquela área. O segredo é fazer com que sua loja e as mercadorias sejam tão atraentes que as pessoas desviem seus caminhos para visitar a loja.

Desenvolvendo as estratégias de merchandise

Independente do que você venda, um serviço ou mercadorias, você precisa pensar em uma estratégia de merchandise. Na verdade, você já tem uma, você pode conhecê-la ou não – e se você não a conhece, isso significa que sua estratégia se baseia nas convenções de seu setor e precisa de um empurrãozinho para torná-la diferente.

A maioria dos casos de sucesso no varejo aconteceu por causa das inovações no merchandise. Portanto, você deveria pensar em novas opções de merchandise diariamente – e experimentar as mais promissoras com o máximo de frequência que você puder. As próximas seções descrevem algumas das estratégias existentes que poderão lhe dar ideias para a sua loja.

Mercadorias em geral

A estratégia de mercadorias em geral funciona, pois ela reúne uma ampla e profunda diversidade de produtos e, assim, permite que os clientes encontrem facilmente o que querem – independente do que possa ser o produto. As lojas de departamento e as lojas de variedades se enquadram nessa categoria. Os *Hipermercados*, a expansão europeia dos supermercados que incluem algumas linhas de produtos vendidos em lojas de departamento é outro exemplo da estratégia de mercadorias em geral.

Linha limitada

A estratégia da linha limitada enfatiza a profundidade ao invés da variedade. Por exemplo, uma padaria pode oferecer variedades melhores e mais diversificadas de produtos assados do que uma loja de comida em geral, pois a padaria vende apenas produtos assados. A estratégia da linha limitada é especialmente comum para os serviços profissionais e pessoais.

DICA

Tente combinar vários serviços complementares a uma linha menos limitada que a de seus concorrentes. Se você conseguir expandir sua linha sem sacrificar sua qualidade ou a profundidade de suas ofertas, poderá dar a seus clientes mais conveniência – e essa conveniência poderá lhe transformar em um vencedor.

Afinal de contas, a estratégia da linha limitada apenas faz sentido para os clientes se eles ganharem algo em qualidade ou seleção em troca da falta de conveniência. Saiba o que faz com que a seleção de suas mercadorias e o conceito e a localização de sua loja sejam melhores e diferentes de seus concorrentes gigantes – depois, certifique-se de que seus clientes em potencial também saibam.

Comercialização cruzada

Os consumidores têm preconcebido noções sobre quais linhas de produtos e categorias devem ficar juntas. Atualmente, procurar por produtos frescos em mercearias é algo que faz sentido, pois as mercadorias secas e molhadas têm sido combinadas por muitos varejistas. Mas há 50 anos, essa ideia teria parecido muito radical, pois havia lojistas especializados que só vendiam os produtos frescos. Hoje, a seção de carnes, de frios, a padaria, a peixaria e muitas outras seções se combinam naturalmente em um supermercado. E muitas lojas estão adicionando outros produtos e serviços, como cafeterias, bancos, livrarias, correio e outros. Esses conceitos de mercadorias mescladas são agora amplamente aceitos, então, veja se você pode criar uma combinação própria e que seja atraente para os clientes de sua área.

Criando um ambiente

O ambiente de uma loja é a imagem que ela projeta conforme você a decora e planeja. O ambiente é intangível – não é facilmente medido ou definido – mas você pode senti-lo. E quando o ambiente é confortável, cativante e instigante, esses sentimentos puxam as pessoas para dentro das lojas e acentuam suas experiências de compras. Portanto, preste muita atenção ao ambiente.

LEMBRE-SE

Pesquisas sugerem que menos de um quarto das pessoas que fazem compras em shopping centers vão até lá para encontrar um item em especial. Os clientes geralmente usam os shopping centers para aliviar o tédio e a solidão, evitar os problemas e tarefas do cotidiano, buscar a realização de suas fantasias ou simplesmente buscar diversão. Se esses são os motivos que estimulam muitos compradores, então você precisa levá-los em consideração quando for projetar sua loja.

DICA

Eu acredito que é você quem deve desenvolver o conceito para sua loja. Se você acha que uma floresta tropical pode lhe dar a atmosfera adequada, contrate alguns artistas e decoradores malucos para transformar sua loja em uma floresta tropical. Algumas pessoas adorarão; outras acharão que você pirou. Mas ninguém irá esquecer sua loja.

Talvez você possa simplesmente providenciar algum tipo de entretenimento para seus clientes. Assim como um anúncio engraçado entretém as pessoas e atrai a atenção delas por tempo suficiente para transmitir uma mensagem, uma loja também pode entreter por tempo suficiente para expor os compradores a suas mercadorias. Quando os clientes podem fazer compras online, no conforto de suas casas, é importante fazer com que sua loja seja um lugar especial e que valha à pena ser acessado.

Posicionando sua loja de acordo com seus preços

As lojas de varejo geralmente ocupam um lugar de destaque na variedade de possíveis combinações de preços e qualidade. Algumas lojas são claramente boutiques de luxo, especializadas nas mercadorias mais finas, vendidas aos preços mais altos. Outras ocupam o lugar de classe média e as demais oferecem os piores tipos de mercadoria, mas os vendem a um preço tão baixo que quase qualquer um pode comprar. Dessa forma, o varejo continua mantendo as antigas distinções de classes sociais, ainda que essas distinções sejam menos visíveis em outros aspectos da sociedade moderna dos Estados Unidas e da Europa.

Do ponto de vista de um varejista, essa distinção significa que os clientes ficam confusos com relação a você a menos que você mostre a eles a sua posição dentro da escala das classes sociais.

DICA

Depois de decidir sobre a posição social de sua loja, é hora de decidir qual estratégia de preço seguir. Em geral, quanto mais alta for a imagem de uma loja, mais altos serão os preços cobrados por ela. Mas o verdadeiro segredo para o sucesso é praticar preços um degrau abaixo de sua imagem. Assim, os clientes se sentirão comprando produtos de primeira classe por preços de segunda.

Estimulando as Vendas nos Pontos de Compra

O *ponto de compra* (em inglês point of purchase, ou POP) é o lugar onde os clientes encontram o produto. Ele pode ser nos corredores de uma loja, nas páginas de um catálogo ou na tela de um computador, mas, independente de onde ocorra esse encontro, os princípios de propaganda nos POPs sempre se aplicarão. A Tabela 16-1 lhe mostra o quanto o ponto de compra é importante; ela lhe dá uma ideia de como as compras são influenciadas pelos planos predeterminados dos consumidores.

Tabela 16-1 Natureza das Decisões de Compras dos Consumidores

	Porcentagem de Compras em Supermercados	*Porcentagem de Compras Grandes Varejistas*
Não planejada	60%	53%
Substituta	4%	3%
Planejada genericamente	6%	18%
Planejada especificamente	30%	26%

LEMBRE-SE

Os clientes planejam algumas compras fora das lojas; 30% das compras em supermercado e 26% das compras em grandes varejistas entram nessa categoria. Nesses casos, os clientes fazem decisões racionais a respeito de que lojas eles irão para comprar o que querem. Uma vez que, nesses casos, eles têm uma ideia clara do que querem comprar, suas compras não estão muito sujeitas à influência do marketing. Mesmo assim, a estratégia correta de escolha das mercadorias, localização, atmosfera e preço podem lhe ajudar a fazer com que os clientes escolham a sua loja para realizar suas compras planejadas ao invés da loja de seu concorrente.

Os lojistas provavelmente usarão qualquer display que seja realmente interessante e inusitado se acreditarem que ele aumentará o tráfego e as vendas da loja ou estimulará a venda dos produtos promovidos em tal display. A criatividade é o fio condutor do sucesso dos displays nos POP. Um bom display deve:

- **Atrair a atenção:** faça com que seus displays sejam inovadores, divertidos ou intrigantes para chamar a atenção das pessoas até eles.
- **Construir envolvimento:** ofereça às pessoas algo sobre o qual elas possam pensar ou algo que possam fazer para envolvê-las com o display.
- **Vender o produto:** certifique-se de que o display transmita aos espectadores o que há de tão especial com seu produto. Ele deve comunicar o posicionamento (e é melhor que você tenha um!). Simplesmente colocar o produto no display não é o suficiente. Você também tem que vender o produto, caso contrário, não terá vantagem alguma.

À medida que você trabalhar no design de seu POP, consulte alguns de seus lojistas para ver se eles gostam do conceito. Entre 50% a 60% dos displays de POP nunca vão para o campo de vendas.

DICA

Se você estiver vendendo seus produtos por sua loja virtual ou pelo eBay (consulte o quadro para algumas dicas de como vender no eBay) não vá pensando que o POP não se aplica ao seu caso. Você pode pensar em opções, como fotos melhores, uma demonstração em vídeo em streaming, títulos em negrito e com letras em caixa alta, além de ofertas especiais com tempo limitado.

LEMBRE-SE

Onde quer que seu produto esteja sendo vendido – seja em uma loja, uma feira de negócio ou na Internet – você precisa apresentá-lo e promovê-lo no ponto de compra se quiser estimular uma boa resposta de seus potenciais clientes.

Capítulo 17

Fazendo Sucesso com as Vendas e com o Atendimento

Neste Capítulo:

- Projetando seu programa de vendas;
- Avaliando o talento para vendas;
- Gerenciando os processos de vendas e atendimento;
- Organizando e recompensando a equipe de vendas;
- Praticando um ótimo atendimento e recuperando os clientes insatisfeitos.

O grande objetivo do marketing é vender. De fato, o objetivo de uma empresa é vender. Vender deveria ser uma parte de sua vida diária, qualquer coisa que você faz, sendo interagindo com seus clientes, operando a caixa registradora, encontrando-se com profissionais ou fazendo ligações.

LEMBRE-SE

Entretanto, a importância da venda pessoal varia de negócio para negócio. O quanto ela é importante para o seu negócio? Pagar as comissões de venda pode ser caro, então, se você conseguir realizar vendas facilmente sem ter que pagar um vendedor para isso, vá em frente. Por isso, busque abordagens de vendas menos custosas, mas também esteja preparado para obter ótimos resultados com as vendas pessoais.

Sabendo Quando Enfatizar as Vendas Pessoais

Como saber se você precisa das vendas pessoais – ou seja, venda cara a cara – como parte de seu processo de marketing? Para descobrir se sua empresa deveria contar com as vendas, faça o teste de necessidades de vendas a seguir:

As vendas e o atendimento pessoal são realmente importantes para seu programa de marketing?

❑ Sim	❑ Não	Nossos clientes fazem muitas compras pequenas e/ou pelo menos poucas compras muito grandes por ano.
❑ Sim	❑ Não	Nossos clientes normalmente precisam de ajuda para saber o que comprar e/ou como usar o produto.
❑ Sim	❑ Não	A empresa de nosso cliente é altamente complexa e impõe necessidades únicas sobre nossos produtos/serviços.
❑ Sim	❑ Não	Nossos produtos/serviços são uma parte importante do processo geral da empresa de nosso cliente.
❑ Sim	❑ Não	Nossos clientes estão acostumados a trabalhar com vendedores e esperam receber atenção pessoal e ajuda.
❑ Sim	❑ Não	Nossos concorrentes fazem vendas regularmente pelo telefone para nossos clientes e/ou potenciais clientes.
❑ Sim	❑ Não	Temos que fornecer um atendimento personalizado para reter um cliente.

Se você assinalar uma ou mais respostas "sim" para as perguntas do teste anterior, provavelmente poderá usar as vendas pessoais de modo efetivo. Se você responder três ou mais "sim", então, você definitivamente deveria considerar transformá-la em uma parte importante de seu plano e orçamento de marketing, juntamente com um bom atendimento pós-venda.

Se a venda pessoal será o segredo para seu sucesso ou fracasso, você precisará tomar muito cuidado conforme contrata, organiza, suporta e motiva os vendedores. É o desempenho deles que determinará se seu marketing irá triunfar ou fracassar. Você também precisará se decidir se você mesmo irá desempenhar o papel de vendedor. Para descobrir, leia a seção a seguir.

Fazendo Proveito de Suas Habilidades de Vendedor

Se você tiver algum talento para vender, quanto mais contato você tiver com os clientes e interessados, melhor. Se, no entanto, você não for tão talentoso para as vendas, então seria uma perda de tempo – do seu tempo e do de seus clientes – tentar desempenhar essa função.

O questionário a seguir é um simples teste que avalia as suas habilidades como vendedor. Responda o teste em cinco minutos e, depois, use mais dois minutos para somar os pontos. No final, você receberá um feedback bastante útil sobre suas atuais habilidades gerais para a venda e as suas habilidades em potencial – as áreas que você precisa focar se quiser melhorar sua pontuação no futuro.

CUIDADO

Empregadores, prestem atenção. Eu não elaborei esse teste para selecionar candidatos (e, além do mais, os candidatos poderiam encontrar maneiras de "forjar" bons resultados). Testes como este não são a garantia do sucesso de ninguém – a sua administração e todo o seu programa de marketing influenciam o desempenho de um vendedor mais que as suas habilidades.

Medindo Suas Habilidades de Vendedor

Assinale todas as frases que lhe descreverem bem. Se uma destas frases não cabe a você, deixe-a em branco.

- ❑ 1. Sinto-me bem comigo mesmo na maior parte do tempo.
- ❑ 2. Geralmente digo a coisa certa na hora certa.
- ❑ 3. As pessoas gostam da minha companhia.
- ❑ 4. Não desisto, mesmo se falhar por várias vezes.
- ❑ 5. Sou um ótimo ouvinte.
- ❑ 6. Consigo interpretar o humor e a linguagem corporal das pessoas com facilidade.
- ❑ 7. Projeto cordialidade e entusiasmo quando conheço uma pessoa pela primeira vez.
- ❑ 8. Sou bom em sentir e compreender as verdadeiras razões por trás de uma resposta negativa.
- ❑ 9. Consigo ver muitas formas de definir um problema e entender suas causas.
- ❑ 10. Sou hábil em arrancar as preocupações e problemas de outras pessoas.
- ❑ 11. Sei o bastante sobre negócios para ajudar os outros a resolverem seus problemas.
- ❑ 12. Sou tão confiável que rapidamente persuado as pessoas a trabalharem comigo verdadeiramente dispostos.
- ❑ 13. Gerencio tão bem o meu tempo que consigo fazer tudo o que é importante em um dia normal de trabalho.
- ❑ 14. Concentro-me nos objetivos que mais importam para mim e minha empresa ao invés de sempre reagir às últimas crises ou afazeres.
- ❑ 15. Consigo equilibrar a necessidade de encontrar novos clientes com a exigência de manter e fortalecer as relações com os clientes já existentes.

- ❑ 16. Sempre tento encontrar maneiras de ser mais eficiente e eficaz.
- ❑ 17. Acho que a sensação de dever cumprido é ainda mais recompensadora que o dinheiro.
- ❑ 18. Meus padrões e minhas expectativas pessoais são maiores que as que me são impostas por outras pessoas.
- ❑ 19. Não me importo com o tempo que posso levar para atingir o sucesso em uma tarefa – sei que vou conseguir no final.
- ❑ 20. Sinto que mereço o respeito e a admiração de meus clientes e colaboradores.

Pontuação

A. Personalidade positiva?

Número total de respostas assinaladas das frases 1 a 4:

Assinalar menos que três frases significa que você precisa melhorar suas atitudes pessoais, sua flexibilidade emocional e sua autoconfiança.

B. Habilidades impessoais?

Número total de respostas assinaladas das frases 5 a 8:

Assinalar menos que três frases significa que você precisa melhorar suas habilidades de comunicação e de ouvir, incluindo sua habilidade de controlar suas comunicações não verbais e de leitura da linguagem corporal das outras pessoas.

C. Habilidades para encontrar soluções?

Número total de respostas assinaladas das frases 9 a 12:

Assinalar menos que três frases significa que você precisa melhorar suas habilidades para encontrar a solução de problemas, resolver os problemas de forma criativa e de negociar de forma colaborativa.

D. Habilidades de autogerenciamento?

Número total de respostas assinaladas das frases 13 a 16:

Assinalar menos que três frases significa que você precisa melhorar suas habilidades de organização, estratégia e foco.

E. Automotivação?

Número total de respostas assinaladas das frases 17 a 20:

Assinalar menos que três frases significa que você precisa edificar sua motivação pessoal e descobrir como sentir-se recompensado com o prazer de fazer um bom trabalho e cumprir um objetivo.

F. Nível máximo de habilidade como vendedor?

Número total de respostas assinaladas, todas as frases (1 ao 20).

Verifique a Tabela 17-1 para determinar o que sua pontuação total quer dizer.

Tabela 17-1 Descobrindo O Que Seus Pontos Querem Dizer

Número total de respostas assinaladas	*Pontuação*
0 – 5	Fracasso garantido. Desculpe, mas você deveria deixar que outra pessoa faça as vendas.
6 – 9	Poucas habilidades como vendedor. Poucas chances de obter êxito.
10 – 12	Poucas habilidades como vendedor. Pode se tornar um vendedor moderadamente capaz se estudar e praticar.
13 – 15	Habilidades moderadas como vendedor. Pode melhorar.

Tabela 17-1 continuação... Descobrindo O Que Seus Pontos Querem Dizer

Número total de respostas assinaladas	*Pontuação*
16 – 18	Boas habilidades como vendedor. Irá se tornar um expert com a prática.
19 – 20	Potencial para ser um grande vendedor!

Se você assinalou 13 ou mais respostas, isso significa que tem habilidade o bastante para arregaçar as mangas e começar a fazer vendas por telefone imediatamente. Entretanto, essa pontuação não significa que você está perfeito. Se você assinalou menos do que 19 ou 20 respostas, deve trabalhar suas fraquezas – e se você o fizer, sua taxa de sucesso poderá aumentar.

LEMBRE-SE

A técnica pode e, com frequência, realmente supera o talento natural. O vendedor que começa com interessados de alta qualidade e, então, usa a estratégia certa na hora certa não sofre tanto para fechar uma venda como um vendedor que começa com menos.

Fazendo uma Venda

Para gerenciar de forma efetiva as suas vendas, divida-as em vários passos e foque um passo de cada vez, à medida que prepara um plano de vendas ou busca novas formas de melhorar a eficiência de suas vendas. Como em qualquer processo complexo, sempre existe um elo fraco. Tente encontrar o passo em seu processo de vendas que você realiza da forma mais ineficiente e trabalhe para melhorá-lo.

A Figura 17-1 mostra as vendas e o processo de atendimento em um fluxograma. Observe que o gráfico não flui automaticamente do início ao fim. Você pode ser forçado a voltar aos primeiros estágios caso algo saia errado.

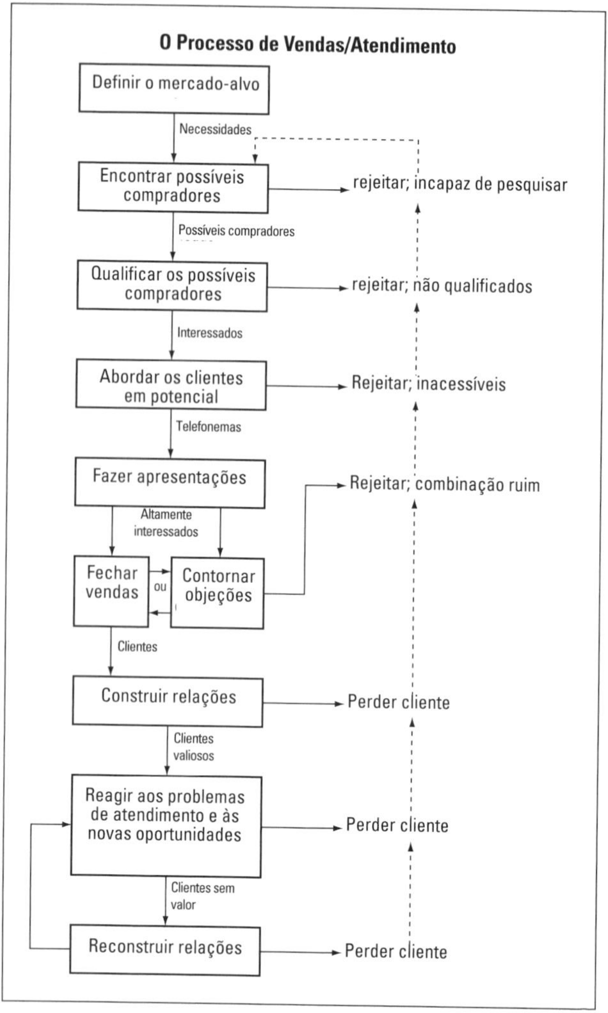

Figura 17-1: Esse fluxograma lhe mostra o processo por trás das vendas e do atendimento – experimente-o!

A Figura 17-1 integra os processos de venda e atendimento. Por quê? Porque esse é o mundo real das vendas. Você não pode parar depois que fecha uma venda e faz o pedido. Seus concorrentes certamente não irão parar de tentar conquistar aquele cliente ou conta. As próximas seções investigam a fundo as facetas desse fluxograma e lhe ajudam a selar um bom negócio.

Gerando clientes em potencial

A fraqueza mais comum nos processos de venda é a geração de possíveis clientes – o primeiro e mais importante passo. Observe de perto como você pode encontrar esses clientes e veja se consegue melhorar a quantidade e, principalmente, a qualidade deles. *Qualificar* um cliente em potencial significa reunir informações o suficiente sobre alguém (ou sobre uma empresa) para se certificar de que ele é apropriado.

CUIDADO

Não jogue clientes não qualificados dentro de seus processos de venda e atendimento. Certifique-se de alimentar seu processo de vendas com um fluxo constante de clientes de qualidade. Saiba qual é o perfil de seu cliente e procure interessados de qualidade por meio de questionários ou critérios de seleção que lhe permitam peneirar e eliminar rapidamente os interessados de má qualidade.

Os clientes em potencial podem surgir por meio de qualquer das atividades de marketing que descrevi neste livro. Na verdade, recomendo que você use o máximo de alternativas possíveis para que você possa encontrar a que funciona melhor para seu caso. Talvez, seu web site seja o que gere as melhores oportunidades (veja o Capítulo 10), ou o fato de se unir a um grupo ou associação de profissionais possa ajudar seu network e fazer com que você conheça clientes em potencial.

LEMBRE-SE

É possível usar quase todos os tipos de marketing para produzir oportunidades. Basta você encontrar uma boa forma de se comunicar com as pessoas que pareçam ser bons clientes em potencial e perguntar se eles estão interessados em seu produto ou serviço.

DICA

Veja aqui uma forma simples de gerar clientes em potencial:

1. **Selecione uma revista, web site ou jornal que seus clientes em potencial provavelmente leiam.**
2. **Encontre o local mais barato para anunciar nessa publicação ou web site e compre um espaço pelo menor tempo possível.**

   Tente apenas uma inserção, se você conseguir.
3. **Escreva uma pequena descrição do que você vende, mantendo-a clara e factual.**

   Coloque uma foto simples e nítida, se você tiver uma relevante (você pode mostrar o produto, se estiver vendendo um) ou use o seu nome e logo para ilustrar o anúncio.
4. **Termine o anúncio com a frase: "Por favor, entre em contato para saber mais sobre nossas ofertas pelo telefone 0800 –xxx-yyyy ou pelo formulário em nosso web site, `www.meuwebsite.com.br`.**

Esses são quatro passos para criar um anúncio básico de resposta direta para atrair clientes em potencial. Se você não obtiver respostas, tente uma variação e veja o que acontece. Continue fazendo experiências até encontrar uma forma confiável de gerar perguntas a partir de propagandas baratas e de buscas no Google (consulte o capítulo 10 para saber como fazer lances para as pesquisas para que suas ofertas apareçam).

Comprando listas para a geração de oportunidades de venda

DICA

Para elencar uma rede maior de clientes em potencial, compre listas de nomes. Você pode achar os nomes comprados muito úteis na sua saga em busca de clientes, mas não vá pensando que esses nomes por si só já são seus clientes. Ninguém vende clientes; você precisa fazê-los por si só. Redija um roteiro para uma venda por telefone, uma carta ou e-mail descrevendo sua oferta e o que você faz e certifique-se de estar descrevendo, de forma persuasiva e objetiva, as qualidades especiais de sua marca – seja qual for sua especialidade ou o que você quer que as pessoas saibam sobre você – juntamente com uma oferta de venda orientada para a tomada de ação. Envie sua mensagem para toda a lista comprada e veja quantas respostas você obtém.

DICA

Para aumentar sua taxa de retorno, tente incluir uma oferta especial com tempo limitado e uma carta-resposta para que os destinatários respondam. Ou tente, depois de enviar uma carta ou e-mail, ligar para seu destinatário.

Depois de obter algumas respostas e capturar seus nomes e outras informações, você pode chamá-los de clientes em potencial. Você possui esses clientes em potencial e tem a oportunidade de acompanhá-los e ver quantos realmente se tornarão seus clientes. Boa sorte!

Conduzindo uma geração de oportunidades multipassos

O processo de geração de oportunidades multipassos é o que atrai os possíveis clientes a partir de uma grande fonte e, depois, utiliza outros passos para identificar os mais promissores e descartar os demais.

A Lynden International em Seatle, Washington, usou um sistema multipassos para gerar oportunidades qualificadas para seus 60 vendedores. A proporção de fechamento de vendas por telefone aumentou em 70% depois que a empresa instituiu esse sistema. Veja como ele funciona:

1. **Primeiro, puxe os nomes de clientes em potencial a partir de um banco de dados das empresas dos Estados Unidos chamado Dun & Bradstreet's MarketPlace.**

Esse banco de dados agrupa as empresas pelo código SIC (uma designação do governo americano baseada no tipo de produto), localização e porte da empresa (de acordo com o indicado pelas vendas anuais).

Dun & Bradstreet recentemente migraram e expandiram seu banco de dados em seu web site, `www.dnb.com`. Clique em Small Business no topo da página para encontrar a divisão de Small Business Service, que vende listas de marketing e vendas e oferece serviços e suporte para suas pesquisas.

2. **Telefone você mesmo para esses nomes ou use uma empresa de telemarketing (ou contrate um vendedor de telemarketing temporário) para fazer essas ligações.**

   O primeiro contato deve ser usado para descobrir quem é a pessoa que toma as decisões e perguntar a ela algumas informações básicas para ver se ela usa ou pode vir a usar o produto ou serviço que você vende.

3. **Analise as resposta que você obtiver para identificar os interessados no tipo de serviço ou produto que você fornece.**

   Essas oportunidades, qualificadas pelo telemarketing, agora apenas precisam de um vendedor que as use para agendar reuniões pessoais com os responsáveis pela decisão de compra dessas empresas.

CUIDADO

Hoje em dia, muitas empresas dão a seus vendedores de telemarketing uma enquete para que eles possam qualificar os clientes. As pessoas respondem a enquetes mais que conversam com vendedores. Mas essa prática é desonesta.

- Tal prática abusa da boa vontade do respondente. (E a desonestidade nas vendas é considerada um *crime de fraude* – portanto, além de antiética é ilegal);
- As vendas desonestas irritam os respondentes e, se forem amplamente realizadas, as pessoas acabarão parando de participar das pesquisas verdadeiras. Sua consequência, que já está começando a aparecer, impõe um grande problema para os marqueteiros.

É possível usar o processo de multipassos acima sem enganar as pessoas, basta que você tenha boas fontes e que seu roteiro seja breve e honesto. Se você mantiver suas perguntas breves, diretas e objetivas, a maioria dos tomadores de decisão gastará um pouco de seu tempo para lhe atender. E lembre-se de que os atendentes de telemarketing serão as primeiras pessoas de sua empresa a conversar com os responsáveis pelas compras desses clientes em potencial, então, certifique-se de que eles falem bem e sejam extremamente educados.

Você também pode usar uma página na Internet ou um blog profissional para alcançar os interessados e gerar visitas e perguntas que você poderá transformar em oportunidades de vendas.

Se você vende produtos de consumo, considere seguir o exemplo de duas empresas de cosméticos bem sucedidas. A Avon alcança seus clientes através do networking – usando contatos pessoais e profissionais para agendar visitas, geralmente depois do horário de trabalho. A Mary Kay usa uma estratégia semelhante e com sucesso – seus vendedores geralmente agendam uma demonstração pessoal ou um evento na vizinhança por meio de seus contatos pessoais e vendem os produtos em casa.

Desenvolvendo grandes apresentações e consultorias de vendas

Em uma apresentação de vendas, o vendedor precisa convencer o interessado a se tornar um cliente, o que pode ser bem desafiador. Apenas uma apresentação de vendas verdadeiramente boa pode persuadir os interessados a se tornarem clientes com uma alta taxa de sucesso.

O que faz com que uma apresentação de vendas seja ótima? O sucesso. Qualquer apresentação que funcione, que faça com que os clientes digam sim rapidamente e com frequência é uma apresentação excepcional.

Fazendo apresentações de venda emocionalmente inteligentes

Sua apresentação deve informar e ao mesmo tempo fazer com que o interessado se sinta confortável. Evite parecer desesperado em vender, pois ao fazer isso você incomodará seus possíveis compradores. É melhor que você mantenha uma postura calma e otimista. Apresente-se bem, evite parecer desorganizado ou cheirar forte (seja suor ou perfume) e se comporte de forma amigável, mas respeitosa a todo o momento.

Aja mais como um consultor que como um vendedor

Se o interessado estiver indeciso com relação ao que precisa, a abordagem correta em uma apresentação de vendas é a postura de consultor. Comece fazendo perguntas para descobrir quais são as necessidades de seu cliente e, então, proponha uma solução relativamente personalizada, e não apenas uma compra genérica. Evite as perguntas rápidas.

Se o que você quer é apenas entregar um produto de qualidade e deixar que o cliente se preocupe com o que ele quer fazer com o produto, então, a última coisa que você deve querer é que seus vendedores finjam ser consultores.

A escolha de usar uma abordagem simples, baseada em roteiros, ou uma abordagem de consultoria sofisticada dependerá do que você vende e do que os clientes querem. Não se esqueça de personalizar seu estilo de vendas de acordo com os hábitos, preferências e necessidades dos clientes.

Indo direto ao ponto

Geralmente sou totalmente contra as apresentações de venda com roteiros. Usar um roteiro faz com que você se pareça com um amador que tem que memorizar suas falas, pois não conseguirá falar com suas próprias palavras. No entanto, recomendo que você faça uma lista com três ou cinco tópicos principais e os memorize para não se esquecer de abordá-los durante uma venda por telefone. Seus tópicos principais devem incluir as principais características e benefícios de seu produto.

Mostre, não fale

Normalmente, mostrar é melhor do que falar. Leve o produto com você sempre que for possível. Se não for, mostre um vídeo demonstrativo (o qual você deve colocar em seu web site para que os interessados possam assistir mais vezes e compartilhar com os amigos). Além disso, prepare e leve materiais impressos, como catálogos, panfletos ou folha de especificações (leia os Capítulos 6 e 7). Por último, mas não menos importante, faça uma breve apresentação de ***PowerPoint*** que você possa mostrar em seu notebook ou em um projetor.

Mesmo que você tenha ótimos slides para mostrar, não force os interessados que estiverem obviamente entediados e indispostos a assistirem sua apresentação formal.

Processando os pedidos de forma imediata e precisa

Cuide do pedido que recebeu antes de partir para a próxima venda. Se seu cliente disse sim, veja se pegou todas as informações necessárias para processar o pedido. Depois, acompanhe para ver se tudo foi entregue prontamente e da forma correta.

Respondendo aos problemas

Você tem que antecipar os problemas. Inevitavelmente algo pode dar errado e aborrecer, desapontar ou até mesmo irritar seu cliente. É por isso que o processo de venda deve incluir um procedimento de *recuperação*. Certifique-se de que o cliente possa entrar em contato com seu vendedor quando surgir um problema.

Como seus vendedores respondem a um problema? Se eles estiverem sobrecarregados com vários telefones de vendas, não terão tempo para resolver problemas. Sendo assim, destine, digamos, 1 em cada 20 telefonemas como sendo o *momento para a recuperação,* a fim de se preparar para essa contingência. (Com o tempo, você poderá diminuir a necessidade de recuperações; talvez poderá destinar 1 em cada 50 telefonemas no próximo ano caso se esforce para eliminar as causas mais comuns desses problemas).

Os clientes mais fiéis são os que tiveram um problema e você conseguiu resolvê-lo de uma forma justa e generosa.

Organizando sua Força de Vendas

Quem faz o que, quando e onde? Tais perguntas organizacionais aborrecem muitos gerentes de vendas e de marketing, mas também fazem uma grande diferença na produtividade de sua força de vendas. Seus vendedores deveriam trabalhar fora dos escritórios locais, regionais ou nacionais? Você deveria deixá-los em escritórios onde outros funcionários pudessem fornecer suporte diário e seus chefes pudessem supervisionar suas atividades mais de perto? Ou você deveria deixá-los livres para operar, aumentando o número de telefonemas que eles podem realizar e permitindo que eles se comuniquem com a empresa através de computadores de alta tecnologia em vez de usar os escritórios regionais?

Determinando de quantos vendedores você precisa

Caso você já possua uma equipe de vendas, poderá examinar o desempenho de cada território para decidir se é necessário ter mais vendedores ou se consegue dar conta do recado com menos. Existem territórios ricos em clientes em potencial aos quais seus vendedores não estão conseguindo chegar? Então, considere a divisão de tais territórios. Também divida – ou adicione uma segunda pessoa para criar – uma equipe de vendas, caso você esteja observando uma alta rotatividade de clientes em um território. Essa rotatividade provavelmente indica a falta de atendimento e visitas de acompanhamento. Alternativamente, se você observar alguns territórios com pouco potencial para vendas, você poderá ser capaz de fundir esses territórios com outros.

Você também pode usar outra abordagem mais sistemática – o que realmente necessitará quando tiver que planejar uma força de vendas desde o início. Estude seu mercado para decidir quantos telefonemas você quer fazer ao longo de um ano.

Contratando seus próprios ou usando representantes

Você precisa se decidir se irá contratar vendedores ou subcontratar. A maioria dos setores possui boas empresas de vendas que se responsabilizam pela contratação e gerenciamento de vendedores por você. Os chamados *representantes de vendas* geralmente trabalham por uma comissão de 10% a 20%, dependendo do setor e da margem que você tem na estrutura de seu preço para a comissão desses vendedores.

Quantos vendedores são necessários para vender uma lâmpada?

Siga estes passos para determinar o número de vendedores que você precisa para vender seu produto ou serviço:

1. **Contabilize quantos clientes potenciais você tem em seu mercado inteiro.**
2. **Decida a proporção ou para quantos desses clientes você quer telefonar.**
3. **Decida quantos telefonemas, em média, você quer fazer para cada cliente ao longo do próximo ano (por exemplo, 2 por mês, 24 por ano).**
4. **Multiplique a resposta do segundo passo pela resposta do terceiro.**

   Ao fazer isso, você terá o número total de telefonemas que precisará para um ano inteiro.

5. **Decida quantos telefonemas uma pessoa pode fazer em média por um dia.**

   A resposta depende da natureza do telefonema e o tempo de viagem entre os clientes.

6. **Multiplique o número diário do quinto passo pelo número de dias trabalhados, de acordo com o calendário de sua empresa.**
7. **Divida o número total de telefonemas necessários por ano (resultado do quarto passo) pelo número de telefonemas que um vendedor pode fazer por ano (resultado do sexto passo).**

   Ao fazer isso, você terá o número de vendedores necessários para fazer todos esses telefonemas.

Por exemplo, 10.000 telefonemas necessários para o próximo ano, dividido por 1.000 telefonemas por vendedores por ano, significa que você precisa de uma força de venda de dez pessoas para executar seu plano. Se você tem apenas 5, seria melhor contratar mais cinco ou trazer alguns representantes de vendas para ajudar sua equipe.

Se você tem uma pequena empresa ou uma pequena linha de produtos, recomendo que use os representantes de venda. Eles são a melhor opção sempre que você tiver problemas de escala que não justifique os gastos da contratação de vendedores próprios. Os problemas de escala surgem quando você tem uma linha de produtos muito curta, o que significa que esses vendedores não terão muito a oferecer aos clientes.

Se você tiver uma linha de produtos grande o bastante para justificar a contratação e o gerenciamento de sua própria equipe de vendas, faça-o. Dessa forma, você tem muito mais controle e o feedback do mercado é melhor. Além disso, uma equipe de vendas própria geralmente vende de duas a dez vezes mais que um representante de vendas. Por quê? Seus vendedores estão focados e dependem de seus produtos.

As seções a seguir lhe ajudam a descobrir como localizar representantes de vendas de qualidade e mantê-los sob controle.

Encontrando bons representantes de vendas

Como encontrar os representantes de venda? O óbvio não funciona, pois não é possível encontrá-los na maioria das listas telefônicas. Eu não sei por que, mas as firmas de representação de vendas preferem que você as encontre através de seu network. Ao fazer isso, talvez elas evitem os pedidos de empresas que não conhecem o setor e não possuem produtos decentes. Mas se você quiser encontrar representantes, terá que fazê-lo do jeito dos representantes, ou seja, pedir por referências ou encontrá-los em uma feira de negócios ou conferência do setor.

Conforme a propaganda boca a boca vai acontecendo, recomendo que você pergunte às empresas cujos produtos são vendidos por representantes sobre as melhores firmas de representação de vendas. Você também pode conseguir referências com as outras empresas (não concorrentes) que vendam produtos através dos mesmos tipos de representantes.

Gerenciando seus representantes – com luvas de ferro!

Depois de destinar seus representantes para cada território, saiba que seu trabalho apenas acabou de começar. Você deve – e deve mesmo – monitorar seus esforços de venda regularmente.

Alugando um vendedor

Muitas empresas têm popularizado o uso de funcionários temporários, então, por que não um vendedor temporário? Há anos, as agências têm providenciado atendentes de telemarketing temporários.

As agências de temporários podem atender a uma necessidade a curto prazo por atendentes de telemarketing, vendedores, equipes para feiras de negócio e outros profissionais de marketing com experiência. Procure essas agências sob o título Empregos Temporários nas páginas amarelas de sua lista telefônica local (ou tente o título Agências de Emprego, caso não consiga encontrar o primeiro).

Compensando Sua Equipe de Vendas

Você fica diante de uma das decisões mais difíceis e mais importantes de gerenciamento em marketing quando tem que encontrar uma forma de compensar seus vendedores. A compensação tem um impacto significativo sobre a motivação e desempenho de sua equipe de vendas, e o desempenho dos vendedores tem um grande efeito sobre as vendas.

Se você quiser recrutar vendedores especiais, talvez tenha que oferecer a eles um plano de compensação especial. Você deve fazer algo suficientemente diferente do que é feito em seu setor para que as suas vagas de emprego realmente se destaquem. Enfim, seu plano de compensação deve se destacar do de seus competidores e enviar claros sinais do tipo de atitude que você espera. Da mesma forma, se você quiser os melhores e mais automotivados vendedores, ofereça comissões mais altas que a concorrência.

Os detalhes do que você deve oferecer como salário e comissões variam tanto de um setor para o outro e de região para região que é preciso pesquisar as posições comparáveis para estabelecer uma base antes de projetar seu plano de compensação. Procure por vagas como vendedor em empresas semelhantes à sua como se você estivesse procurando um emprego. Grande parte das descrições de trabalho oferece detalhes do plano de compensação. Depois, elabore a sua própria compensação de modo a torná-la competitiva o bastante para atrair bons candidatos.

Retendo Clientes Através de um Bom Atendimento

As vendas e o atendimento andam de mãos dadas. Quando uma empresa precisa de vendas pessoais – como em muitos mercados de business-to-business e também em uma variedade de mercados consumidores – pode apostar que ela também precisará de um bom atendimento ao cliente. Por quê? Embora as vendas pessoais produzam novos clientes, o atendimento pessoal os retém.

Medindo a qualidade do atendimento ao cliente

Você sabe qual é a sua *taxa de rotatividade de clientes* (a porcentagem de clientes que lhe deixam por ano)? Se a rotatividade, na maioria dos setores, ficar acima de 5%, isso significa que existe um problema com o atendimento ao cliente e é preciso edificar a retenção para reduzir essa porcentagem.

Em alguns casos, as empresas definem um cliente perdido como aquele cujas compras diminuíram mais da metade, o que lhe dá uma medida mais conservadora do que a que se baseia apenas nos clientes que pararam completamente de comprar com você.

Para descobrir a sua taxa de rotatividade de clientes, siga estes passos:

1. **Compare a lista de clientes do ano passado com a desse ano para descobrir quantos clientes você perdeu durante o ano.**

   Ignore os clientes novos para esse cálculo.

2. **Contabilize o número total de clientes na lista do ano anterior.**

   Isso lhe dará sua base, ou onde você começou.

3. **Divida o número de clientes perdidos (resultado do passo quarto) pelo número total de clientes (resultado do passo segundo) para chegar à sua taxa de rotatividade.**

   Por exemplo, se você começou o ano com 1.500 clientes e perdeu 250, sua taxa de rotatividade é igual a 250 ÷ 1.500, ou aproximadamente 17%.

Lucrando com os bons modos

Os bons modos e as vendas agressivas geralmente não andam juntos, mas deveriam. Não pense que você tem que ser chato e extremamente assertivo para maximizar suas vendas. Na verdade, o oposto é verdadeiro: equipes de vendas e de atendimento ao cliente que são educadas se saem muito melhor na maioria dos casos.

Aqui vão algumas dicas para causar uma boa impressão nos clientes:

- **Evite dizer não.** Tente encontrar formas de dizer sim, mesmo que tenha que ser um sim qualificado. Quando você diz não aos clientes, reduz o entusiasmo deles em fazer negócios com você;
- **Escute mais e fale menos.** Seja atencioso e se interesse pelo que o cliente tem a dizer;
- **Conheça seus clientes pouco a pouco.** Não faça perguntas indiscretas ou pessoais. Faça perguntas adequadas e anote as respostas para que você as lembre da próxima vez que conversar com eles;
- **Se você não puder atender, prepare outra pessoa para fazer telefonemas e enviar e-mails para seus clientes.** Certifique-se de que eles sempre estarão em boas mãos;
- **Advirta os funcionários mal educados e grosseiros por três vezes (documentando essas advertências em seus registros) e, se eles não tomarem jeito, mande-os embora.** Quanto antes você se livrar de funcionários mal educados, menos clientes irá perder;
- **Agradeça os clientes por suas compras**. Por meio de um agradecimento feito pessoalmente ou por meio de uma mensagem ou de um pequeno, mas agradável presente, deixe os clientes saberem que você está grato com as compras que fizeram e pela confiança que depositam em você.

Praticando o atendimento de recuperação

O atendimento de recuperação começa quando o atendimento não está indo bem. O que descontenta seu cliente? Quais clientes estão irritados e frustrados? Conversar e pensar a respeito dessas questões pode resultar em uma lista dos cinco maiores sinais de alerta de um cliente insatisfeito.

DICA

Para reconquistar o cliente por meio da resolução de seu problema, você terá que começar com suas insatisfações. Utilize sua inteligência emocional para criar uma empatia por ele. Deixe que ele reclame e não discuta com ele (o cliente insatisfeito sempre tem razão). Depois que ele tiver se acalmado um pouco e estiver pronto para ouvir o que você tem a dizer e lhe enxergar como alguém que pode ajudá-lo, você poderá fazer perguntas factuais e lhe dar informações em retorno.

Todo atendimento de recuperação começa com o trabalho dos sentimentos de decepção do cliente insatisfeito, e não pelos fatos.

Parte VI

A Parte dos Dez

A 5ª Onda Por Rich Tennant

"Pegue o nome deles!"

Nesta Parte. . .

Se você conseguir evitar a maioria dos erros mais comuns que assolam os marqueteiros, estará bem acima da média. É por isso que eu incluí os dez erros mais comuns de marketing e o que fazer para ficar livre deles. E, caso você queira economizar o máximo possível, esta parte tem um capítulo para lhe ajudar a ser um marqueteiro muito econômico.

É sempre bom encontrar maneiras de economizar. Quando estava escrevendo este livro, a economia global estava começando a se recuperar depois de uma grande virada. As empresas que mantiveram suas operações enxutas e flexíveis sobreviveram, mas as outras não. Esta parte também tem um capítulo para lhe ajudar a se manter de pé na próxima tempestade.

Eu também reuni algumas ótimas dicas para aumentar as vendas pela web. Por quê? Porque é de lá que o novo crescimento virá para a maioria das empresas. Dado que a migração para as vendas pela web nem sempre é fácil, esta parte também poderá ajudar seu web site ou loja virtual a fazer o maior número de negócios possível. (Para sua informação, se ao terminar esta parte, você ainda quiser mais, sinta-se livre para consultar o site, `www.insightsfordummies.com`, onde postei mais dicas e listas do que fazer – e do que não fazer – para ser bem sucedido em marketing).

Capítulo 18

Os Dez Erros Mais Comuns em Marketing (e Como Evitá-los)

Neste Capítulo:

- Entendendo que fazer marketing para todos e contar com descontos afeta seus lucros;
- Reconhecendo a importância de tratar todos os clientes (inclusive os insatisfeitos) com respeito;
- Dando-se conta do porquê de você ter que segurar seu ímpeto de marketing.

Talvez não haja nada pior que reinventar a roda, especialmente se você reinventou uma quadrada. Este capítulo lhe apresentará os dez erros mais comuns em marketing para que você saiba como evitá-los e manter suas vendas e marketing na linha. (Coloquei alguns ótimos exemplos de péssimos erros no site, `www.insightsfordummies.com` na esperança de que ninguém mais os repita).

Vendendo para as Pessoas Erradas

A maioria das pessoas são as pessoas erradas – ou seja, elas provavelmente não querem comprar seu produto ou, ainda que o comprem, o momento não é o certo. Quando você comercializa pela web, pode facilmente separar as muitas variáveis, incluindo interesses e gostos, e, assim, eliminar as incompatibilidades óbvias. Ao retirar essas incompatibilidades, você se livra dos clientes de causa perdida e evita gastar seu dinheiro com eles.

É por isso que acho que o futuro da propaganda está na web, e não na mídia impressa. Um anúncio com termos chaves altamente direcionado no Google ou um anúncio no Facebook é altamente lucrativo se compararmos com a mesma mensagem colocada em um jornal, no qual você tem que pagar pelos leitores diários, incluindo muitos daqueles com quem você menos se importa.

Competindo com o Preço

Muitos empresários destinam metade ou mais de seus orçamentos para promoções voltadas ao preço, talvez porque algum gerente diz algo como "As vendas parecem estar baixas este mês. Por que não cortamos os preços para ver o que acontece?" É claro que os descontos e reduções de preços ajudam, mas você deve usá-los apenas se tiver certeza de que os resultados líquidos podem ser lucrativos. E geralmente eles não são, como demonstro no Capítulo 5.

Em alguns casos, seus clientes podem ser altamente sensíveis ao preço, seus concorrentes podem sabotar seus preços e você não terá outra escolha a não ser esmagar seus preços também. Mas, no geral, você não deve competir no preço.

Esquecendo de Revisar antes de Imprimir

Se sua carta, e-mail, web site, propaganda impressa, placa ou outdoor tem um erro, as pessoas se lembrarão dessa gafe e esquecerão de todo o resto. Revise cuidadosamente e peça para que outra pessoa lhe ajude para garantir que nada saia errado. A reputação de sua marca irá lhe agradecer.

Não enfatizando a Marca

Pense rápido em uma propaganda da TV que realmente seja divertida. Pensou? Ótimo. Agora, qual é a marca anunciada na propaganda? Não está conseguindo se lembrar? Eu também não. A maioria das pessoas não consegue, provavelmente porque cerca de metade dos comerciais de TV que são realmente divertidos e memoráveis não conseguem marcar o nome da marca na mente dos consumidores.

DICA

Uma boa regra é a de acertar o nome da marca visualmente cerca de duas vezes mais do que você acha que precisa. Volte e adicione mais referências à sua marca em seus materiais de comunicação de marketing (propagandas na TV, catálogos, web site, malas-diretas, etc.).

Prometendo o que Você Não Pode Cumprir

Falar aos clientes que você lhes dará algo que na verdade não pode é um mal negócio e uma péssima publicidade. Talvez você se lembre o que aconteceu em meados da década de noventa, quando a BellSouth (agora AT&T) ofereceu serviços de ligações a longa distância em uma mala-direta enviada a alguns estados em que ela não tinha obtido a aprovação para realizar aquele tipo de serviço.

LEMBRE-SE

Talvez você não tenha restrições regulamentais sobre o que produz e vende, mas certamente tem muitas restrições práticas. Não anuncie um novo serviço ou produto até que tenha certeza de que ele funciona, de que poderá entregá-lo prontamente e de que conseguirá atender à demanda.

Sucumbindo à Armadilha do "Achei que Poderíamos"

Todas as empresas possuem uma especialização principal e se saem melhor quando pegam trabalhos o mais próximo possível de tal especialização. Às vezes, você deve expandir suas fronteiras rumo a novos mercados ou tentar oferecer um novo tipo de serviço ou produto – mas faça-o através de uma estratégia cuidadosa, bem pesquisada e embasada (consulte a Parte I deste livro).

Tratando os Clientes de Forma Impessoal

Todo cliente é uma pessoa que gosta de ser tratada como tal. Embora, às vezes, as empresas enviem faturas ou malas-diretas genéricas com erros no nome dos clientes e, ocasionalmente, a pessoa que atende ao telefone não sabe que aquele é um cliente antigo. Você pode cometer esse tipo de erro mesmo sem perceber. Para evitá-los, coloque-se no lugar de seus clientes e observe de perto todas as interações com os clientes.

Culpando o Cliente

É fácil pensar que um cliente irado deve estar maluco, mas e se a sua reação for realmente razoável dado o tratamento que ele recebeu? Há algum tempo, minha empresa recebeu uma notificação de vencimento de uma fatura de uma empresa de limpeza e manutenção cujos serviços havíamos usado muitos meses atrás. Minha contadora ficou confusa, pois ela se lembrava de ter pago a fatura quando ela veio pela primeira vez. Depois de rever seus registros, ela telefonou para a empresa e forneceu o número do cheque, a data e a quantia de nosso pagamento e pediu para que essa empresa corrigisse seus registros. O gerente do outro lado a repreendeu "por ter enviando um cheque confuso" e "não ter deixado claro a que conta ele se aplicava" (embora ela tivesse enviado a fatura junto com o cheque). Então, ao invés de se desculpar pela confusão, essa empresa nos culpou pelo seu erro. Ele pode ter se sentido melhor depois de ter descarregado sua raiva pelo telefone, mas nos perdeu como cliente para sempre. Não cometa o mesmo erro com seus clientes, por favor!

Evitando os Clientes Aborrecidos

Evitar alguém que está irritado com você é uma reação natural – mas não se renda a ela. Os clientes podem ficar insatisfeitos ou abusivos se acharem que estão sendo mal tratados, mesmo que você não ache. Trate um cliente insatisfeito como sua prioridade de marketing. E não desista dele até que ele fique satisfeito novamente.

Perdendo Seu Ímpeto de Marketing

Quando tudo está correndo bem, você pode ficar tentado a relaxar e deixar um pouco de lado os custos com marketing (em porcentagem de vendas) enquanto aproveita margens de lucro mais altas. Se você tiver uma marca reconhecida e com seguidores fiéis, você provavelmente poderá parar de fazer um marketing mais ativo durante um tempo sem perceber quedas significativas nas vendas. Mas, haverá um momento em que essa paralisação de seu marketing irá minar as vendas e corroer sua base de clientes.

Capítulo 19

Dez Formas de Fazer um Marketing de Guerrilha

Neste Capítulo:

- Descobrindo maneiras criativas de fazer marketing (quase) de graça;
- Ficando perto de casa com um marketing de guerrilha eficiente;
- Aumentando sua visibilidade em mercados locais e pequenos.

O termo marketing de guerrilha é às vezes usado para se referir às técnicas de marketing a curto prazo, em pequena escala e baratas. Eu o defino como um marketing que utiliza a criatividade e se esforça para aumentar o impacto a custos baixos. Este capítulo apresenta as dez melhores técnicas do assim chamado marketing de guerrilha, no qual o objetivo é aumentar a visibilidade ou as vendas em uma área ou grupo pequeno e altamente focado, sem a utilização das mídias de marketing tradicionais.

Veja Onde Você Pode Deixar Materiais Gratuitamente

Ande (sim, ande, não dirija!) pela sua cidade (ou por uma conferência ou centro de convenção, ou seja lá onde estiver seu público-alvo) e identifique todos os locais onde você pode deixar seu material de marketing sem ter que pagar nada. Avalie as formas desses materiais e como eles estão sendo apresentados. Eles podem apresentar a forma de panfletos de três dobras dentro de pequenas caixas ou racks, pequenos cartazes pendurados em murais, entre outras formas.

Em mercados locais de pequena escala, sempre é possível encontrar um local onde você possa anunciar de graça. Esforce-se para usá-los regularmente.

Participe Ativamente na Internet

Se você acha que uma página no Facebook ou qualquer outra presença online gratuita não seja importante para seus negócios, está na hora de você rever seus conceitos. Sites como o MySpace, o Facebook e o LinkedIn são ótimos locais para você falar sobre sua empresa e se relacionar com outras pessoas.

Se você for um consultor, contador, designer ou qualquer outro tipo de prestador de serviços, seja você mesmo nos sites de relacionamento, pois o seu objetivo é aumentar sua própria visibilidade e tornar seu nome mais conhecido. Mas se você estiver vendendo uma marca, então, estabeleça uma página para a marca (por exemplo, um hotel pode manter uma página no Facebook, onde irá anunciar seus eventos).

Doe Seu Produto ou Serviço

Deixe que seus produtos encontrem novos clientes para você. Para isso, busque formas de disponibilizar seus produtos ou serviços gratuitamente sempre que possível. É claro que gosto de ganhar dinheiro assim como todos, mas se você visitar o web site da minha empresa, encontrará uma quantidade surpreendente de materiais gratuitos. Você poderá até mesmo fazer o download de cópias inteiras de algumas de minhas publicações. Por que doar esse conteúdo quando meus concorrentes não fazem o mesmo? Pois acredito na qualidade de meus produtos e serviços e sei que eles podem fazer uma venda por mim depois que as pessoas tiverem uma chance de experimentá-los.

Tire Proveito de Seu Próprio Espaço de Anúncio

DICA

Não negligencie os espaços publicitários em seus próprios prédios, veículos e correspondências. Por exemplo, a maioria dos veículos de empresas não possui nenhum tipo de sinalização, embora essas mesmas empresas gastem um bom dinheiro comprando espaços para propagandas em outros locais.

Publique-se

Publicar algo é uma ótima (e gratuita) maneira de aumentar sua visibilidade e edificar sua empresa. Existem inúmeras formas de publicar algo, portanto, esforce-se para fazer com que sua empresa saia na imprensa pelo menos uma vez a cada período de alguns meses.

DICA

Fique de olho nos jornais, revistas, web sites e blogs onde você pode contribuir com um editorial ou um pequeno artigo sobre algo que você saiba, por se tratar de seu trabalho.

Recompense os Clientes com Presentes que Eles Possam Compartilhar

Você possui clientes fiéis? Então por que não premiá-los de uma forma que os encoraje a compartilhar o prêmio – e o entusiasmo sobre você e seu produto – com outras pessoas? Premiar os bons clientes é uma das formas mais rápidas de gerar propagandas boca a boca. Juntamente com uma mensagem de agradecimento, presenteie seus clientes com um "coffee break", uma cesta contendo café e doces, ou qualquer outro agrado que permita ser doado ou passado adiante.

Distribua Decalques, Adesivos e Mais

Os carros estão em toda parte. Para incluí-los em seu programa de marketing, crie decalques para janelas, pequenos adesivos impressos em material claro, projetados para aderir temporariamente às janelas dos carros (embora, as pessoas também os colem em outras janelas). Se você gastar um pouco de seu tempo para criar um adesivo criativo, as pessoas poderão colar suas mensagens de marketing nos carros e, assim, torná-las visível para uma ampla gama de possíveis clientes.

Além disso, você também pode distribuir brindes (canetas, canecas, bonés, camisetas, cadernetas, entre outros – apenas se certifique de que eles sejam bons o bastante para que as pessoas os usem).

Faça Boas Ações

Se você separar 1% de seu tempo e de seu orçamento de marketing para atividades de caridade, provavelmente verá que eles lhe recompensarão tanto em bem-estar quanto em visibilidade. Quanto mais você dá, mais respeito e interesse você atrai para sua marca.

Dê uma festa

Os eventos atraem as pessoas e uma festa é um evento cujo propósito é principalmente garantir momentos de prazer. Organize um open house ou um evento beneficente e distribua convites impressos e por e-mail (recomendo os convites em tamanho de cartão postal pelo fato de serem mais baratos).

Mesmo que você não tenha tempo ou dinheiro para organizar um grande evento de marketing, a realização de uma simples festa pode atrair interesse e entusiasmo por sua empresa.

Junte-se e Participe

Abrace a *estratégia J e P*, abreviação para "junte-se e participe", ao juntar-se a comunidades e grupos de profissionais, ajudar a levantar fundos para museus ou ir a eventos culturais e educacionais (especialmente aos eventos em que você pode se misturar a outros profissionais, como na inauguração de galerias de artes). Saia e participe dessas atividades divertidas e recompensadoras e você descobrirá que sua rede de relacionamentos irá crescer naturalmente.

Capítulo 20

Dez (ou Quase Dez) Maneiras de Sobreviver às Quedas nas Vendas

Neste Capítulo:

- Controlando os gastos durante uma depressão em nível local, setorial ou nacional;
- Somando diversidade à sua base de clientes e ofertas de produtos;
- Aproveitando o máximo da rotatividade de produtos ao mesmo tempo em que corta seus prejuízos.

O objetivo do marketing é de crescer constantemente. Porém, às vezes, as coisas não acontecem como o planejado. Sempre que você passar por uma queda em suas vendas e seus lucros ficarem espremidos, você terá que reagir prontamente. Continue comercializando, mudando de métodos com custos altos e fixos para métodos com custos mais baixos e variáveis para que você sobreviva às quedas e surja mais forte. Este capítulo apresenta dez (ou quase dez) dicas para lhe ajudar a navegar nas águas turbulentas de uma queda nas vendas.

Reduza os Gastos Fixos

Os gastos fixos são os que você incorre – e possui – independente de quanto você vender. Assim que você perceber uma queda nas vendas, pare de fazer contratos de gastos fixos e veja o que pode fazer para renegociar os já existentes. Além disso, mude para os métodos de marketing que alinhem custos com resultados reais. Por exemplo, os anúncios pagos por clique (pay-per-click) feitos nos sites de busca (consulte o Capítulo 10).

As comissões de venda também variam com os resultados, portanto, uma crise econômica é um bom momento para se usar representantes de venda comissionados. Mas demita os funcionários da área de venda que possuem salários fixos, pois sua produtividade irá cair enquanto seus pagamentos não cairão. Os salários representam um dos gastos fixos mais altos na maioria das organizações – mantenha-os moderados!

Amplie Sua Base de Clientes

Ter uma boa diversidade de clientes espalha os riscos e lhe ajuda a manter seu crescimento mais constante e mais previsível. Por quê? Porque, inevitavelmente, alguns clientes irão comprar enquanto outros não. Um empresário que vende para uma única empresa está vulnerável aos ciclos daquela empresa. Amplie seu foco para aumentar a diversidade de sua carteira de clientes (só não se estique ao ponto de tentar vender para clientes sobre os quais não sabe nada).

Diversifique Sua Linha de Produtos

DICA

Caso você queira proteger sua linha de produtos contra as repentinas alterações de demanda ou contra uma nova concorrência, abrace a diversidade. Não conte apenas com um único produto best-seller para carregar o peso de sua linha (e de sua empresa por extensão).

Aborde os Grandes Contratos com Cautela

Assinar um grande contrato para fornecer produtos para um comprador gigante (pense em empresas como a Wal-Mart, a General Motors e outras) pode lhe dar a sensação de que finalmente você "conseguiu" fechar um grande negócio, mas você precisa ter cautela. Não se comprometa com nenhum contrato que possa significar mais que um quarto de suas vendas.

Reduza Estoques

Se você vende algo tangível (ao contrário de um serviço), você inevitavelmente terá que atrelar uma parte de seu capital a estoques. O quanto é que é a questão. Geralmente, as empresas menores investem mais em estoques que as empresas maiores, pois estão ávidas para aproveitar os descontos pela compra ou produção de grandes quantidades.

Se você não consegue vender todo seu estoque dentro de poucos meses, isso significa que provavelmente está comprando com muita antecedência. As demandas podem cair e, então, você se verá com um monte de produtos encalhados.

Aumente a Rotatividade dos Produtos

As vendas rápidas são o segredo para se obter lucros altos em marketing. Pense nos grandes supermercados. De alguma forma, a manutenção daqueles prédios enormes e todos os funcionários são custeados por uma margem de lucro de 10 ou 20 centavos pela venda de uma caixa de leite. O segredo é que o supermercado vende milhares de caixas de leite, garrafas de refrigerantes e pacotes de pães.

DICA

Se você possui alguns artigos que vendam bastante, foque seu marketing neles e edifique sua empresa através do sucesso desses produtos. Se, no entanto, você também tem produtos que raramente são vendidos, corte-os de sua linha. Continue ajustando as ofertas de seus produtos – e seus preços, distribuição e promoção – com o objetivo de aumentar a frequência de pedidos ou vendas.

Substitua Empregados por Terceirizados

Por que ter uma folha de pagamento enorme se você pode delegar trabalhos a terceirizados e fornecedores? Converter os gastos fixos de manter trabalhadores e equipamentos internos para custos variáveis é o segredo para se manter enxuto e pronto para sobreviver ao mau tempo (ou crescer rapidamente quando o tempo estiver bom e as oportunidades aparecerem por si sós).

Elimine os Focos de Prejuízos

Quase todas as empresas possuem atividades ou operações que são mais lucrativas que outras. Por outro lado, todas as empresas possuem um foco de prejuízos (linhas de produtos, clientes ou atividades não lucrativas). Observe toda sua gama de atividades e se concentre na eliminação ou reforma de seus focos de prejuízo.

LEMBRE-SE

Em tempos difíceis, é perfeitamente aceitável que você encolha suas operações através da eliminação das áreas menos lucrativas e da focalização nas mais lucrativas. Você pode ficar menor, mas será mais lucrativo e, assim, mais capaz de crescer e prosperar no futuro.

DICA

Talvez você esteja mantendo uma equipe de vendas, pois essa é uma tradição de sua empresa, mas, na realidade, a maior parte de suas vendas vem de seu web site. Os pedidos feitos pela Internet são muito mais baratos de serem processados – ou seja, são mais lucrativos – então, considere cortar sua equipe de vendas ao mínimo possível e elevar seus gastos relacionados às vendas pela web.

Mude para Métodos de Marketing Mais Baratos

A maioria das empresas conta com apenas uma gama de técnicas todos os anos, repetindo a fórmula básica sem fazer grandes modificações. Se você estiver seguindo o plano do ano passado, pare e considere a possibilidade de refocar seu programa de marketing pela substituição de seus elementos mais caros. Por exemplo, se você estiver comprando espaço para exibir propagandas na TV local, tente substituí-lo por espaços em vídeos na Internet ou nos canais fechados, onde os custos são provavelmente menores.

Capítulo 21

Dez (Mais Uma) Dicas para Aumentar suas Vendas na Web

Neste Capítulo:

- Melhorando sua loja virtual para vender mais;
- Fazendo com que seus produtos brilhem;
- Aumentando o contato e o suporte dados aos compradores;
- Construindo uma web marca atraente e confiável.

Um bom web merchandising é coisa rara. Pense com cuidado no que você pode fazer para que os compradores consigam selecionar o produto de sua escolha com mais facilidade e para que eles confiem o bastante em sua loja, produto e preços para clicar no botão de compra. Este capítulo inclui 10 (na verdade 11) táticas para aumentar os pedidos feitos através de sua loja virtual.

Tire Boas Fotos dos Produtos

Em uma loja, as pessoas podem ver e tocar os produtos. Na Internet, eles têm que confiar em textos e em alguns complementos audiovisuais que você pode fornecer para lhes dar uma boa ideia do que está sendo oferecido. Suas fotos devem claramente mostrar seus produtos – ou seja, certifique-se de que seus produtos estejam bem iluminados quando você os fotografar. Para capturar a melhor iluminação possível, utilize fontes de iluminação de estúdio (que são mais brilhantes que a iluminação de um ambiente comum) e difunda a luz com uma tela ou guarda-chuva branco.

DICA

Se você não tiver o orçamento necessário para contratar um fotógrafo profissional, você ainda pode criar uma ótima iluminação, bastando para isso que você prenda um pedaço fino de algodão branco a poucos metros, na frente de duas luzes de trabalho de halogênio posicionadas em um ângulo de 45 graus com relação ao produto.

Escolha o Cenário Certo

Para criar um cenário neutro, você pode esticar ou pendurar uma toalha de algodão ou linho branco (sem nenhum amassado!) atrás do produto. Um tecido acinzentado pode funcionar melhor que o branco para cores sutis ou produtos que sejam mostrados no corpo de uma pessoa. O preto pode ser eficiente para o contraste, especialmente quando a cor do produto for muito clara (por exemplo, um vestido branco ou um colar de pérolas ficará melhor sobre uma toalha de camurça ou linho preto). Independente do que você fizer, evite o vermelho ou os tecidos com texturas em relevo, que normalmente distraem o olhar do produto.

Além disso, cuidado com as cores de sua página na web, pois ela será o cenário onde a foto de seu produto será exibida. Um contraste modesto que não chame muita atenção é melhor.

Inclua Informações Para os Compradores Compararem

Geralmente eu acho que quanto menos melhor, em se tratando de um texto de marketing; mas o oposto é válido quando falamos em textos para uma loja virtual. Todos os detalhes que você puder providenciar sobre seu produto são úteis para o comprador e podem edificar a confiança necessária para que ele clique no botão “Compre Agora”.

DICA

Inclua uma tabela resumindo as principais características ou benefícios de seus produtos para uma visualização rápida. Se você quiser mostrar, de forma honesta, que seu produto bate o da concorrência, inclua colunas para o produto de seus concorrentes. Se sua loja ficar grande o bastante, ao ponto de dificultar a visualização de todos os produtos, considere adicionar uma propriedade ao seu site que faça recomendações de compras baseadas na busca dos clientes e nos históricos de venda.

Inclua Vídeos em Streaming

Os vídeos em streaming podem aumentar as vendas ao dar aos compradores mais informações e confiança sobre seu produto. Mostre o produto sendo usado, mostre aos espectadores uma revisão de 20 segundos sobre as melhores características do produto e inclua clips pequenos de clientes satisfeitos dando testemunhos honestos.

Providencie um Suporte Imediato via E-mail

Todas as vezes que alguém preencher um formulário, pedir uma informação, participar de uma promoção ou fizer uma pequena compra, deverá receber um e-mail de confirmação imediato. Se você faz vendas em pequena escala, você mesmo deveria escrever esses e-mails, porém, normalmente a frequência é muito alta e, então, é preciso usar um software de autorresposta (uma aplicação que envia respostas pré-escritas).

Os PowerSellers do eBay geralmente são bons modelos para o uso eficiente dos e-mails de resposta automática. Se você não estiver familiarizado com essa estratégia, tente comprar em algumas loja do eBay e observe cuidadosamente os e-mails que chegam rapidamente até você a cada passo que você dá durante seu processo de compra.

Providencie uma Opção "Entre em Contato Agora"

Algumas pessoas não se sentem seguras o bastante com relação ao produto ou ao vendedor para realizar uma compra online. Para os compradores que necessitam de um toque mais pessoal, inclua um botão "Entre em contato agora" que gera um simples formulário no qual o cliente pode colocar seu nome, endereço, telefone e e-mail e deixar uma pequena mensagem com sua pergunta e a maneira pela qual prefere ser contatado.

Projete um Site Limpo e Organizado

Encher sua página principal com muitas informações pode espantar clientes em potencial. Deixe a home page de sua loja virtual simples o suficiente para que as pessoas a compreendam com um simples olhar (o que significa que talvez você tenha que focar melhor o seu conteúdo). Descubra qual é seu conteúdo mais importante e coloque-o na frente e no centro da página, deixando os outros conteúdos em abas ou em botões clicáveis.

Ofereça um Site de Fácil Navegação

Um cliente em potencial sempre deve conseguir navegar pelo seu site com facilidade, então, não permita que a navegação seja muito complicada. Evite os ***dead ends*** e caminhos longos e sinuosos. Mantenha os links lógicos e não dê ao site muitas camadas. Além disso, certifique-se de que o ícone do carrinho de compras esteja visível em todas as páginas, pois a compra deve ser rápida e fácil a todo o momento.

Construa uma Marca Confiável e Atraente

A identidade de seu web site deve dar aos compradores uma sensação boa com relação aos produtos que você vende. O branding é tão importante no mundo virtual quanto o é no mundo real, por isso, certifique-se de que seu logo e nome estejam apresentados de modo claro, profissional e chamativo no topo de cada página de seu site. Além disso, utilize cores e tipos de letras que complementem seu logo e recordem os compradores, de uma forma sutil, de que eles ainda estão sob sua marca.

Coloque Promoções em Sua Home Page

Se você estiver disposto a oferecer itens promocionais, tal como um desconto especial ou uma amostra grátis de um novo produto, se as pessoas comprarem através de seu site antes do fim do próximo mês, coloque essa oferta em um local proeminente em sua home page. Uma simples oferta pode aumentar as vendas e elevar o número de pedidos por informação em seu web site.

Coloque o Endereço de Seu Web Site em Todos os Lugares

Utilize suas outras comunicações de marketing para promover seu web site. (Acredite ou não, muitas empresas se esquecem disso!). Todos os e-mails enviados por sua empresa devem ter um logo que funcione como um link para seu site, bem como seu endereço e números de telefone para futuros contatos. Além disso, coloque o endereço de seu web site em tudo que você imprimir, incluindo cartões de visita, envelopes, panfletos, faturas, embalagens e cartas. Faça com que as pessoas lhe encontrem mais facilmente.

Índice Remissivo

• A •

• E •

• F •

• G •

• H •

• I •

• M

• N •

• R •

• S •

• T •

• U •

• V •

Impresso na Rotaplan Gráfica e Editora LTDA
www.rotaplangrafica.com.br
Tel.: 21-2201-1444